David Duchovny – Superstar aus AKTE X

Paul Mitchell

David Duchovny

Superstar aus Akte X

Die Biographie

Aus dem Amerikanischen
von Susanne Lück

© by ECW Press, 1996
ECW Press
2120 Queen Street East, Suite 200
Toronto, Ontario, Canada
All rights reserved

Vielen Dank an Jennifer Linville, Scott Mitchell, Paul Challen,
Jennifer Trainor, Paul Davies und Bob Pipe

Bildnachweis:
Cover und Farbfotos im Innenteil mit freundlicher Genehmigung
von Shooting Star International; Filmfotos mit freundlicher Genehmigung von
Photofest (S. 161 Filmfoto *Neujahr in New York* mit freundlicher Genehmigung
von The Kobal Collection); »MAD – die Parodie« – reproduziert mit
freundlicher Genehmigung von *MAD Magazine*. Alle damit verbundenen
Charaktere, Namen und Indicia sind Trademarks von E. C. Publications, Inc.
© 1996. All rights reserved. Used with permission.

Die Deutsche Bibliothek – CIP-Einheitsaufnahme
Mitchell, Paul:
David Duchovny : Superstar aus Akte X ; die Biographie / Paul Mitchell.
Aus dem Amerikan. von Susanne Lück. – Köln : vgs, 1997
ISBN 3-8025-2502-7

1. Auflage 1997
© der deutschsprachigen Ausgabe:
vgs verlagsgesellschaft Köln, 1996
Alle Rechte vorbehalten
Lektorat: Jürgen Heinzerling
Umschlaggestaltung: Papen Werbeagentur, Köln
Titelillustration: Shooting Star International
Satz: Typo Forum Gröger, Singhofen
Druck: Freiburger Graphische Betriebe, Freiburg
Printed in Germany
ISBN 3-8025-2502-7

Inhalt

Biographie

Einleitung
Sehnsucht nach Anerkennung

Eines Abends im Jahr 1991 trat im »Largo Pub« in Los Angeles ein junger Mann namens David Duchovny vor ein kleines Publikum, um seine Gedichte vorzutragen. Ein bemerkenswert gutaussehender Mann, elegant und groß, dessen melancholisches Lächeln freundlich und offen wirkte.

Wenn einige seiner Zuhörer ihn wiedererkannt hätten – und zwar nicht als Schriftsteller, sondern als Schauspieler –, wäre das in L. A. nichts Ungewöhnliches gewesen. Bei Dichterlesungen in dieser Prominentenstadt kann man immer wieder erleben, daß berühmte Schauspieler und Regisseure eine geheime Vorliebe für das »reine« und »einfache« Künstlerleben des Dichters hegen. Damals war David Duchovny noch nicht berühmt, doch er hatte mit seiner Gastrolle in drei Folgen der zweiten Staffel von *Twin Peaks* bereits einige Aufmerksamkeit auf sich lenken können. Diese bahnbrechende und ungewöhnliche Fernsehserie entfernte sich zu diesem Zeitpunkt von ihrer ursprünglichen Richtung, was Zuschauerverluste nach sich zog. Möglicherweise hätte man Duchovny aber schon deshalb nicht erkannt, weil er im Fernsehen als Transsexueller auftrat – ein FBI-Agent mit Perücke, Make-up und gepolstertem BH.

Seit den Dreharbeiten zu *Twin Peaks* hatte Duchovny nicht

9

mehr gespielt, und jetzt wollte er endlich wieder vor Publikum auftreten. Sein wichtigstes künstlerisches Ausdrucksmittel war bislang das Schreiben gewesen. Bereits seit Jahren verfaßte er Lyrik, die er nun zum ersten Mal in einer öffentlichen Lesung präsentierte. Als nachdenklichem, umsichtigem Menschen mußte ihm halbwegs klar sein, daß er das Bedürfnis verspürte, von Fremden geliebt und bewundert zu werden. Also stand er an diesem Abend auf und las ein Gedicht vor, das er für eine Freundin geschrieben hatte. Es beschäftigte sich mit Schwellenängsten und der Furcht, niemals seinen Platz im Leben zu finden.

Duchovny war 31 Jahre alt und lebte noch nicht lange in Kalifornien. Er hatte mit der Schauspielerei erst relativ spät – im Alter von 26 Jahren – begonnen. Aber seine Chancen auf eine vielversprechende Karriere standen gut, und er gibt heute zu, daß die Vorstellung, ein Filmstar zu werden, ihn damals ungemein reizte. Jedoch hatte er den Gedanken an ein Leben als Schriftsteller noch nicht ganz aufgegeben. Schließlich stand ihm diese Form geistiger Arbeit als Student der englischen Literatur wesentlich näher. So trug sich in ihm der klassische Konflikt zwischen Geist und Körper aus, zwischen intellektuellen Herausforderungen und der intuitiven, physischen Existenz des Schauspielers. Dieser innere Disput sollte sich im Lauf der Zeit weiter vertiefen.

Duchovny las seine Gedichte vor und verließ die Bühne wieder, als das Publikum applaudierte. Sicherlich kann man diese wohlwollende Anerkennung nicht mit der Verehrung vergleichen, die ihm nur drei oder vier Jahre später zuteil wurde. Doch wie hätte Duchovny diese Zukunft voraussehen können? Wie hätte er ahnen sollen, daß er bald schon in Liebe schwimmen, in Bewunderung ertrinken würde? Und daß ihm das keineswegs helfen würde, sich selbst besser kennenzulernen, sondern statt dessen eine nur noch größere Entfremdung herbeiführen sollte?

Aber natürlich hatte der Ruhm auch sein Gutes.

1
Willkommen auf der Second Avenue

Die Lower East Side in Manhattan ist alles andere als eine Wunschadresse, wenn man nicht gerade darauf aus ist, saure Gurken oder *Shmattes* (das jüdische Wort für Mantel, das eigentlich Kleidung bedeutet) zu verkaufen oder ein Thora-Gelehrter werden möchte. In den 70er und 80er Jahren war es zudem eine bevorzugte Wohngegend für Heroinabhängige, deren Zustrom nicht abreißen wollte. Im 19. und 20. Jahrhundert standen dort Mietskasernen, in denen aus Osteuropa geflüchtete jüdische Einwanderer versuchten, ein neues Leben zu beginnen. Später waren die Juden dann größtenteils in hübschere Wohngegenden umgezogen, stadteinwärts oder in die Bronx, und neue Immigrantenwellen – Puertoricaner, Chinesen – nahmen ihren Platz ein.

Wer in der Lower East Side aufwächst, könnte wohl kaum einen geeigneteren Ort finden, um die außerordentliche Bandbreite menschlicher Aggressionen und puren Überlebenshungers zu beobachten. Wie Duchovny später sagte, konnte ihn nach seiner Kindheit in der Lower East Side beinahe nichts mehr überraschen. David William Duchovny wurde am 7. August 1960 geboren und lernte die Welt von der kleinen Wohnung seiner Eltern an der Ecke Eleventh Street und Second Avenue aus kennen. Sein Vater erzählt, daß der Name »David« auf die berühmten Statue Michelangelos verweist, die im Uffizi-Museum in Florenz steht. Duchovnys weibliche Fans würden ohne Zweifel bestätigen, daß der Schauspieler ebenso schön ist wie die Marmorstatue, und tatsächlich hat er etwas von dem tiefen, ein wenig verletzten Blick, den Michelangelo den Augen der Statue auf so treffende Weise verliehen hat. Duchovny selbst spricht von seinem Namen allerdings in seiner typisch bescheidenen Art, indem er sich über den eigenen, zurückhaltenden Darstellungsstil lustig macht. »Eine Statue«, sagt er. »Ich habe versucht, meine Bühnenpräsentationen diesem Vorbild anzupassen!«

Daß Duchovnys Eltern im nördlichen Teil der Lower East Side wohnen blieben, zeigt nicht nur, daß sie nicht reich waren, sondern auch, daß sie eine gewisse Loyalität gegenüber ihrer Nachbarschaft bewahrten. Davids Vater Amram Duchovny wurde als Sohn russisch-jüdischer Eltern in Brooklyn geboren. Der Familienname Ducovny (Amram verzichtete auf das stumme ›h‹) bedeutet auf russisch »geistig«, was David früher für sehr bedeutsam hielt.

Nach seinem Studienabschluß an der New York University verbrachte Amram einige Zeit als Journalist in Europa und im Mittleren Osten, bevor er begann, für die Kulturorganisation American Jewish Committee zu publizieren. Amram war in gewisser Weise ebenfalls Schriftsteller, er veröffentlichte einige Bücher, überwiegend Zitatensammlungen von Prominenten. Ihre Titel – *The Wisdom of Spiro T. Agnew, David Ben-Gurion in His Own Words* und *I Want to Make one Thing Perfectly Clear* (letzteres über Richard Nixon) – lassen eine liberale Orientierung, eine ablehnende Haltung gegenüber Republikanern und Sympathie für den Staat Israel erkennen. Ein weiteres seiner Bücher, das Betrügereien an alten Menschen anprangerte, zeigt sein Interesse an sozialen Fragen.

David sieht seinem Vater sehr ähnlich, besonders was die stark betonte Nasen- und Mundpartie angeht. Von ihm hat er auch seine wundervolle Ironie geerbt, diese spezielle Mischung aus Humor und einem unromantischen Blick auf die Welt, die vielen Juden gemeinsam ist. Wenn David sich früher beschwerte, daß er nur draußen spielen durfte, wenn es nicht regnete, antwortete ihm sein Vater: »Wenn meine Großmutter Räder hätte, wäre sie ein Rollwagen.« Davids Begeisterung für Sport und Musik stammt vermutlich auch von seinem Vater, der Baseball spielte und ein Fan von Billie Holiday ist.

Als David sich mit *Akte X* einen Namen als Fox Mulder machte, hatte sein Vater die Vereinigten Staaten bereits verlassen und war nach Frankreich gezogen, wo er in Cafés saß und versuchte, einen Roman zu schreiben. Ganz ohne Frage hat Davids Mutter immer den größeren Einfluß auf den Jungen ausgeübt, und sie war es auch, die nach der Scheidung von Amran die Kinder aufzog. In Interviews spricht David viel über sie, er besucht sie immer noch regelmäßig in der alten Wohnung. Seine Examensarbeit in Princeton widmete er seiner Mutter und seinen Geschwistern – nicht aber seinem Vater.

Davids Berufswünsche vereinigten den Einfluß beider Elternteile in sich. Wie seine Mutter, die Lehrerin ist, wollte er Universitätsdozent werden und sein Wissen an die Studenten weitergeben (oder zumindest seinen Lebensunterhalt auf diese Weise bestreiten). Und wie sein Vater wollte er auch Schriftsteller werden. So liegt die Vermutung nahe, daß David durch den Wunsch, beide Interessen zu vereinigen, unbewußt versucht hat, seine Mutter und seinen Vater wieder zusammenzubringen und so gewissermaßen die Scheidung, die seine Kindheit zerstört hatte, wieder »rückgängig« zu machen.

13

Zu sehr mit Grübeln beschäftigt

Davids Mutter Meg (Margaret) wurde in Schottland geboren, wuchs also weit entfernt von Brooklyn auf, wo sein Vater die Jugendzeit verbracht hatte. David hat einmal ihre Verbindung als »Highlands meet Coney Island« bezeichnet. Ihre Lebensphilosophie ist eher stoisch als ironisch. Sie glaubt, daß das Leben von harter, hingebungsvoller Arbeit bestimmt wird. Von ihr hat David seine Willenskraft und seine absolute Entschlossenheit, Erfolg zu haben. Wenn er sich als Kind bei *ihr* ausweinen wollte, etwa über eine Laufnase oder eine kleinere Verletzung, erklärte sie ihm mit ihrem breiten schottischen Akzent, daß es besser sei als »a stine a hinda loog« – »ein Stein hinter dem Ohr«. Mit anderen Worten: Beklag dich nicht, es könnte schlimmer sein.

Eine Kindheitserfahrung von Meg war es, die in Davids Leben einer unheimlichen Begegnung mit einem unerklärlichen Phänomen am nächsten kam. Als Meg noch ein Mädchen war und in Schottland lebte, sah sie ihren Großvater ins Haus kommen und in die Wiege ihres kleinen Bruders schauen. Sonderbar war nur, daß ihr Großvater bereits einige Zeit zuvor auf See ertrunken war.

Bis zu ihrer Scheidung war Meg eine »Nur«-Hausfrau und Mutter. Weil sie danach ihre drei Kinder ernähren mußte, arbeitete sie wieder als Lehrerin und wurde schließlich Direktorin der katholischen Grundschule der Great School Church in Manhattan. Dort arbeitete sie immer noch, als David zu einer Berühmtheit wurde.

In David vereint sich also eine ungewöhnliche Mischung russisch-jüdischer und schottischer Gene. Und was ist das Ergebnis dieser Kulturkollision? »Dabei kommt so eine Art protestantisches Arbeitsethos, verbunden mit jüdischer Schuld und Selbstversunkenheit heraus«, sagt David. »Also jemand, der in die Welt hinausgehen und jede Menge tun und verändern möchte, aber

leider zu sehr damit beschäftigt ist, deprimiert zu sein und darüber nachzugrübeln.«

Auch Ehrgeiz scheint ein Teil dieser Mischung zu sein, obwohl
David zugleich tiefe Vorbehalte gegen seine Ambitionen hegt.
Jemand, der auf Erfolg aus ist, zugleich aber glaubt, daß freier
Wille nichts als eine Illusion ist und daß er über sein Schicksal
nicht wirklich bestimmt, sondern dessen Gefangener ist. Jemand,
der auf jeden Fall unerschütterlich davon überzeugt ist, daß Erfolg
niemals verdient ist und daher auch niemals real sein kann.

Jemand, der nicht mit sich in Frieden leben kann.

Aus bei Bvorsch

Als man den kleinen David zum ersten Male nach Hause in die
Second Avenue brachte, empfing ihn sein vierjähriger Bruder
Danny mit einer verständlichen Mischung aus exzessivem Enthusi-
asmus und Mißtrauen. Später drehte Danny Werbespots fürs Fernsehen und arbeitete sogar an einem der Projekte seines kleinen Bruders mit, *Wild Orchid 3 – The Red Shoe Diaries*. Doch wie ältere
Geschwister eben sind, machte er es seinem kleinen Bruder nicht
immer leicht. Er nannte ihn »Vogelscheuche«, »Rübennase« und
»Dicklippe«. Er erzählte seinen Freunden, daß sein Bruder, der ein
außerordentlich stiller Junge war, geistig zurückgeblieben sei. Doch
nichts davon hinterließ bleibende Wunden, und David bezeichnete
Danny später als den Menschen, dem er am meisten vertraut.

Sechs Jahre nach Davids Geburt kam seine Schwester Laurie zur
Welt. Wie ihre Mutter wollte auch sie Lehrerin werden (seit kur-
zem unterrichtet sie an St. Annes in Brooklyn) und in New York
wohnen bleiben. »Der absolute Softie«, so beschreibt sie David
nach seinem Aufstieg zum Ruhm.

Gegenüber ihrem Mietshaus lag der St. Mark's Friedhof, einer

15

der alten Friedhöfe in New York, auf dem die ersten jüdischen Bewohner dieser Insel begraben liegen. David erinnert sich noch daran, wie er und die Kinder aus der Nachbarschaft den Friedhof als Baseballfeld und die flachliegenden Grabsteine als Bases benutzten. Anstelle der üblichen Namen First Base oder Home Base verwendeten die Kinder die Namen der Grabsteine: »Aus bei Bvorsch« oder »Steiveson«! Ob die Geschichte nun wahr ist oder nicht, sie ist jedenfalls ein schönes Beispiel für den augenzwinkernden Humor, den seine Freunde und Kollegen an ihm kennen und schätzen lernen sollten.

Als Kind war David von alten Dingen begeistert. Ganz besonders hatten es ihm Dinosaurier angetan; er besaß einen Set Plastikfiguren, mit denen er in der Badewanne spielte. Sein Vater führte es auf Davids lebhafte Vorstellungskraft zurück, daß der Junge mit sechs Jahren verkündete, er wolle, wenn er groß sei, eine Badewanne werden. (Bis heute begrüßt Amram seinen Sohn am Telefon noch mit: »Na, immer noch keinen Erfolg gehabt?«)

Außerhalb der Familie war David schüchtern und zog es vor, nicht viel zu reden. Er war ein hübsches Kind, ein wenig pummelig, mit einem runden Gesicht, und schon damals fiel ihm eine Haarsträhne hartnäckig über das Auge. Seine große Nase war ihm jedoch peinlich: Er fühlte sich, als ob sein Gesicht »mit sich selbst im Krieg läge«. Die Schüchternheit verließ ihn auch als Heranwachsenden nicht.

Seine allererste Erfahrung mit der Schauspielerei machte David in der 5. Klasse, als er einen der Heiligen Drei Könige in der Grace Church in Manhattan spielte (er wurde gemischtreligiös erzogen). Doch diese Rolle beeindruckte ihn wesentlich weniger als die Aufführung eines der Stücke seines eigenen Vaters, *The Trial of Lee Harvey Oswald*, das im November 1967 kurze Zeit am Broadway gezeigt wurde. Das Stück, das Amram zusammen mit Leon Friedman geschrieben hatte, beschäftigt sich mit der Frage, was

16

wohl geschehen wäre, wenn Oswald nicht von Jack Ruby getötet und so wegen des Mordes an John F. Kennedy vor Gericht gestellt worden wäre. Die Bühne des Anta-Theaters auf der West 52nd Street hatte man in einen Gerichtssaal verwandelt und dem Publikum die Rolle der Geschworenen übertragen, denen die Argumente der Staatsanwaltschaft, der Verteidigung und Oswalds selbst vorgetragen wurden, die sämtlich auf der Grundlage tatsächlich existierender Beweise und Zeugenaussagen basierten. Mit hoher Wahrscheinlichkeit hatte die kurze Laufzeit des Stücks etwas mit der nicht besonders begeisterten Kritik von Clive Barnes, dem einflußreichen Kritiker der *New York Times* zu tun. Barnes war nicht nur der Ansicht, daß dieser Stoff in Anbetracht der Bedeutungsschwere des Themas (Attentat auf einen Präsidenten) auf moralisch fragwürdige Art und Weise ausgenutzt würde, sondern fand auch das dramatische Mittel des Prozesses unoriginell und das vorgebrachte Material zu bekannt. Den jungen David jedoch interessierte nichts von alledem. Statt dessen war er davon fasziniert, wie einer der Akteure den gesamten ersten Akt hindurch auf der Bühne war. David wandte sich verwundert an seinen Vater und fragte ihn, wie der Mann es dort so lange aushalten könnte, ohne auf die Toilette zu müssen.

Das Trauma

David war ein introvertierter Mensch und brauchte die Sicherheit, die seine Familie ihm bot. Doch als er elf Jahre alt war, ließen sich seine Eltern scheiden. Das war für den Jungen eine emotional traumatische Erfahrung, über die er niemals ganz hinweggekommen ist und die, wie er selbst zugibt, auch als Erwachsener noch sein Gefühlsleben bestimmt. »Ich glaube nicht, daß man sich von so etwas jemals wieder erholt«, sagte er. »Ohne Vorwarnung wird

17

man in die Welt der erwachsenen Emotionen gestoßen, auf die man in keinster Weise vorbereitet ist.« Seine Eltern versuchten zu erklären, daß die Liebe zwischen Ehemann und Ehefrau manchmal nicht von Dauer ist, doch war er noch viel zu jung, um sich emotional oder intellektuell von diesem Ereignis distanzieren zu können. Er hatte Angst, daß seine Eltern ihm ebenfalls ihre Liebe entziehen könnten. »So etwas kann deinen Umgang mit Liebe für den Rest deines Lebens prägen«, sagte er einmal.

Er dachte, daß es seine Schuld war, daß sein Vater die Familie verlassen hatte. Kinder übertragen oft die Schuld der Eltern auf sich selbst, um so eine leichter verständliche Erklärung zu finden. Ungefähr zur Zeit der Trennung hatte sein Vater einmal zu David gesagt: »Kannst du nicht mal eine Sekunde mit dieser verdammten Pfeiferei aufhören?« Danach war er sicher, daß er dadurch seinen Vater vertrieben hätte.

Seine Mutter war nun gezwungen zu arbeiten, deshalb konnte sie tagsüber, während sie an einer Grundschule unterrichtete, nicht mehr zu Hause sein. Sie bestand nun noch unnachgiebiger darauf, daß sich ihre Kinder in der Schule anstrengten, um ihre Zukunft zu sichern. David glaubt heute, daß die Scheidung der eigentliche Grund für den enormen emotionalen Druck war, der ihn dazu antrieb, auf der Universität und im weiteren Leben Karriere zu machen. Von größter Bedeutung war jedoch für den Menschen *und* den Schauspieler David Duchovny, daß diese Scheidung ihn gelehrt hat, seine Gefühle zurückzuhalten oder sie hinter einem unbewegt scheinenden Äußeren zu verbergen.

»Ich glaube, daß sie mich dazu gebracht hat, viel zu verdrängen und zu unterdrücken, weil ich so etwas wie der Held der Familie, in der Schule immer erfolgreich und natürlich auch ein toller Sportler sein wollte«, analysiert er sich selbst. Das, was er wirklich fühlte, wollte er nicht ausdrücken – oder vielleicht glaubte er, daß die anderen das nicht wollten. Sonst hätte er vielleicht geschrien, geweint, Dinge zerstört und um sich geschlagen – all das, wofür ein Schauspieler Kritikerlob und hohe Gagen bekommt, das aber im wirklichen Leben so gut wie jedem nur unangenehm und peinlich ist. Er sagt, es sei für ihn »zu einer Überlebenstechnik geworden, keine allzu tiefen Empfindungen zu verspüren«.

Doch wer sich selbst keine Gefühle gestattet, geht auch nie eine vollständige Verbindung mit dem Leben, mit anderen Menschen ein, und wird sich nie ganz auf sie einlassen können. Duchovny sagt selbst, daß die Erinnerung an die Scheidung es ihm schwer mache, sich so ernsthaft auf eine Beziehung einzulassen, daß sie zu einer Ehe führen könnte. Noch während seiner vergleichsweise dauerhaften Liebesbeziehung mit der Schauspielerin Perrey Reeves sagte er, daß eine Ehe aus diesem Grund nicht in Frage käme.

Dieses Unterdrücken von Gefühlen ist der Grund dafür, daß einige Leute Duchovny trotz seines Sinns für Humor und seines Charismas für distanziert und reserviert halten. Sie glauben vielleicht, er sei ein wenig gefühlskalt. Doch kann niemand seine Gefühle vollständig unterdrücken. Er kann sie verdrängen, manchmal so stark, daß er sie nicht mehr bewußt wahrnimmt, doch sie bleiben da wie eine innere Verletzung, die nie verheilt. Was die Castingchefs auf Duchovny aufmerksam gemacht hat, ist nicht nur sein gutes Aussehen oder sein Schauspieltalent, sondern auch seine Ausstrahlung eines tiefen inneren Schmerzes, aus dem er seine Darstellungstechnik schöpft, während er ihn gleichzeitig unterdrückt.

Nach der Scheidung änderte Davids Mutter Meg die Schreibweise ihres Namens und fügte das stumme ›h‹ wieder in »Duchovny« ein. Während die Kinder heranwuchsen, wurde die Schreibweise, für die sie sich entschieden, immer mehr zu einem Zeichen der Loyalität gegenüber Mutter oder Vater. Daniel, der älteste, der seinen Vater am besten gekannt hatte, behielt die Schreibweise bei. Laurie, die Jüngste, schwankt zwischen beiden

19

Versionen und schreibt ihren Namen manchmal mit ›h‹ und manchmal ohne. Um seine Mutter zu unterstützen, entschied David, seinen Namen ausschließlich als ›Duchovny‹ zu verwenden. Kein Zweifel, er ist der Sohn seiner Mutter.

Die Last der Jungfräulichkeit

Meg drängte ihre Kinder, fleißig zu lernen und sich voll und ganz auf die Schule zu konzentrieren – und David enttäuschte sie nicht. Sie muß sehr stolz auf ihn gewesen sein, als er ein Stipendium für die Collegiate School, eine renommierte Eliteschule für Jungen in Manhattan, bekam (zur gleichen Zeit wie David besuchte auch John F. Kennedy Jr. diese Schule). David spielte im Collegiate Baseball und Basketball, war ein ausgezeichneter Sportler und trug jetzt einen Spitznamen (»Duke«). Mit Erstaunen nahm er diese neue Welt wahr, die so ganz anders war als die Lower East Side, eine Welt, wo Kinder in Penthouse-Apartments am Central Park aufwuchsen und alles hatten, was sie sich nur wünschen konnten. Einmal lud ein Freund David zu sich ein, und er stellte beeindruckt fest, daß der Lift sie nicht in den Hausflur, sondern direkt in die Wohnung des Freundes brachte.

In Collegiate schloß Duchovny mit einem Mitschüler namens Jason Beghe Freundschaft. Er wurde bald sein bester Freund und ist es bis heute auch geblieben. Was keiner von beiden ahnen konnte war, daß diese Freundschaft dazu führen sollte, daß aus David ein ausgesprochen erfolgreicher und beliebter Fernsehstar wurde. Denn Beghe war es, der sich zuerst von dem Schauspielfieber anstecken ließ. Damals allerdings verbrachten sie ihre Zeit noch damit, Duchovnys kleine Schwester Laurie zu erschrecken, indem sie sich Strümpfe über den Kopf zogen und wie wild mit Pfannenkratzern und Schneebesen fuchtelnd durchs Haus jagten.

Was Mädchen betrifft war Duchovny eher ein Mauerblüm-chen. Als Teenager hatte er nur wenig Verabredungen. Seine große Nase (jetzt holte der Rest seines Körpers mehr oder weniger auf) und die Pubertätsakne verbesserten sein Selbstwertgefühl auch nicht gerade. Er ließ sich das Haar lang wachsen und trug einen Seitenscheitel – ein Zugeständnis an die 70er Jahre, das er heute grauenvoll findet. Vielleicht kamen seine Verlegenheit und Schüchternheit zum Teil durch die ständigen Ermahnungen sei-ner Mutter zustande, fleißig zu lernen und gute Noten zu bekom-men, denn so gelang es ihm kaum, in sich etwas anderes zu sehen als einen guten Schüler. Als er später sein Interesse an der Schau-spielerei entdeckte, fühlte er sich gerade deshalb dazu hingezo-gen, weil Schauspieler diese ständige Selbstbeherrschung ablegen können, schreien oder weinen und selbst extremste Gefühlsre-gungen ausdrücken dürfen. Damals aber entspannte David sich allein, rauchte Marihuana und hörte sich Schallplatten an – er hatte lange sparen müssen, bis er sich das Live-Album *Yessongs* lei-sten konnte (seine Mutter hat die alten Platten immer noch). Er spielte immer noch Baseball und Basketball (obwohl er 1,83 m groß wurde, reichte es nie für einen Slamdunk).

Trotz seiner Schüchternheit verlor Duchovny seine Jungfräu-lichkeit überraschend, ja sogar erschreckend früh – mit vierzehn. Einer seiner Freunde hatte schon mit zwölf mit einem Mädchen Sex gehabt und zog David ständig damit auf, der es eher als Erledi-gung einer lästigen Pflicht empfand, als das Ereignis schließlich stattfand.

Für seinen Eintrag ins Collegiate-Jahrbuch wählte Duchovny zwei Zitate aus, deren Verfasser seine spezielle Mischung aus »all-American«-Sportsgeist und intellektueller Frühreife verrieten. Das eine stammte von Joe DiMaggio, dem großen New York Yan-kee. Das andere war von John Berryman, dem großen amerikani-schen Dichter, der sich das Leben nahm.

21

2
Höhere Bildung

Schon in der Schule entschloß sich David Duchovny, Schriftsteller zu werden. Doch er wußte, daß ihm der Mut fehlen würde, einfach drauflos zu schreiben und zu versuchen, sich mit Gelegenheitsjobs über Wasser zu halten. Daß sich seine Mutter so sehr eine akademische Karriere für ihn wünschte, half ihm dabei auch nicht gerade weiter. »Wir hatten nie viel Geld, und meine Mutter schärfte mir stets ein, daß die Gosse gefährlich nah war«, sagt er. »Und zu dieser Gosse wollte ich einfach einen größeren Abstand gewinnen.« Also beschloß er zu studieren, Professor an einer Universität zu werden und nur noch in seiner Freizeit zu schreiben.

Duchovnys ausgezeichnete Noten und seine hervorragenden Leistungen auf dem Basketball-Feld brachten ihm einen Platz in Princeton ein. Auf dem wunderschönen, acht Quadratkilometer großen Campus in Princeton, New Jersey, steht eine der renommiertesten Universitäten des Landes, die besonders im Bereich der freien Künste einen hervorragenden Ruf genießt und auch als eines der Zentren des legeren Lebensstils der Wohlstandsjugend – Oberhemden und schwere Stiefel – bekannt ist. »Dort erfuhr ich, was ›preppy‹ wirklich bedeutet«, scherzt Duchovny, »eine Ellenbogen- und Schlägermentalität, wie ich sie noch nie zuvor erlebt hatte.«

Duchovnys Hauptfach in Princeton war englische Literatur. Er bewährte sich auch hier als guter Student, der sich auf sein Studium konzentrierte, anstatt das College nur als Gelegenheit zu einer einzigen langen Party zu nutzen. Später tat es ihm etwas leid um die verpaßte »wilde und verrückte« Zeit, die zu einer Art amerikanischem Initiationsritus geworden zu sein scheint. Er setzte sein Baseball- und Basketballtraining noch bis ins zweite Studienjahr fort, doch schließlich erwies sich der extrem harte Wettkampf an der Universität als zu belastend für ihn.

Im September seines ersten Studienjahres sah er eine junge Kommilitonin und verliebte sich auf der Stelle in sie. Er schrieb sich sogar in einen Politikkurs ein, nur weil sie daran teilnahm. Schließlich konnte sie seinem Charme nicht mehr widerstehen, und die beiden blieben vier Jahre lang zusammen. Obwohl er in Interviews nie ihren Namen erwähnt hat, scheint es sehr wahrscheinlich, daß sie jene »Bonnie« ist, der er ebenso wie seiner Mutter und seinen Geschwistern seine Examensarbeit gewidmet hat. Heute glaubt er, daß sie, wenn sie sich später begegnet wären, womöglich geheiratet hätten. Es war seine erste längere Beziehung, aus der er, wie es scheint, vor allem die Erkenntnis gewonnen hat, sich auf keine weitere mehr einzulassen. Die Zeit mit ihr hätte ihn gelehrt, in einer Beziehung nicht zu lügen oder zu betrügen – Sünden, zu denen er sich etwas verlegen bekennt.

Allerdings sollte man nicht außer acht lassen, daß Duchovny dazu neigt, seine Liebesbeziehungen und sein Sexualleben für die Presse ein wenig zu dramatisieren, um sie so besonders aufregend und riskant erscheinen zu lassen. Andererseits könnte er auch sehr wohl die Wahrheit sagen.

Das Geist-Körper-Problem

Sein Examen in Princeton schloß Duchovny mit einer Arbeit ab, die er im März 1982 einreichte. *Die schizophrene Kritik der reinen Vernunft in Becketts frühen Romanen* ist ein beeindruckendes Werk von mehr als 150 Seiten Länge, dessen fesselnder Stil und argumentative Dichte die Versiertheit seines Verfassers auf literatur-historischem und erzähltechnischem Gebiet verrät. Duchovny verweist nicht nur häufig auf Freud, sondern auch auf Kafka, Dante, Nietzsche, Marx und Shakespeare, sowie auf die Götter des Strukturalismus und Dekonstruktivismus, Jacques Lacan und Michel Foucault. Auffällig ist, wie wenig Verweise auf andere Sekundärliteratur über Beckett sich in Duchovnys Arbeit finden: er war zweifellos ein ehrgeiziger Student, der lieber seine eigenen Ideen und Gedanken vorstellen als die von anderen aufbereiten wollte.

Und obwohl er durchaus erkennen ließ, daß er den Jargon beherrschte, bewies er doch genug Individualität (und Mut), um sich eines beinahe lässigen, umgangssprachlichen Stils zu bedie-nen. Mit seinem wundervoll arroganten ersten Satz verweist er alle Literaturwissenschaftler, die vor ihm gekommen sind und die er gar nicht erst für Zitate zu bemühen braucht, auf ihren Platz: »Beckett wird falsch verstanden.« Das sollte absichtlich provozie-ren und entlockte seinen Professoren ein erstauntes Stirnrunzeln.

Duchovnys Argumentation in dieser Arbeit ist aufregend und originell, doch auch ein wenig unbekümmert. Er sichert seine Feststellungen oft nicht ausreichend durch Beweise ab und bietet mehr gewagte Mutmaßungen als solide Argumente. Außerdem merkt man der Arbeit nicht nur die energische Kraft an, mit der sie geschrieben wurde, sondern auch, daß der Verfasser dabei mehr Pflichtgefühl als Vergnügen empfand.

Duchovnys Gedanken über den gebürtigen Iren interessieren

hier nicht so wie das, was man der Arbeit über Duchovnys Persönlichkeit entnehmen kann. Und obwohl man es sich vielleicht zu einfach macht, wenn man seine Betrachtungen über Beckett einfach auf ihn selbst überträgt, kommt man damit doch zu interessanten und aufschlußreichen Erkenntnissen. Duchovny stellt seiner Arbeit ein Zitat aus einer der Fallstudien Sigmund Freuds voran, und Freud ist es auch, den er im weiteren Verlauf am häufigsten heranzieht, wenn er auch nicht immer Davids Zustimmung findet. Freud ist der Urheber der Theorie, daß die ganze Persönlichkeit des Menschen auf Verdrängung beruht. Seiner Ansicht nach ist die gesamte moderne Zivilisation nur durch die Verdrängung dunkler Instinkte und Emotionen des Menschen möglich geworden. Erinnerungen, Traumata und entscheidende Gefühle läßt man oft nicht ins Bewußtsein dringen – und manchmal sind ernste Schäden die Folge. Die Aufgabe der Psychoanalyse – Freuds Erfindung – ist es, diese verdrängten Regungen durch Techniken wie Hypnose oder Traumanalyse wieder ins Bewußtsein zu rufen.

Duchovny lernte bereits mit elf Jahren, als seine Eltern sich scheiden ließen, seine Gefühle zu unterdrücken. Es überrascht kaum, daß dieser Prozeß einen Menschen hervorgebracht hat, der unter der Fassade seiner äußeren Erscheinung alles andere als glücklich ist und der nicht über die Fähigkeit verfügt, sich auf tiefe und dauerhafte zwischenmenschliche Beziehungen einzulassen. Duchovny hat sich nie einer Psychoanalyse oder einer anderen Therapie unterzogen (zumindest existieren keinerlei Dokumente darüber), doch schließlich tat er etwas, das demselben Zweck diente: Er wurde Schauspieler. Nur, wenn er spielte, konnte er ungehindert tiefere Gefühle ausdrücken und die verborgenen Sehnsüchte ausleben, die er im wirklichen Leben nicht erklären konnte. Wie er selbst sagt, kann ein Schauspieler mit allen Frauen oder allen Männern schlafen, die er begehrt oder sogar einen

25

Mord begehen, ohne die Konsequenzen tragen zu müssen. Für Duchovny wurde die Schauspielerei zu einem Therapieersatz, einer Möglichkeit, Gefühle und Triebe auf sichere Art und Weise aufzudecken und auszuleben.

In seiner Arbeit über Beckett erkannte Duchovny in den Figuren des Autors sein eigenes Dilemma wieder, das sich paradoxerweise erst manifestierte, als er als Schauspieler arbeitete. Seine Mutter hatte ihn zu einem Gelehrtenleben gedrängt, und er hatte hart daran gearbeitet, seine analytischen Techniken und literaturkritischen Fähigkeiten zu verbessern. Doch es gab noch eine andere Seite in ihm, die emotionale Seite, die verzweifelt versuchte, sich bemerkbar zu machen. Die emotionale Seite unseres Wesens gehört eher zum Körper als zum Geist und drückt sich auch durch den Körper aus – durch Weinen, Wut, Lachen, durch Gewalt und sexuelle Leidenschaft. Es war dieser körperliche Ausdruck, den Duchovny stets unterdrückt hatte und der sich nun im Kampf mit seinem Geist befand.

Laut Duchovny leiden die Charaktere in Samuel Becketts Romanen unter einer ähnlichen Situation, einer Art Trennung der menschlichen Persönlichkeit in die beiden Bereiche Intellekt und Emotion – Geist und Körper. Die Figur Murphy in dem gleichnamigen Roman, so schreibt Duchovny, »spaltet seine widersprüchlichen Sehnsüchte nach dem Geist, dem Körper oder dem Vergessen in verschiedene Ichs auf wie eine Amöbe, die sich durch Selbstteilung vermehrt.«

Weiter hinten in der Arbeit spricht Duchovny von einer »Welt unvereinigter Teile, wo Geist und Körper sich gegenseitig beobachten wie mißtrauische Fremde.« Ging es hier nur um Beckett, oder kleidete Duchovny hier vielleicht unbewußt sein eigenes Dilemma in Worte, fühlte auch er sich zerrissen, so als ob sich Intellekt und Emotion in seinem Inneren entfremdet hätten?

Yale

Duchovny bekam in Princeton so gute Noten, daß er ein Gradu-
iertenstipendium, das Mellon Fellowship, für die Yale University
erhielt. Yale liegt in New Haven, Connecticut, und gilt als eine der
besten Universitäten des ganzen Landes. Einige der begabtesten
Studenten der Vereinigten Staaten zog es dorthin; alle wollten
von dem guten Ruf der intellektuellen Stars unter den Professoren profitieren: Harold Bloom, John Hollander, Jay Hillis Miller
und Geoffrey Hartman, von denen einige auch Duchovny unter-
richteten. Ihr Einfluß macht sich unüberhörbar in Duchovnys
anachronistischem Konversationsstil voller Anspielungen und
Verweise bemerkbar. Falls er beispielsweise mit einem Reporter
darüber sprach, wie schlecht Gott Moses behandelt habe (um zu
illustrieren, daß das Leben einfach unfair ist), ließ sich deutlich
die Harold Bloomsche Schule erkennen.

In Yale mußte Duchovny erst seinen Abschluß als »Master of
Arts« (M. A.) machen, bevor er mit der Arbeit an seiner Dissertation beginnen konnte. Wie die meisten graduierten Studenten
wurde er im zweiten Jahr Teaching Assistant und unterrichtete
Studenten der unteren Semester, seine erste Lehrerfahrung auf
dem Weg zum Professor. Für seinen M. A. mußte er sich einer
endlosen Folge mündlicher Examen unterziehen, in denen die
Professoren die Bandbreite und Detailliertheit des Wissens der
Studenten auf dem Gebiet der Literatur prüfen. Die mündlichen
Prüfungen sind der Alptraum jedes Studenten. Um sich darauf
vorzubereiten, lernte Duchovny jeden Tag neun Stunden, bis sich
sein Kopf so schwer anfühlte, daß er glaubte, er würde ihm von
den Schultern fallen.

Aber er bestand alle Prüfungen, machte sich unverzüglich an
die Arbeit für seine Promotion und absolvierte die notwendigen
Kurse, bevor er seine Doktorarbeit in Angriff nahm. Eine Disserta-

tion ist eine mühevolle, aufwendige Angelegenheit, ein Werk, in dem der Student einen eigenständigen Beitrag zur Literaturkritik zu leisten hat. Manchmal sind dazu Jahre der Forschung und Recherche notwendig – und wenn der betroffene Student Glück hat, dann kann er sie als sein erstes veröffentlichtes Buch verkaufen (Bücher zu publizieren ist ein wesentlicher Bestandteil des akademischen Erfolgs).

Es gibt Dissertationen, die sich noch mit den eingeschränktesten Spezialthemen befassen und dafür irgendeinen winzigen, bisher unerforschten Winkel im Werk eines Autors bemühen. Doch Duchovny gab sich mit einem derartig ehrgeizlosen Ansinnen nicht zufrieden, und das Thema, das er wählte, klang schon im Titel äußerst beeindruckend: *Magie und Technologie in der zeitgenössischen amerikanischen Prosa und Lyrik*. Was er hier untersuchen wollte ging weit über die Literatur hinaus – bis in den Bereich der Ethik. Für Duchovny ist die Technologie eine Art amoralisches Wissen, weder gut noch schlecht, sondern einfach sachlich. Die Atombombe ist eins seiner Beispiele. Wenn die Menschen das Wissen und die Technologie besitzen, eine solche Bombe zu bauen, dann *tun* sie es auch, und zwar ohne Rücksicht darauf, ob das der Menschheit nützt oder nicht. Die Magie ist aber etwas ganz anderes. Sie ist eine »primitive Technologie«, die von Stammesgemeinschaften und anderen frühen Gesellschaften anstelle der rein naturwissenschaftlich orientierten Technologie unserer modernen Gesellschaft eingesetzt wurde. An der Magie ist nichts Amoralisches, sondern ihr ist ein ganzes Moralsystem immanent. Zum Beispiel gibt es Schwarze (böse) und Weiße (gute) Magie.

Duchovnys These lief darauf hinaus, daß bestimmte amerikanische Schriftsteller wie Norman Mailer, Thomas Pynchon, James Merrill oder Ishmael Reed versuchten, die moderne Technologie mit den moralischen Eigenschaften der Magie auszustatten. Es sei ihr Anliegen gewesen, der Technologie moralische Regeln »einzuflößen«. In seiner Dissertation ging es um diesen Versuch. Er neigt allerdings zu der Ansicht, daß die Autoren dabei von Anfang an zum Scheitern verurteilt gewesen seien, da es unmöglich sei, Moral mit Technologie zu vereinen. Die moderne Gesellschaft verhalte sich wie Faust, der seine Seele dem Teufel verkauft. Die Versuchung ist einfach zu groß. Wenn die Technologie vorhanden ist, um eine noch zerstörerischere Bombe hervorzubringen, dann wird sie auch gebaut – ohne Rücksicht auf die Konsequenzen. Davids Ansicht nach besitzen die Menschen einfach nicht die Willenskraft, dieser Versuchung zu widerstehen.

Auch Duchovny besaß sie nicht. Nur ein paar Jahre später schloß er seinen eigenen faustischen Pakt, um Ruhm, schöne Frauen und Reichtum zu gewinnen. Aber wie Faust fühlte er sich dabei von Zeit zu Zeit, als habe er seine Seele verkauft.

In seinem zweiten Jahr in Yale begann Duchovny, sich mit Kommilitonen an der Yale Drama School anzufreunden. Mittlerweile waren ihm Zweifel an seiner Laufbahn als Dozent gekommen, die er eher aus einem Streben nach Sicherheit als aus Begeisterung eingeschlagen hatte. Die akademische Welt schien ihm zu behütend, zu unreal und fern vom wirklichen Leben. Die Schauspielstudenten schienen viel mehr Spaß zu haben als er, und Duchovny verbrachte seine Zeit viel lieber mit ihnen als mit den anderen Studenten, die auch Literatur als Hauptfach hatten.

Er dachte jedoch noch nicht daran, Schauspieler zu werden, sondern wollte Stücke und Drehbücher schreiben. Es gelang ihm, einen Platz in einem Kurs für Dramenautoren zu ergattern. Später konnte er sich nicht mehr an den vollen Titel seines ersten Stücks erinnern, nur daran, daß es mit den Worten »der letzte gute Rat des ...« begann und mit dem Namen einer seiner Figuren endete. »Es war irgendwie komisch und tragisch, genau wie ich.«

3
Brezelwürfe

Im Alter von 25 Jahren beschloß Jason Beghe, Duchovnys bester Freund aus seiner Zeit an der Collegiate School, Schauspieler zu werden. Er ging nach New York City, nahm Schauspielunterricht und bekam 1985 in *Tödliche Beziehungen* seine erste Filmrolle. Seitdem war er in *Thelma & Louise* und anderen Filmen zu sehen, er hatte Gastauftritte in *Melrose Place*, *Picket Fences*, *NYPD Blue* und anderen Fernsehserien.

Seine Vorstellungen über die Schauspielerei unterschieden sich sehr von denen seines Freundes Duchovny, waren weniger intensiv und ausgewogener. »Als Schauspieler bietet man den Zuschauern nicht nur etwas, in das man eine Menge Zeit investiert hat, sondern man läßt sie an einem Stück seines Ichs teilhaben. Wenn es eine gute Rolle ist, entdeckt man dabei auch etwas über sich selbst. Ich kann mir nichts Aufregenderes vorstellen.«

Beghe hatte eben erst begonnen, als er Duchovny überredete, für einige Fernsehwerbespots vorzusprechen. Er war der Meinung, sein Freund habe etwas an sich, das vor der Kamera wirken würde. Zweifellos war aus dem verlegenen Jungen, der sich für ein häßliches Entlein gehalten hatte, mittlerweile ein schöner Schwan geworden. Er war über 1,83 m groß, hatte dickes braunes

Haar und machte mit der widerspenstig ins Gesicht fallenden Haarsträhne einen fast spitzbübischen Eindruck. In seinen braunen Augen blitzte es von Zeit zu Zeit launenhaft auf, und ein kleines Muttermal zierte die rechte Wange. Er besaß nun eine angenehm anzusehende, muskulöse Figur, ohne dabei wie ein aufgeblasener Cartoonheld auszusehen. Seine Stimme war nicht sehr kräftig (manchmal hört er sich an, als habe er den Mund voller Murmeln), doch lag eine gewisse verführerische Intimität darin. Was ihn vielleicht am anziehendsten machte, war nicht sein gutes Aussehen, sondern seine stille, melancholische Ausstrahlung, das Gefühl, daß in seinen Augen und seinen Mundwinkeln ein verborgener Schmerz lag.

Duchovny bekam nicht gleich die erste Rolle, für die er vorsprach, überzeugte dann aber den Castingchef eines Werbespots für Löwenbräu-Bier. Der Set, eine lärmende Bar, verschreckte ihn zunächst völlig, doch gelang es ihm trotzdem, das zu tun, was von ihm verlangt wurde: Eine Brezel in die Luft zu werfen und sie mit dem Mund wieder aufzufangen. Für dieses Geschicklichkeitsspiel zahlte man ihm 9.000 Dollar, das Doppelte von dem, was er an der Universität in einem Jahr verdiente. Seine Mutter hatte ihn immer ermahnt, daß harte Arbeit sich lohne, doch sie hatte nie erwähnt, *wie* sehr es sich lohnte, vor einer Kamera Brezeln zu werfen und gut auszusehen.

Trotz des schnellen Geldes ließ sich Duchovny diesen einen Glücksfall nicht zu Kopf steigen. Er studierte weiter und behielt auch seinen Job in Yale, auch wenn sein Wunsch nach einer akademischen Karriere immer schwächer wurde. Durch die Werbeaufnahmen kam er an Vorsprechtermine für einige Fernsehpilotsendungen, und in den Weihnachtsferien flog er nach Los Angeles, um für drei Serien Probeaufnahmen zu machen. Am Flughafen wurde er von einer Limousine abgeholt und zum Sunset Marquis, einem First Class Hotel, gebracht. Die Aufnahmen dauerten länger als erwartet, und er rief – vom Swimmingpool des Hotels aus – in Yale an, um zu erklären, daß er krank sei und deshalb keine Kurse geben könne.

Die Rolle bekam er jedoch nicht. Duchovny war immer noch ein Schauspielneuling und aufgrund seines Stils, der fälschlicherweise oft als »understated« bezeichnet wird, fragten sich die Regisseure, ob er vor der Kamera überhaupt irgend etwas tut. Doch war es für ihn ein gutes Gefühl zu wissen, daß er jederzeit wieder in seinen Vorlesungssaal zurückkehren konnte.

Das änderte sich, als er ganz unerwartet für einen neuen Film von Henry Jaglom verpflichtet wurde. Das war 1987, und obwohl der Film erst zwei Jahre später in die Kinos kam, lieferte er doch den entscheidenden Anstoß für Duchovny, seine Zukunft in die Richtung zu lenken, die er sich wünschte – oder sich zumindest zu wünschen glaubte. Er brach sein Studium in Yale ab, ließ seine Doktorarbeit unvollendet liegen und stürzte sich in das Leben als Schauspieler.

Die Kunst der Hemmungslosigkeit

Henry Jaglom ist eine der seltsamsten Erscheinungen der amerikanischen Filmindustrie, ein erfolgreicher unabhängiger Regisseur, der sich niemals an ein Hollywoodstudio verkauft oder den kleinsten Kompromiß an die Vision seiner Kunst gestattet hat. Er hat seine treue Fangemeinde, ebenso wie seine erklärten Gegner (es gibt Leute, die eher in Abwasserschächten arbeiten würden als einen Jaglom-Film über sich ergehen zu lassen), aber es ist auch wahr, daß ihn die große Masse der Kinogänger weitgehend ignoriert. Wirkliche Popularität genießt er in den Kreisen der Programmkino- und Kunstfilmtheaterwelt in urbanen Zentren wie New York und auf Filmfestivals in aller Welt.

Jaglom wurde oft mit Woody Allen verglichen, und obwohl der Vergleich ein wenig oberflächlich ist, trifft er doch in gewisser Weise zu. Jaglom geht es ebenfalls vor allem um die Beziehungen zwischen Männern und Frauen. In seinen Filmen wird ausgedehnt diskutiert, vor allem über die Unfähigkeit seiner Filmcharaktere, feste, dauerhafte Partnerschaften einzugehen, über ihre sexuellen Frustrationen, ihre Untreue und ihre allzu menschliche Launenhaftigkeit. Doch während ein Woody-Allen-Film sein Publikum durch Humor und melancholische Romantik verführt und immer perfekt gemacht ist, kommen Jagloms Filme (wie die des verstorbenen John Cassavetes) in bewußt roher Form und improvisiertem Stil daher. Er verleitet seine Darsteller – darunter Berühmtheiten wie Karen Black oder Orson Welles, die bereit waren, für wenig Geld zu arbeiten – dazu, die Figur, die sie spielen, aus ihrem eigenen wirklichen Leben entstehen zu lassen, so daß die Filme eine quasi-dokumentarische Qualität annehmen. Sie sind (immer im Wechsel) faszinierend, ermüdend, aufschlußreich, nervtötend, hemmungslos, tiefgründig oder oberflächlich.

Neujahr in New York war ein typischer Jaglom, der auf geschickte Weise eine interessante Ausgangssituation mit jeder Menge Improvisationsmöglichkeiten verband. Jaglom selbst (ein unattraktiver Mann, dessen hartnäckige Anwesenheit in vielen seiner Filme die Zuschauer gleichzeitig amüsiert und nervt) spielt einen Schriftsteller, der nach New York zurückkehrt, nachdem er eine Zeitlang in Los Angeles verbrachte, wo er sich gerade von seiner Frau getrennt hat (Jaglom und seine Frau waren tatsächlich gerade auseinandergegangen). Er erwartet, seine Wohnung leer vorzufinden (während seiner Abwesenheit hatte er sie untervermietet), muß aber entdecken, daß die Frauen, die darin gewohnt hatten, vor ihrem Abschied noch ihre Silvesterparty feiern. Im Verlauf des Films treffen neue Gäste ein und gehen wieder, man spricht darüber, wie man sein Leben ändern wird, Beziehungen entwickeln sich oder werden beendet. Der Film ließ sich vollständig an einem einzigen Drehort (dem Appartement) abdrehen, war also ausgesprochen billig in der Herstellung.

In seinen früheren Filmen verwendete Jaglom keinerlei feststehendes Drehbuch. Statt dessen verließ er sich vollständig auf die Spontanität der Akteure, ermutigte sie, sich der Kamera ehrlich und vorbehaltlos zu öffnen und alle Emotionen herauszulassen. An diesem frühen Punkt seiner Schauspiellaufbahn kam diese Methode Duchovny aus zwei Gründen sehr entgegen. Derjenige, den er selbst angab, war, daß er sich noch nicht recht damit hatte anfreunden können, die Worte in einem Drehbuch wie seine eigenen erscheinen zu lassen. Der andere, über den er nicht sprach, war, daß er sich endlich auf sein wirkliches Ich beziehen und die Rolle zu einer nicht nur indirekten, sondern ausgesprochen expliziten Form der Therapie nutzen konnte.

Duchovny spielt in diesem Film Billy, den Ex-Freund einer der Vormieterinnen (Lucy, die von Maggie Jakobson dargestellt wird), der nach Kalifornien ziehen will. Er taucht bei ihr auf, um sie zurückzugewinnen und sie lädt ihn schließlich ein, auf ihrer Party zu bleiben. Duchovny trägt Lederjacke, Jeans und Turnschuhe und sieht sehr, sehr jung aus. Er hat Lucy schon häufiger betrogen und kann sich auch hier nicht zurückhalten, flirtet heftig mit zwei Frauen auf der Party und landet schließlich mit Lucys gestörter Mitbewohnerin im Bett (die danach versucht, sich das Leben zu nehmen). Lucy schmeißt ihn nackt aus der Wohnung.

Es kursieren Gerüchte, daß Duchovny seine Rolle weitgehend aus seiner eigenen Erfahrung geformt hat. Man kann kaum umhin, sich seine Äußerung darüber ins Gedächtnis zu rufen, wie er gewaltsam lernen mußte, in einer Beziehung nicht zu betrügen. Es gibt eine ausgesprochen aufschlußreiche Szene in dem Film, in der sich Jaglóms Figur Drew neben Billy hockt, um ihn auszufragen – das heißt, um seine Casanova-Störung zu analysieren.

Wenn Duchovny die Schauspielerei tatsächlich als eine Art Ersatztherapie dient, bei der er seine Gefühle bloßlegen kann, ist diese Szene ein Paradebeispiel für diesen Prozeß. Joe fragt ihn: »Was soll also der ganze Scheiß?« Er erkennt in Billy eine Version seiner selbst wieder, doch während er wenigstens ehrlich und wirklich auf Menschen eingehen kann, glaubt er: »Unter seinem ganzen Scheiß scheint nur noch mehr Scheiß zu stecken.« Billy antwortet, daß er mit dem Lügen nicht aufhören könne, weil er es für interessanter hält als sein wahres Ich und weil er Angst hat, dieses wahre Ich zu zeigen, da es »irgendwie korrupt« und »finster« sei. Da aber die Frauen nie sein wahres Ich, seine Finsternis zu sehen bekommen, behandelt er sie schlecht, weil sie ihn nicht verstehen – »Ich bestrafe sie«. Er gibt zu, daß er es liebt, über sich zu sprechen, daß er unter einem Zwang steht, Frauen, die nett zu ihm sind, zu küssen und daß er einen ähnlichen Zwang verspürt, auch Männer zu verführen, nur »ohne den Kuß«. Als Joe fragt, ob alles das mit seiner Mutter begonnen hat, stimmt Billy zu und erzählt, daß seine Mutter ihn immer zu sehr behütet hat und sich immer noch offen in sein Leben einmischt. »Ich bin nicht in der Lage, den Übergang zu bewältigen, nicht mehr der Teenager zu sein, der von seiner Mutter beschützt wird«, sagt er. Daher verderbe er sich selbst sämtliche Beziehungen zu Frauen. Seine Mutter sei die einzige Frau, die seine innere Finsternis sehe und sie mag, sie sogar als Tiefgründigkeit betrachtet.

Wenn man dieses Gespräch zwischen einem alten und einem jungen Frauenhelden verfolgt, fühlt man sich, als ob man eine echte Unterhaltung belauscht. Man spürt Duchovnys jugendliche Verführerqualitäten, seine Selbstversunkenheit und auch die beklemmende Intensität seiner dunklen, verwirrten Gefühle.

Später sagte Duchovny, daß er sowohl Vorteile als auch Nachteile in Jaglons improvisatorischer Methode sieht, und obwohl er einräumt, daß der Film nicht gerade jedermanns Geschmack war, schämt er sich doch seines Erstlingswerks nicht. Der berühmte Filmkritiker Leonard Maltin bezeichnete ihn als gleichzeitig erhellend und anmaßend, was sicherlich stimmt. Aber es ist auch einer der bisher besten Filme Jagloms, mit brillanten Leistungen von allen Darstellern und ohne die ziellose Unentschlossenheit seines früheren Werkes.

Die Methode

Neujahr in New York kam erst 1989 in die Kinos (Low-budget-Filme haben häufig so lange Postproduktionsphasen) und war auch nicht die Sorte Film, die aus Duchovny einen reichen Mann oder einen Star machen konnte. Aber die Erfahrung, darin zu spielen, reichte aus, ihn erkennen zu lassen, daß er wirklich Schauspieler werden wollte und vielleicht auch das Talent dazu besaß. Er verließ Yale (gegen den Wunsch seiner Mutter), zog wieder nach New York und dort begann für ihn ein Jahr, das sich als eines der schwersten in seinem ganzen Lebens erweisen sollte. Es war schwer, weil er keine Arbeit bekam. »Ich gab eine Beschäftigung auf, die viele Menschen für die intellektuellste und vergeistigste Beschäftigung halten, der man nur nachgehen kann – nämlich sein Leben mit Büchern zu verbringen«, sagt Duchovny. »Und das möglicherweise für oberflächliche Rollen, die ich vielleicht noch nicht einmal gut spielen würde. Ich schämte mich sehr, daß es das war, was ich tun wollte.«

Duchovnys Agent sagte ihm, er solle den Castingchefs nicht verraten, daß er ein Princeton- und Yaleabsolvent sei, weil sie sich vermutlich davon eingeschüchtert fühlen würden, auch wenn seine Abschlüsse Duchovnys Meinung nach einen völlig wertlosen »Standard« darstellten (soweit es ihn betrifft, gibt es keinerlei Zusammenhang zwischen der Intelligenz der Menschen, die er kennt, und den Schulen, die sie besucht haben). Er konnte allerdings nur schwer glauben, daß all die Jahre harter Arbeit auf der Universität jetzt gar nichts mehr galten – er mußte wieder bei Null anfangen.

Ehrgeiz besaß er allerdings genug. Was er wollte, war weder Theater noch Fernsehen, sondern der Film. Und er wollte ein Star werden.

Seine Familie war nicht sehr glücklich über diesen abrupten und scheinbar verrückten Laufbahnwechsel, doch sein Bruder Daniel versteht ihn heute recht gut. David war, das wurde ihm klar, immer der gute Sohn gewesen, derjenige, von dem man erwartete, daß er gute Noten nach Hause bringen und später seinen Doktor machen würde. Es überrascht eigentlich kaum, daß er diesem emotionalen Druck zu entkommen versuchte und sein eigenes Leben in Angriff nahm – eines, in dem die Gefühle, und nicht der Intellekt, die Phantasie oder die Ratio an erster Stelle kommen.

Duchovny wußte, daß er über das Schauspielen noch eine Menge zu lernen hatte, besonders da er von Kind an gewöhnt war, seine Gefühle zurückzuhalten, anstatt sie auszudrücken. Also beschloß er, wie sein Freund Jason Beghe Unterricht zu nehmen und schrieb sich bei einer Schauspiellehrerin namens Marsha Haufrecht ein, die zum berühmten Actors' Studio in New York gehörte.

Das Schauspielstudio wurde 1947 unter anderem von Elia Kazan begründet und baut auf die Stanislavsky-Methode des berühmten russischen Regisseurs auf. Bei der Umformung in die amerikanische Variante, das »Method Acting«, wurde sie allerdings etwas vereinfacht und verstärkt auf Emotionalität ausgerichtet. Auch Henry Jaglom hat in den 50er Jahren im Actors' Studio gelernt. Der vielleicht berühmteste der zahlreichen Schauspieler, die das Studio hervorgebracht hat, ist aber wohl Marlon

Brando, der sich eines wesentlich emotionaleren und expressiveren Stils bedient als Duchovny, von diesem aber sehr bewundert wird.

Bei Haufrecht lernte Duchovny, daß die Wahrheit die Grundlage jeder Darstellerkunst ist. Er sollte nur dem vertrauen, was er bei einer Szene auch wirklich fühlt. Wenn ihm zum Beispiel auf einer Beerdigung zum Kichern zumute war, dann sollte er kichern. Wenn er statt dessen ernst und betroffen spielte, würde das vielleicht dem Regisseur gefallen, aber seine Darstellung wäre nichts als eine Lüge.

Duchovny arbeitete daran, sich emotional zu öffnen, um schreien, kreischen oder weinen zu können. Er hatte sich jahrelang bemüht, seine analytischen Fähigkeiten zu bilden und jetzt mußte er entdecken, daß zuviel Selbstanalyse einen Schauspieler einschränkt und hemmt, oder bestenfalls zu einer langweiligen Darbietung führt. Stattdessen mußte er nun seinen Gefühlen und Empfindungen vertrauen. Trotzdem war sein zurückhaltender Darstellungsstil von Anfang an nicht zu leugnen. Duchovny glaubt, daß dieser Stil von seinem Leben als Akademiker geprägt wurde: »Wahrscheinlich habe ich das aus Yale – diesen grauenvollen, alles gleichmachenden Relativismus«, sagt er von seinem Stil, der dazu neigt, große Gefühle generell zu verflachen. Mindestens ebenso wahrscheinlich ist es allerdings, daß man ihn auf die emotionale Depression zurückführen kann, die mit der Scheidung seiner Eltern begann, als er elf war und auch auf seinen Versuch, keine starken Gefühle zu empfinden. Duchovnys zurückhaltender Stil ist in Wirklichkeit ein Stil emotionaler Unterdrückung: es ist nicht so, daß sich nichts tun würde, aber alles spielt sich unter der Oberfläche ab und läßt sich nur in subtilen Blicken oder dem Tonfall seiner Stimme erkennen.

Um sich später bei *Akte X* in die Figur des Fox Mulder hineinversetzen zu können, wandte Duchovny eine Technik des Method

Acting an. Eine mögliche Methode ist, ein Ereignis oder Gefühl aus der eigenen Vergangenheit zu finden und es zu benutzen, um die Motivationen der gespielten Figur nachvollziehen zu können. Duchovny sagt: »Mulder und ich sind zwei völlig verschiedene Typen. Aber es gibt einiges, an das ich persönlich glaube und das sich meiner Ansicht nach leicht anstelle von Mulders Glauben einsetzen läßt. Ich glaube an Kräfte, die größer sind als die physikalischen, nur gebe ich ihnen nicht unbedingt auch eine so konkrete bildliche Gestalt.«

Obwohl er es nicht auf eine Bühnenkarriere abgesehen hatte, spielte Duchovny schon während seines Studiums in Yale Rollen in Off-Broadway-Stücken. Zwei Inszenierungen, in denen er auftrat, waren *The Copulation Machine Of Venice, California*, und *Der grüne Kakadu*; das letztere ein Stück von Arthur Schnitzler, dem Wiener Dramatiker der Jahrhundertwende, der seine Zeitgenossen mit freizügigen Schilderungen von Sexualität und Entlarvung erotischer Tändeleien unter der höflichen Fassade der bürgerlichen Gesellschaft schockierte (Freud hielt Schnitzler für seinen künstlerischen Doppelgänger, der auf dem Wege der Kunst dieselben Geheimnisse enthülle, denen er durch die Psychoanalyse auf die Spur kam). Dieses Stück hatte schon deutliche Gemeinsamkeiten mit den unkonventionellen Filmen betont sexuellen Inhalts, für die er verpflichtet wurde, bevor er die Rolle des Fox Mulder bekam.

Wenn man bedenkt, daß Duchovny immer in Filmen spielen wollte, ist es etwas überraschend, daß ihm das Theaterspielen mehr Spaß bereitete. »Es ist ein großer Unterschied, ob man mit einem Publikum arbeitet oder nicht«, sagt er. »Auf der Bühne arbeitet man eben wirklich *mit* den Zuschauern. Man macht gemeinsam eine Erfahrung, und zwar im gegenwärtigen Moment – und nicht nur eine Aufzeichnung für den zukünftigen Gebrauch.« In den ersten Minuten eines Stücks war er immer noch nervös, konnte sich dann aber rasch entspannen und in die Rolle hineinschlüpfen. »Live zu spielen«, sagt Duchovny, »war wie Glückseligkeit.« Im Gegensatz dazu waren die Dreharbeiten an einem Film für ihn eine nervenzermürbende Erfahrung. Er fühlte sich nonstop unter Druck und gestreßt. Trotzdem war jedoch der Film sein Wunschmetier, nicht das Theater. Und wenn ein Schauspieler in Amerika Filmstar werden möchte, gibt es für ihn nur ein einziges Ziel:

Hollywood.

4
Das Heisenberg-Prinzip

Jason Beghe und Duchovny mußten beide irgendwie ihren Lebensunterhalt verdienen, während sie unentwegt für Rollen vorsprachen, die sie nicht bekamen. Also ließen sie sich zu Barkeepern ausbilden. Sie entschieden sich für den zweiwöchigen Luxuskurs statt des gewöhnlich eine Woche dauernden, und Duchovny berichtet augenzwinkernd, daß seine Mutter sein Barkeeperdiplom direkt neben die aus Princeton und Yale gehängt hat. Die beiden Freunde bekamen einen Job in einer Bar namens »Continental« auf der 13th Street in New York. Dort war nie viel los, und meist verbrachten die beiden die Abende damit, die Dom-Perigon-Bestände der Bar zu dezimieren. Beghes nebelhaften Erinnerungen an diese Zeit zufolge wurden sie beide schließlich gefeuert.

Bei einem seiner späteren Versuche, wieder »David Duchovny, Schriftsteller« zu werden, arbeitete er an einem Roman, der von dieser Zeit handelte. Er nannte ihn *Wherever There Are Two* (in Anlehnung an das Christuszitat »Wo immer sich zwei Menschen zusammenfinden, ist eine Kirche«) und machte einen ihm selbst auffallend ähnlichen Mann zum Protagonisten, der als Barkeeper im Continental arbeitet.

41

Die Geschichte ist in einem sehr befangenen, distanzierten Erzählstil gehalten, und darin kommen jede Menge Drogen und Sex vor – etwa in der Art von Jay McInerneys *Ein starker Abgang, Bright Lights Big City* oder Bret Easton Ellis' *Unter Null*. Obwohl das Buch kein Erfolg wurde (er glaubt, daß er im Gegensatz zu seinem zurückhaltenden Darstellungsstil beim Schreiben dazu neigt, allzu viel Wert auf den Stil zu legen und die Story unter zu vielen Details zu begraben), findet Duchovny, daß es ein paar starke Stellen hat. Besonders erinnert er sich an ein recht surreales Kapitel mit dem Titel »The Spider and the Fly« (wobei ›Fly‹ sowohl ›Fliege‹ als auch ›Hosenschlitz‹ bedeuten kann), in dem der Held träumt, daß jedes Mal, wenn er seine Hose öffnet, um zu urinieren, eine Spinne erscheint und ihn daran hindert.

Zu Duchovnys weiteren Autorenversuchen gehört die Bühnenadaptation einer Kurzgeschichte des amerikanischen Schriftstellers Charles Bukowski. Meist konzentrierte er sich jedoch auf seine eigene Lyrik, die er manchmal auch vor Publikum vortrug. Seine schriftstellerische Arbeit wurde vor allem von John Ashberry beeinflußt – den er dafür bewunderte, gleichzeitig so konkret und so schwer faßbar zu sein, so wie er sich für John Berryman wegen seiner großen körperlichen Anziehungskraft begeistert, was ebenso für den kompromißlosen Modernisten Wallace Stevens gilt. Auch für naturwissenschaftliche Werke interessiert sich Duchovny sehr, und er ist – wie schon einige andere in diesem Jahrhundert vor ihm – der Ansicht, daß die Wissenschaft eigentlich eine Art Poesie sei. Beispielsweise fasziniert ihn das Heisenbergsche Unschärfeprinzip, das im großen und ganzen besagt, daß es unmöglich ist, etwas zu beobachten, ohne es zu verändern. Zweifellos sollte das Heisenbergsche Prinzip für Duchovny noch von größerer Bedeutung werden, nachdem er durch *Akte X* berühmt wurde. Als »beobachtetes Objekt« merkte er sehr bald, daß die Beobachtung durch Fans und die Verfolgung durch Reporter auch *ihn* veränderte.

Nach dem Start von *Akte X* hatte Duchovny nur noch sehr wenig Zeit zum Schreiben, obwohl er jede Gelegenheit nutzte, um ein Gedicht aufs nächstgreifbare Stück Papier zu kritzeln – in der Mittagspause, im Restaurant oder im Flugzeug. Er dachte auch weiterhin von Zeit zu Zeit an einige Schreibideen, die er schon lange mit sich herumgetragen hatte, mußte aber zugeben, daß er Angst davor hatte, sie tatsächlich zu verwirklichen. Wobei sich noch herausstellen würde, ob er wirklich der Schriftsteller ist, der er immer sein wollte. Trotzdem behielt er die Schriftstellerei als wichtiges Zukunftsziel im Auge und behauptete, daß ihm »nichts auf der Welt natürlicher von der Hand gehe – außer vielleicht mit einem Ball zu spielen.« Indirekt gab er damit zu, daß ihm die Schauspielerei *nicht* natürlich von der Hand ging: Der emotionale Einsatz vor einer Kamera war für ihn mühsam und aufreibend.

Auch der Umzug nach Los Angeles und die damit neu gewonnene Nähe zu den Hollywoodstudios bereiteten Duchovnys beruflicher Trockenperiode nicht sofort ein Ende. Er jobbte für einen Verpflegungsservice und schrieb Artikel für verschiedene Zeitschriften. Als der Erfolg sich dann endlich einstellte, sagte er, daß er diese harte Zeit vor allem damit zugebracht habe, seine Freunde anzupumpen.

Als Jahre darauf die Dreharbeiten für *Akte X* begannen und Duchovny zehn Monate im Jahr in Vancouver wohnen mußte, vermißte er Los Angeles und glaubte, daß es zu seiner Heimat geworden wäre. Doch als er während der Drehpause zurückkehrte, merkte er, daß er sich auch dort nicht zu Hause fühlte, sondern eigentlich nirgendwo eine Art Heimatgefühl hatte. Ihm wurde klar, daß ihm jeder Ort, an dem er früher gelebt hatte, erst im Nachhinein als sein Zuhause vorkam. Von da an pflegte er resigniert Proust zu zitieren: »Das einzig wahre Paradies ist das verlorene.«

Es gelang ihm, eine kleine Nebenrolle als Gast auf einer Geburtstagsparty in Mike Nichols' Komödie *Die Waffen der Frauen* mit Harrison Ford und Melanie Griffith zu bekommen. Doch weitere Nebenrollen ließen auf sich warten – bis 1990 dann *Todfeinde* kam, ein Film, der vorübergehend Rob Lowes Karriere wiederbelebte, nachdem seine Vorliebe für die Anfertigung erotischer Heimvideos einen Skandal verursacht hatte (möglicherweise dachte Duchovny an Lowes, als er in einem Interview darüber sprach, wie das Leben durch den Ruhm eingeschränkt wird und der Öffentlichkeit Dinge preisgegeben werden, die eigentlich Privatsache bleiben sollten). Doch erst als Duchovny eine Gastrolle in einer Kultfernsehserie bekam, konnte er endlich einen bescheidenen Erfolg feiern.

Die Frau im Mann

David Lynchs ebenso unheimliche wie faszinierende Serie *Twin Peaks* war 1989/90 *der* Überraschungshit. FBI-Agent Dale Cooper (gespielt von Kyle MacLachlan) kommt in eine Kleinstadt in Washington, um den Mord an einem jungen Mädchen namens Laura Palmer zu untersuchen. Die Arbeit an dem Mordfall und die mehr als ungewöhnlichen Charaktere, die in der Serie auftauchen, hielten das Publikum in Spannung, doch in der zweiten Staffel (während der die Einschaltquoten rapide sanken) wurden neue Handlungselemente notwendig. Also wird Agent Cooper mit einer falschen Beschuldigung wegen Drogendiebstahls belastet, und ein anderer Agent wird hinzugezogen. Cooper hatte mit diesem anderen Agenten, der sich Dennis Bryson nennt, schon früher zusammengearbeitet und respektiert ihn. Er hat jedoch nicht erwartet, daß Bryson – verkörpert von niemand anderem als David Duchovny – in Frauenkleidern in Twin Peaks eintreffen würde.

Es war Castingchefin Johanna Ray, die eine Vorahnung hatte, daß Duchovny die Rolle des Transvestiten Dennis/Denise bewältigen würde. Er selbst war begeistert, den Drei-Folgen-Part zu bekommen, auch wenn es eine bisher ungewohnte Schauspielerfahrung werden würde. Er dachte sich, daß er eigentlich keinen Grund hätte, um seinen Ruf als Schauspieler besorgt zu sein – wenn man bedenkt, daß dieser Ruf noch gar nicht existierte. Andererseits fragte er sich natürlich auch, ob diese Rolle wohl Anfang *und* Ende seiner Karriere zugleich sein würde. Vielleicht hätte er daran denken sollen, wie der Schauspieler John Lithgow durch eine ähnliche Rolle in dem Film *Garp und wie er die Welt sah* bekannt wurde.

Duchovny hatte nur eineinhalb Tage, um sich auf die Rolle vorzubereiten und noch keine sehr genaue Vorstellung davon, wie er an die Sache herangehen sollte. Er war allerdings der Meinung, daß er seine feminine Seite nicht verleugnen durfte. Die meiste Zeit wurde darauf verwandt, ihn äußerlich in eine Frau zu verwandeln. Er verbrachte lange Stunden in einem Garderobenwagen im San Fernando Valley, wo die Serie gedreht wurde. Zunächst wurde ihm eine Schicht Wachs auf die Beine gestrichen, um die Haare zu entfernen. Sie kamen büschelweise herunter, und ihm wurde etwas übel, als er das mit ansehen mußte. Er stellte aber fest, daß er schöne Beine hat und bemerkte scherzhaft, daß seine Schwester Laurie neidisch darauf sein würde. Als er sich sehr, sehr vorsichtig in die Strumpfhose gezwängt hatte, bemerkte er, daß sein Bauch über dem Bund heraushing, so daß er sich eher häßlich als fraulich fühlte. Der ausgestopfte Bügel-BH saß schmerzhaft eng, nachdem er ihn geschlossen hatte, und die Kostümbildner hatten ihm, wie er sagt, »big tits« gegeben, »wie ein Brotlaib… von der Sorte, die ohne Unterbrechung gerade durchgeht. So ähnlich wie bei Mrs. Doubtfire.« Wenigstens war sein Kleid nicht allzu tief ausgeschnitten, so daß ihm das Abrasieren der Brusthaare erspart blieb.

Eine Perücke verschaffte ihm volles, schulterlanges Haar und dazu lieh er sich von einer Freundin ein Paar Ohrclips. Über das Tragen von Frauenkleidern meinte Duchovny, der bei Interviews immer gern provoziert, später: »Ich fand es unglaublich schön, und das verunsichert mich noch immer.« In Wirklichkeit war es wohl in erster Linie schmerzhaft und verschaffte ihm ganz neue Einblicke in die Leiden, die Frauen ertragen, um für Männer gut auszusehen.

Duchovny legt seine Rolle als Dennis/Denise unaufdringlich und gelassen an, aber er amüsiert seine Zuschauer und beweist damit unverkennbar sein komisches Talent. Er spricht mit mehr oder weniger normalem Tonfall, vielleicht einen Hauch weicher als sonst, doch bewegt er sich viel mehr, als man es von ihm gewohnt ist. Sein Kopf scheint geradezu auf den Schultern zu schweben. Die Folgen wurden im Dezember 1990 und Januar 1991 ausgestrahlt. In der ersten kommt eine Szene vor, in der er auf einer Hochzeit den Brautstrauß fängt: »Aber ich war unfairerweise im Vorteil. Wie viele dieser Mädchen waren schon in die Basketball-Auswahlmannschaft ihrer Uni gekommen?«

In der zweiten Episode zeigt er starkes Interesse an einer Frau und überrascht damit Agent Cooper, der erwartet hatte, er sei schwul. »Ich mag ja ein Kleid tragen«, erwidert Dennis/Denise, »aber ich steige immer noch mit jedem Bein einzeln in meine Unterhosen, wenn du weißt, was ich meine.«

Duchovny hatte vor der Ausstrahlung der Folgen ein paar persönliche Bedenken. Er fragte sich, was seine Eltern davon halten würden, und zu allem Überfluß mußte sich sein Vater zu dieser Zeit einer Bypassoperation unterziehen. Als sie seinen Auftritt gesehen hatte, reagierte seine Mutter am Telefon mit: »Du siehst so mager aus – ißt du auch genug?« Als Duchovny seinen Vater im Krankenhaus besuchte, erzählte dieser dem gesamten Pflegepersonal, daß sein Sohn gerade einen Transvestiten gespielt hatte.

Twin Peaks wurde nach dieser Staffel beendet, aber es hatte gereicht, um einige Leute auf David Duchovny aufmerksam zu machen. Die Trockenzeit war vorüber.

Schlüpfrige Rollen

Von nun an bekam David Duchovny das, was er wirklich wollte – Filmangebote. In der Teeniekomödie *Fast Food Family*, einem erfolgreichen Film von 1991, der nicht so schlecht ist wie sein Titel, spielt er eine der wichtigeren Nebenrollen. Vor allem aber bekam er zwei Hauptrollen in Filmen, die noch im selben Jahr anliefen. Beide hatten eins gemeinsam: Sex.

Julia Has Two Lovers ist eine Low-Budget-Romanze von Bashar Shbib. Am Drehbuch hat Daphna Kastner mitgeschrieben, die darin auch die weibliche Hauptrolle einer Kinderbuchautorin spielt, die in einer unglücklichen Beziehung mit dem ungehobelten Jack lebt, der außer seinem Wunsch, sie zu heiraten, keinerlei Leidenschaft zu verspüren scheint. Eines Tages bekommt sie einen Anruf von Daniel alias David Duchovny. Bei seiner ersten Szene in dem Film sehen wir Daniel in Unterwäsche durch eine leere Wohnung laufen (wieder sieht er überraschend jung aus). Er singt ihr am Telefon »Happy Birthday« vor und tut so, als habe er eigentlich jemand anderen anrufen wollen. Es entwickelt sich ein Telefongespräch, das den ganzen Tag dauert. Sie erzählen sich von ihren frühen sexuellen Erfahrungen und anderen Intimitäten, während sie kochen, duschen und die Wohnung putzen. Der Dialog entwickelt sich nur zögerlich und wird offensichtlich zum Teil improvisiert. Duchovny ist in der Rolle des Daniel sehr witzig – als Julia ihm erzählt, sie sei blond und wunderschön (in Wirklichkeit hat sie dunkle Haare und ist von eher durchschnittlicher Attraktivität), antwortet er: »Ich bin auch groß, blond, sehr üppig und habe große Brüste.« An einer Stelle klebt er sich den Hörer mit Tesafilm an den Kopf, damit er die Hände frei hat.

Am nächsten Tag besucht Daniel Julia zum Mittagessen in ihrem Strandhaus, wo sie eine leidenschaftliche Sexszene haben. Doch als er gegangen ist, muß sie entdecken, daß er denselben Trick auch bei anderen Frauen versucht hat. Daniel gibt zu, daß er das aus Angst davor gemacht hat, sich jemandem zu nah verbunden zu fühlen und sein wahres Ich zu zeigen. Aber er liebt Julia und läßt sich mit Jack auf einen lächerlichen Streit um sie ein. Schließlich erklärt Julia ihm, daß er sie in einem Monat noch einmal anrufen soll. In der Abschlußeinstellung tanzt sie allein am Strand.

An dem Film hatte nur eine sehr kleine Crew mitgewirkt, und das Drehbuch bot wie auch Henry Jagloms Filme nur wenig formale oder strukturelle Anhaltspunkte (Kastner spielte später in Jagloms Film *Eating*). Die Tonqualität ist nicht die beste, und der ganze Film wirkt ein wenig amateurhaft. Trotzdem ist es ein erfreuliches, komisches und sogar romantisches Werk, und Duchovny spielt konzentriert und witzig.

Ihm hat der Film viel Spaß gemacht, auch wenn er selbst behauptet, keinerlei persönliches Interesse an erotischen Telefongesprächen zu haben, da er sich für einen eher »visuellen« Menschen hält. Interessant ist, daß die Figur, die er verkörpert, wie Duchovny selbst Probleme damit hat, andere sein wirkliches Ich erkennen zu lassen oder sich ganz auf eine Frau einzulassen. Obwohl der Film im Kino nicht sehr erfolgreich war, bekam er doch einige gute Kritiken und kam auch auf Video heraus.

Bruce Williamson, der Filmkritiker des *Playboy*, war von dieser ersten Begegnung mit Duchovny sehr beeindruckt und bezeichnete ihn als »attraktiven Schauspieler aus demselben Genpool, der uns Alec Baldwin und Richard Gere beschert hat.« Leonard Maltin hält den Film für »billig gemacht und von sehr gemischter schauspielerischer Qualität, aber die Geschichte ist doch solide genug, um einen bis zum Ende bei der Sache zu halten.«

Viel erinnernswerter aber – und viel kontroverser diskutiert – ist *Dunkle Erleuchtung.* Das Drehbuch hat Michael Tolkin verfaßt, ein ausgesprochen fähiger Drehbuch- und Romanautor (sein Roman *The Player* war die Vorlage für den berühmten gleichnamigen Robert-Altman-Film), der hier zum ersten Mal Regie führt. Sein Budget lag zwar näher an Hollywoods üblichen Standards, war aber auch nicht groß, weil sich die Studios offensichtlich nicht mit wirklich entscheidenden Summen an einem so am Mainstream vorbeigehenden Projekt beteiligen wollten.

Mimi Rogers, die hervorragende Hauptdarstellerin von *Dunkle Erleuchtung,* spielt eine Telefonistin, deren Arbeit aus nichts als geisttötender Wiederholung besteht; sie sitzt neben Dutzenden anderen Telefonistinnen in ihrer Zelle und verwendet nur wenige Sekunden auf jeden Anruf. Abends aber ziehen sie und ihr Freund Vic (Patrick Bauchau) durch die Bars, lesen dort Pärchen auf und vergnügen sich anschließend mit Gruppensex. Eines Abends nehmen sie aus einer Bar auch ein Paar mit, dessen männlichen Teil ein langhaariger David Duchovny darstellt. Sie gehen in Vics Möbelgeschäft, wo Mimi Rogers den beiden erklärt: »Vic sieht gern zu.« »Dann sieh jetzt mal genau zu«, antwortet Randy (Duchovny) und schläft anschließend mit beiden Frauen. Duchovny legt seine Figur beinahe lakonisch an und läßt sie sehr intensiv, tief philosophisch und doch beinahe gefährlich wirken, was seiner Darstellung echte Kraft verleiht. Bei den Sexszenen strahlt sein gutgebauter Körper eine bemerkenswert geschmeidige Eleganz aus.

Trotz dieser Sexszenen ist *Dunkle Erleuchtung* kein pornographischer Film; sein düsterer Unterton läßt ihn nicht einmal wirklich erotisch erscheinen. Der Zuschauer spürt, daß Mimi Rogers' Figur emotional am Ende ist und am Rande eines unaufhaltsamen

Zusammenbruchs steht. Nach einem erfolglosen Selbstmordversuch gerät sie in die Fänge einer christlich-fundamentalistischen Sekte. Eines Tages wirft sie Randy aus dem Bett und reißt die unreinen Laken herunter. Randy versucht, sie zu überzeugen, daß sie von ihrem Glauben zum Narren gehalten wird, und daß es keinen Gott gibt, nur das Chaos. Diese wegen ihrer intellektuellen Ernsthaftigkeit schwierigen Dialogpassagen meistert Duchovny mit subtiler Überzeugung.

Nach einem Zeitsprung von sechs Jahren zeigt der Film nun Randy selbst als Konvertierten, die beiden haben geheiratet und gehören gemeinsam mit ihrer Tochter der Sekte an. Randy trägt nun einen konservativen Kurzhaarschnitt und einen Anzug. Er strahlt eine anrührend tiefe Ernsthaftigkeit aus. Wenig später kommt ein wutentbrannter Angestellter seiner Firma mit einer Schrotflinte herein und erschießt mehrere Menschen. Randy ist unter seinen Opfern.

Danach wird die Mimi-Rogers-Figur nur noch fanatischer, tötet ihre Tochter als eine Art »Opfer« und endet im Gefängnis. Es ist ein schockierender, verstörender Film, der versucht, sich mit den besorgniserregenden Gefühlsströmungen und gefährlichen Trends der amerikanischen Gesellschaft auseinanderzusetzen, und dieser Versuch ist – wenn auch nicht immer erfolgreich – bewundernswert. Die *New York Times* lobt überschwenglich »Mr. Tolkin hat einen krassen, gewagten, originellen Film gemacht, der den Mut seiner Überzeugungen in grauenhafter Deutlichkeit darstellt.« Obwohl die meisten Kritiker ihre Aufmerksamkeit natürlich vor allem auf Mimi Rogers richteten, nahmen sie doch auch Duchovny lobend zur Kenntnis. Es war jedoch auch von Anfang an klar, daß das schwierige Thema den potentiellen Erfolg des Films einschränken würde. Wie *Variety* es ausdrückt: »Dieses bizarre Drama kann einem Mainstreampublikum nur wenig bieten.«

Duchovny empfand die Dreharbeiten wegen der außerordentlichen Dichte und Intensität des Drehbuchs als schwierig. Auch war es eine Rolle, die Nacktauftritte von ihm verlangte, wie schon in *Neujahr in New York*, ein Thema, zu dem ihn Reporter gern befragen. Seine Antwort lautet, daß er sich für eine Rolle natürlich auch auszieht, wenn sie es verlangt, und auch keine Probleme damit hat, sich von vorn zu zeigen. »Schließlich ist es bloß ein Penis«, meint er unbekümmert, und in einem seiner provokativeren Interviews sagt er über seinen Po: »Solange er noch jung und relativ gut aussieht, werde ich ihn wohl so oft zeigen, wie ich kann.«

Auf einer der vielen Internet-Websites, die sich Duchovny und *Akte X* widmen, gibt es eine Site namens »Sue's Candid Movie Reviews« – »Sues freizügige Filmkritik«. Sue ist eine von Duchovnys zahlreichen Anhängerinnen und ihre Kritik von *Dunkle Erleuchtung* kann einen ernsthaft interessierten Leser sowohl amüsieren als auch verärgern: »Möchtest du es Duchovny mit zwei Frauen gleichzeitig machen sehen? Möchtest du sehen, wie er es Mimi Rogers (unter der Bettdecke) mit der Hand besorgt? … Möchtest du sehen, wie Duchovny in die Brust geschossen wird? Dann ist dieser Film genau das Richtige für dich.« Ärgerlich ist so etwas, weil Duchovny-Fans, die sich so über sein fantastisches Aussehen begeistern, seine schauspielerischen Qualitäten nicht immer ganz ernst nehmen. Oft stürzen sie sich auf alberne Details (listen zum Beispiel alle seine Nacktszenen auf), ohne zu registrieren, daß er mit diesem Film versucht, etwas Bedeutsames und Ernsthaftes zu schaffen. Duchovny selbst macht diese Engstirnigkeit regelrecht wütend.

5
Das Arbeitsleben

In wie vielen Filmen kann ein Schauspieler in einem Jahr eigentlich mitspielen? 1992 war Duchovny in nicht weniger als sechs Filmen für Kino und Fernsehen zu sehen, allerdings spielte er nur in einem eine Hauptrolle. Wenn er auch noch kein Star war und auch nicht die Rollen bekam, die er wollte, mußte er sich doch nicht mehr auf seine Freunde verlassen, um die Miete bezahlen zu können.

In Richard Attenboroughs Filmbiographie *Chaplin* spielte Duchovny einen guten Freund des Stummfilmstars. Leider war der Film an der Kinokasse nicht sehr erfolgreich, und Kritiker beschwerten sich über die oberflächliche, eilige Abhandlung des Themas (allein Robert Downey Jr. erntete großes Lob für seine überzeugende Darstellung Chaplins). Ein weniger anspruchsvoller, dafür aber um so erfolgreicherer Film war *Ein Hund namens Beethoven*, eine Familienkomödie über einen großen sabbernden Bernhardinerhund. Diesmal spielte Duchovny in einer seiner seltenen »Bad Guy«-Rollen einen üblen Yuppie, und Regisseur Brian Levant ermutigte seine Darsteller dazu, ihre Rollen in einer überzogen cartoonhaften Weise anzulegen. Duchovny scheint von dem Hund nicht gerade begeistert gewesen zu sein: »Er hat so viel gesabbert«, sagt er. »Bernhardinerspucke ist klebrig und eklig. Stellen Sie sich eine Menge übelriechenden Ahornsirup vor und Sie wissen, wie es war, mit diesem Hund zu arbeiten.«

Bonnie Hunt, eine der Schauspielerinnen, die sich bei den Dreharbeiten mit Duchovny anfreundete, fand sehr viel wärmere Worte über die Zusammenarbeit mit *ihm*. Danach sagte sie: »Was wirklich sexy an David ist, ist sein Verstand.«

Duchovny trat auch wieder in dem Ensemble eines weiteren Henry Jaglom-Films auf, *Venice/Venice*. Jaglom selbst hatte auch wieder eine Rolle übernommen, und zwar als ein Filmemacher auf dem Filmfestival von Venedig. Aber die Kritik fand den Film zu selbstverliebt und enervierend, und er erhielt weniger Aufmerksamkeit als die jüngeren Werke Jagloms.

In *Ruby,* einem wenig beachteten Film über Jack Ruby, den Mörder von Lee Harvey Oswald mit Danny Aiello in der Hauptrolle, verkörperte Duchovny zum zweiten Mal einen Ordnungshüter. Duchovny muß sich an das Stück seines Vaters erinnert haben, als er die Rolle annahm. Doch die echte Peinlichkeit des Jahres 1992 bestand in einem Fernsehfilm mit dem reißerischen Titel *Baby Snatcher*. Nachdem er mit *Akte X* zum Star geworden war, zog Duchovny es vor zu vergessen, daß er je an diesem Werk beteiligt gewesen war.

Liebe, Sex und richtig schöne Klamotten

Zalman King ist der Kronprinz des biederen Softpornofilms. Begonnen hat er als Schauspieler, er lernte bei Stella Adler in New York und bekam einige Gastrollen in Serien wie *Bonanza* oder *Rauchende Colts*. 1970 spielte er die Hauptrolle in einer Fernsehserie namens *The Young Lawyers*. Dann wechselte er ins Regiefach, und 1986 schrieben und produzierten er und seine Frau Louisiana

Knop den Sadomaso-Softporno *Neuneinhalb Wochen* mit Mickey Rourke, der weltweit über hundert Millionen Dollar einspielte. Auf der gleichen Linie lag auch ein neuerer Film des Paares: *Wilde Orchidee.*

Filmkritiker hassen Kings Filme, bezeichnen sie als dumm, albern und noch nicht einmal besonders erotisch, aber King und Knop verteidigen sie als ernsthafte Erkundung der komplizierten Verstrickungen von Liebe und Sehnsucht. Im Alter von 50 Jahren verkaufte King dem Pay-TV-Sender Showtime eine Filmidee: *The Red Shoe Diaries (Wilde Orchidee 3).*

Es war zweifellos eher Duchovnys gutes Aussehen als sein Schauspieltalent, das ihm die Rolle eines erfolgreichen Architekten verschaffte, der in ein elfenhaftes junges Mädchen verliebt ist, das von Brigitte Bako gespielt wird. Zu Beginn des Films sieht man Duchovny in erlesener Garderobe und mit traurigem Blick auf der Beerdigung seiner Freundin, die sich das Leben genommen hat. Als er in ihre gemeinsame Wohnung zurückkehrt (ein riesiger, fantasievoll ausgebauter Dachboden voller Licht- und Schattenspiele), findet er dort ein Paar rote Schuhe und ein Tagebuch. In dem Tagebuch beschreibt das tote Mädchen eine Affäre, die nun in einer Reihe von Rückblenden geschildert wird. Offenbar ist die von Duchovny gespielte Figur ein zu perfekter Mann, und das konnte sie nicht ertragen. Der Mann, mit dem sie die Affäre hatte, ist Bauarbeiter, und in nicht eben subtiler Symbolik sehen wir ihn bei ihrer ersten Begegnung mit einem gewaltigen Vorschlaghammer ein Rohr zertrümmern, aus dem daraufhin ein machtvoller Wasserstrahl hervorbricht und hoch in die Luft spritzt (der Mann ist außerdem noch Teilzeit-Schuhverkäufer – daher die roten Schuhe.)

Man sieht Duchovny entweder verloren vor sich hin starren oder in Rückblicken, wie er der unerbittlichen Mutter des Mädchens begegnet, verliebt mit seiner Freundin durch hohes Gras läuft, neben den imponierenden Modellen seiner Gebäude steht – oder beim Sex. Die meiste Zeit scheint er allerdings damit zu verbringen, seine erlesene Garderobe in möglichst vorteilhaften Posen zu präsentieren. Kaum vorstellbar, daß irgendein Zuschauer das nicht banal, hochtrabend, manieristisch und vollkommen stumpfsinnig finden könnte. Wer auf die eindeutigen Szenen wartet, muß sehr lange warten, nur um dann enttäuscht zu werden. Trotzdem war der Film erfolgreich genug, um in einer TV-Serie fortgesetzt zu werden.

Der wirkliche Star des Films war Brigitte Bako, die die ganze Skala der unglaublichsten Gefühle durchlaufen, wild umhertanzen und der Kamera gestatten mußte, ihren Körper förmlich zu liebkosen. Hinterher sagte sie, daß sich Zalman King wie ein »absolut brutaler« Tyrann benommen hat. Sie hatte während der Dreharbeiten mehrere Zusammenbrüche und weinte oft in den Pausen. Duchovny allerdings meint, daß dieser Dreh für seine frühe Entwicklung als Schauspieler ganz entscheidend gewesen ist. Zum ersten Mal glaubte er, ein wirklich sicheres Gespür für seine Eigenschaften und Fähigkeiten zu entwickeln. Das ist, zieht man die schlechte Qualität des Films in Betracht, schwer zu verstehen. Vielleicht liegt es daran, daß King ihn die Rolle ohne große Emotionen oder theatralisches Getue (das fiel eher in Bakos Ressort) spielen ließ und ihm einen wesentlich subtileren Ausdruck seiner Gefühle gestattete. Vielleicht war es auch Kings Ausbildung bei Stella Adler, der berühmten Lehrerin des Method Acting, die auch Henry Jaglom unterrichtet hatte; Kings Stil könnte Duchovny an seine eigene Lehrerin Martha Haufrecht erinnert haben. Auch die Bettszenen waren ihm kein bißchen unangenehm: »Ich habe Sexszenen noch nie peinlich gefunden«, meint er, »und ich halte sie auch nicht für besonders schwierig.«

Doch wie schlecht der Film auch immer gewesen sein mag, trug *Wilde Orchidee 3 – Red Shoe Diaries* doch dazu bei, Duchovnys

Bekanntheitsgrad zu steigern. Und als Showtime daraus eine Samstagabend-Serie entwickelte, moderiert von Duchovny, der auch sporadisch kleinere Auftritte hatte, brachte ihm das auf leichte Weise einen nicht unerheblichen Zusatzverdienst ein. Er konnte sechs Folgen an einem einzigen Tag abdrehen, den er dann als seinen »Jack-Nicholson-Tag« bezeichnete, weil er so viel Geld mit so wenig Arbeit verdiente. Als jemand, der nie um den heißen Brei herumredet, bezeichnete er die Serie nicht als »Romanze«, wie man es hin und wieder euphemistisch formuliert hört, sondern zutreffender als »Softpornographie«.

Eine Hauptrolle

An all die Jahre vor seinem großen Durchbruch, in denen er sich mit B-Movies und Kleinrollen abgeben mußte, wird Duchovny später wohl kaum in verklärender Erinnerung zurückdenken. Doch diese kleinen Rollen in unbedeutenden Filmen führten bald zu einer Hauptrolle in einem Werk von der Art, das die Filmindustrie gern als ein »Major Motion Picture« bezeichnet: Polygram Film und Viacom brachten unter der Regie von Dominic Sena den Film *Kalifornia* heraus. Und wieder sah sich Duchovny mit einem mehr als ungewöhnlichen Film konfrontiert; das Drehbuch von Tim Metcalfe schildert eine düstere, gewalttätige Reise durch die rumorenden Eingeweide Amerikas.

Der Film wird fast vollständig von seinen vier Hauptdarstellern getragen, und Castingchefin Carol Lewis war durchaus bewußt, wie wichtig es war, die richtigen Darsteller zu finden. Duchovny und Michelle Forbes spielen das »normale« Paar, Juliette Lewis und Brad Pitt ihre gestörten Begleiter. Teenieschwarm Pitt, der sich gerade eine rasch wachsende Fangemeinde eroberte, war unter den Vieren der bekannteste Schauspieler. Juliette Lewis hatte ebenfalls bereits einige große Rollen gespielt, unter anderem in Woody Allens *Ehemänner und Ehefrauen*.

In diesem Film von 1993 spielt Duchovny Brian, einen freigeistigen Journalisten, der überzeugt ist, Mörder seien nichts als geistig kranke Menschen und sollten nicht die Todesstrafe erleiden müssen. Seine Freundin Carrie ist eine mondäne Fotografin, die Fotos von nackten, ineinander verschlungenen Körpern im Stil von Mapplethorpe macht. Brian trägt Ohrringe, und Carrie einen strengen Haarschnitt und schwarze Unterwäsche, außer der sie nicht viel Kleidung zu benötigen scheint.

Brian möchte ein Buch über die berühmtesten Morde Amerikas schreiben, und Carrie will ihn auf seinem Trip durch die USA begleiten und die Fotos machen, wenn sie in Kalifornien angekommen sind (der Gedanke, daß irgendein Verlag bereit wäre, einen hübschen Bildband über Morde zu veröffentlichen, scheint etwas weit hergeholt, aber was soll's). Weil sie nicht viel Geld zur Verfügung haben, sucht Brian per Inserat Mitfahrer, die einen Teil der Fahrtkosten übernehmen sollen. Schließlich melden sich Juliette Lewis und Brad Pitt.

Lewis und Pitt spielen ein ungebildetes Proletenpärchen namens Adele und Early, die den Eindruck erwecken, als seien sie der tiefsten, dunkelsten Provinz entsprungen. »Weißer Abschaum« ist die Bezeichnung, die Carrie sofort für sie bereithält. Ihr ist Early von Anfang an nicht geheuer, aber Brian scheint nichts Verdächtiges zu bemerken und behauptet, sie habe Vorurteile. Tatsächlich fühlt sich der sanftmütige, intellektuelle Brian aber zu der geradezu anarchischen Energie und gefährlichen Maskulinität des ungepflegten, ungehobelten Early hingezogen. Der Zuschauer weiß aber bereits, daß Early ein Mörder ist. Allmählich beginnt auf den Straßen Amerikas einiges außer Kontrolle zu geraten. Unterwegs begeht Early mehrere Morde, und als man ihm auf die Spur kommt, nimmt er Brian und Carrie als Geiseln. Nachdem er seine Freundin Adele

57

ermordet hat, läßt er Brian in Handschellen zurück und flüchtet zusammen mit Carrie, die er anschließend vergewaltigt. Doch Brian kann sich befreien, und als er die beiden findet, müssen die Zuschauer den unvermeidlichen, blutigen Showdown über sich ergehen lassen, in dem Brian herausfindet, wie es ist, jemanden wirklich zu töten, anstatt nur darüber zu berichten.

In diesem Film kann Duchovny seinen zurückhaltenden Stil wirkungsvoll zur Geltung bringen. Aus seinen Off-Kommentaren kann man bereits einen Anflug Fox Mulder heraushören: Intelligent, gedankenversunken, leidend. Wenn man dem von David gespielten Charakter etwas vorwerfen kann, dann liegt der Fehler im Drehbuch, das sich mit der Faszination, die Gewalt auf ihn ausübt, nicht ausführlich genug befaßt. Zweifellos bietet Juliette Lewis die beste Leistung – kaum zu glauben, wie sich dieselbe junge Schauspielerin, die in *Ehemänner und Ehefrauen* eine scharfzüngige Studentin aus besseren Kreisen gespielt hat, absolut überzeugend in die ungebildete, zurückgebliebene, liebebedürftige Adele verwandelt. Duchovny ist durchaus bewußt, daß er selbst als Schauspieler nie einen derartig großen Sprung gemacht hat, nie zu einer völlig anderen Persönlichkeit geworden ist. Verglichen mit Pitt und Lewis war er noch in einem frühen Stadium seiner darstellerischen Entwicklung (und ist es gegenwärtig noch).

Aber am interessantesten an *Kalifornia* ist, daß die Castingchefin etwas in Duchovny gesehen hat, das ihn zur idealen Besetzung des Brian machte. In gewisser Hinsicht entspricht die Rolle auf metaphorische Weise seinem eigenen Leben und seiner Laufbahn. So wie Brian von Early fasziniert ist, ist Duchovny ein analytisch und intellektuell bestimmter Mensch, der sich zu der instinktiveren und verführerischen Seite des eigenen Ich hingezogen fühlt, für die die Schauspielerei steht. *Kalifornia* führt uns nicht nur einfach einen Mörder vor, sondern dreht sich um ein unterdrücktes Individuum, das seinem wilderen und gefährlicheren Ich begegnet. In einer einprägsamen Szene des Films überredet Early den verschlossenen Brian, mit seiner Waffe auf ein verlassenes Haus zu schießen. Zunächst lehnt Brian ab – Liberale sind gegen Pistolen –, doch schließlich gibt er nach, und als sein Schuß ein Fenster zerschmettert, freut er sich wie ein kleiner Junge. Doch wie uns das Ende des Films auf grausame Weise vor Augen führt, können unkontrollierbare Kräfte freigesetzt werden, wenn man sich gehen läßt.

Die Dreharbeiten waren anstrengend und verlangten harten körperlichen Einsatz. Schauspieler und Crew mußten lange Fahrten zu den verschiedenen Drehorten in Kauf nehmen. Duchovny hatte zum ersten Mal das Gefühl, er arbeite mit einer neuen Familie zusammen. Brad Pitt verhielt sich vergleichsweise reserviert. Duchovny meint, daß das große Medieninteresse, besonders von seiten der Boulevardpresse, für ihn schwer zu bewältigen war. Es war ein Vorgeschmack auf das, was Duchovny später selbst blühte.

Leider spielte *Kalifornia* an der Kinokasse nicht viel ein. Sehr wahrscheinlich schreckten die wenig liebenswerten Charaktere und die realistische Gewalttätigkeit die Zuschauer ab. Ein Jahr nach dem Start dieses Films wohnte Duchovny der Verleihung des Golden Globe bei, als *Akte X* zur Überraschung aller *Emergency Room* und *NYPD Blue* als beste dramatische Serie aus dem Feld schlug. Duchovny war froh, daß man die Serie unter Drama und nicht unter Science Fiction einordnete; das verlieh auch ihm selbst mehr Seriosität.

Verständlicherweise war er an diesem Abend in Hochstimmung, als er an der Reihe war, die Fragen der Reporter zu beantworten. Einer fragte, anstatt sich für Duchovnys eigene Karriere zu interessieren, wie es gewesen sei, mit Brad Pitt zu arbeiten, der gerade von der Zeitschrift *People* zum »erotischsten Mann unserer Zeit« ernannt worden war. Das muß Duchovnys Ego ein wenig getroffen haben. Er antwortete, daß er versucht habe zu lernen, wie man sexy wird, indem er Pitt zuschaute.

6
Mulder

Bis jetzt war Duchovny immer für Rollen mit starker Betonung der sexuellen Komponente verpflichtet worden. In *Kalifornia* mußte er beispielsweise an einer Motelzimmerwand mit Michelle Forbes eine Sexszene mimen, während Brad Pitt auf der anderen Seite zuhörte. Vermutlich hat die Regisseure die Sinnlichkeit seiner Ausstrahlung überzeugt. Doch die Rolle, die ihn berühmt machen sollte, sah überhaupt keine Sexszenen vor, und eine Zeit lang empfand er das als erfrischende Abwechslung.

Duchovny und sein Agent waren der Meinung, daß er eine echte Chance hatte, ein Star zu werden und seine Karriere auf den Film und nicht auf Fernsehen konzentrieren sollte. Aber eines Tages schickte ihm sein Agent ein Drehbuch für einen TV-Pilotfilm. Es war das einzige Fernsehprojekt, das er ihm in dieser Saison anbot. Duchovny gefiel an dieser Serie mit dem sonderbaren Namen *Akte X* vor allem die inhaltliche und textliche Qualität des Drehbuchs.

Der Verfasser des Skripts, der auch gleichzeitig als ausführender Produzent der Serie fungierte, war eine weitgehend unbekannte Größe namens Chris Carter. Er war im kalifornischen Bellflower aufgewachsen und hatte nach seinem Abschluß an der California

60

State University seine Laufbahn als Herausgeber des Magazins *Surfing* begonnen. Seine Ehefrau Dori Pierson, selbst Drehbuchautorin, hatte ihn überredet, es mit Drehbuchschreiben zu versuchen. Schon bald konnte er für Jeffrey Katzenberg von Disney schreiben und produzierte *B.R.A.T. Patrol* und *Meet The Munceys*. Danach ging er zu NBC, wo er verschiedene Pilotfilme schrieb und versuchte, Serien zu entwickeln wie *Full House*, eine Musical-Comedy, und *Copter Cop*, eine Science Fiction-Serie – allerdings ohne viel Erfolg. 1992 stellte dann Peter Roth, der gerade Präsident der Fernsehproduktion bei Twentieth Century Fox geworden war, Carter wegen seiner hervorragenden Leistungen auf dem Drehbuchsektor als Produzent ein. Bis dahin hatte Carter den größten Erfolg mit Komödien, aber seine wahre Liebe gehörte düsteren Dramen wie *Der Nachtjäger* und *Twilight Zone*, die er als Kind so gerne gesehen hatte.

Als vergleichsweise neuer Network-Sender hatte sich Fox mit Sitcoms wie *Eine schrecklich nette Familie* gut geschlagen, doch war ihnen noch nie ein echter Hit in der Sparte Drama gelungen. Carter war Mitte dreißig, ein nett aussehender Mann mit sympathischem Gesicht, silbrigem Haar bis auf die Schultern und perfekten weißen Zähnen – ein Ex-Surfer, der vor Gesundheit strahlte. Und nun hatte er die Idee zu einer Serie über einen FBI-Agenten, der sich mit sogenannten X-Akten beschäftigt, Fällen über ungeklärte Phänomene wie beispielsweise UFOs, Außerirdische, genetische Mutationen oder Geister. Dieser Agent hat ein besonderes persönliches Interesse an solchen Fällen, da er glaubt, daß seine eigene Schwester als Kind von Außerirdischen entführt wurde. Aber gewisse einflußreiche Persönlichkeiten in der Regierung und beim FBI wollen ein Bekanntwerden dieser Informationen um jeden Preis verhindern. Also muß der Agent nicht nur gegen die übernatürlichen Kräfte kämpfen, sondern auch gegen eine Verschwörung in den eigenen Reihen.

Duchovny war wie sein Agent der Ansicht, daß das Drehbuch für die Pilotfolge von *Akte X* von herausragender Qualität sei, und obwohl er eigentlich an Fernsehserien kein großes Interesse hatte, dachte er, daß es eine interessante Aufgabe werden und ihn in seiner Karriere einen guten Schritt weiterbringen könnte. Höchstwahrscheinlich, überlegte sich Duchovny, wird der Pilotfilm nicht angenommen (die meisten Pilotfilme werden abgelehnt), und selbst wenn, würden daraus höchstens sechs Folgen, bevor die Serie wieder abgesetzt würde. Eine Fernsehserie über UFOs – er nannte es »Alien of the Week« – erschien ihm in ihren Möglichkeiten ziemlich begrenzt, und die Serie wirkte ohnehin eher wie eine Anthologie (die Folgen schienen nicht viel Zusammenhang zu besitzen) als eine echte Fortsetzungsserie. Er ahnte weder, welche Bandbreite an Themen die Serie noch umfassen würde, noch, daß die Entwicklung der Hauptfiguren Mulder und Scully das Publikum in atemlose Spannung versetzen würde.

Der Vorsprechtermin lief ausgezeichnet; Chris Carter wußte auf der Stelle, daß er seinen Fox Mulder gefunden hatte. »David Duchovny war einer meiner ersten Favoriten, und er ließ sich ohne weiteres verpflichten«, sagte Carter hinterher. »Er paßte sehr gut zu der Figur, die ich erfunden hatte, und er spielte sie mit einer Art ... er unterspielte sie sozusagen, und ich denke, das hat ihm die Rolle eingebracht. Er besitzt außerdem eine unglaubliche Anziehungskraft und viel Sex-Appeal.«

Die Besetzung von Agent Scully, der Ärztin, die Mulder als die Stimme der Vernunft und Skepsis zur Seite gestellt werden sollte, erwies sich als wesentlich größeres Problem. Chris Carter entschied sich für eine junge Schauspielerin namens Gillian Anderson, die praktisch ohne jede Kameraerfahrung war. Für das Fernsehen war sie bisher nur in einer einzigen Gastrolle zu sehen gewesen.

Anderson war nun Anfang zwanzig, ein ehemaliges Punk-

Groupie und hatte in New York am Theater gearbeitet, bevor sie in der Hoffnung auf eine Filmrolle nach L. A. zog. Beim Vorsprechtermin wandte Duchovny sich an sie und fragte, ob er vor Carter und den Leuten vom Sender mit ihr gemeinsam vorsprechen könne. Es lief hervorragend; Duchovny improvisierte einen sarkastischen Einwurf, auf den Anderson mit einer natürlichen Abwehr reagierte, die ihrer Rolle genau den richtigen Ton verlieh. Carter war begeistert, aber der Sender wollte sie nicht. Sie wollten einen Star, jemanden, der von Anfang an neugierige Zuschauer anlocken würde. Außerdem wollten sie eine gängigere Bildschirmschönheit, »mit mehr Bein und Busen«, wie Anderson es später ausdrückte. Aber Carter setzte sich durch, und sie gaben nach.

Später lobte Anderson die »Wärme und Intelligenz«, die Duchovny in die Rolle des Mulder einbrachte. »Ich kann mir nicht vorstellen, daß irgend jemand, der seinen Verstand beisammen hat, ihn nicht attraktiv finden könnte.« Sie zeigte sich auch dankbar dafür, daß der erfahrene Schauspieler sie unter seine Fittiche nahm, sie bestätigte und ihr durch die grauenvolle Erfahrung der ersten Episoden half.

Als er die Rolle als Mulder bekommen hatte, mußte Duchovny den Standardvertrag unterzeichnen, bevor die Dreharbeiten für den Pilotfilm begannen. Diesem Vertrag zufolge war er verpflichtet, die Rolle einige Jahre lang beizubehalten, falls die Serie ein Erfolg würde. Ahnte Duchovny, worauf er sich da einließ? Schließlich wollte er doch immer Filmstar werden und sich nicht auf eine Rolle festlegen. Duchovny sagte zwar, daß er die Bedingungen verstanden hat, aber erst im nachhinein wurde ihm klar, wie naiv er war. Er hatte keine Ahnung, was für ein Arbeitsaufwand ihn bei einer Fernsehserie erwartete oder wie frustrierend und monoton es sein würde, jahrelang dieselbe Rolle zu spielen. Er dachte, es sei einfach nur ein Job von vielen.

Der Pilotfilm

In der Pilotfolge tritt die von Duchovny gespielte Figur erst nach einigen Minuten auf. Zunächst lernt der Zuschauer Scully kennen und erfährt, wie sie Agent Mulder zugeteilt wird, um mit ihm zu arbeiten – beziehungsweise, um ihn zu überwachen. Mit diesem vielleicht etwas verwirrenden Kunstgriff soll der Zuschauer aufgefordert werden, Scullys Sichtweise zu folgen. Die erste Einstellung, in der Mulder zu sehen ist, zeigt ihn von hinten, wie er in seinem Kellerbüro ein Dia untersucht. Seine erste Textzeile spricht er noch aus dem Off: »Tut mir leid, keiner da außer dem am wenigsten gesuchten Mann des FBI.«

Der Mord an einigen Schülern einer High School in Oregon hat Mulders Interesse geweckt. Von Anfang an werden Scully und auch die Zuschauer von Duchovny als Mulder beeindruckt, der sie langsam an seine Überzeugungen heranführt. Seine intellektuellen Wortspiele überraschen und amüsieren. Daß seine Stimme nicht sehr kräftig ist, gelegentlich sogar zu einem Nuscheln verebbt, verstärkt nur seine Erscheinung als grüblerischer Einzelgänger. Duchovny muß in seinen Dialogen ausgesprochen viele Informationen unterbringen, von wissenschaftlichen Fakten bis zu an den Haaren herbeigezogener Spekulation, was ihm überzeugend gelingt. Vielleicht half ihm seine Zeit als Universitätsdozent dabei, diese hochgestochenen Vorträge über das Paranormale zu bewältigen. Aber er beweist auch hier schon seinen unerschütterlich trockenen Humor, zum Beispiel in der Szene, als er an Scullys Motelzimmertür klopft und auf die Frage, wer da sei, mit »Steven Spielberg« antwortet.

Obwohl die Geschichte, die der Pilotfilm erzählt, nicht ganz ohne Schwachstellen ist, ergibt sie doch zweifellos ein faszinierendes TV-Drama. Es gelingt ihr, sowohl die Beziehung zwischen Scully und Mulder zu etablieren als auch die undurchsichtige

Rolle der zwielichtigen Drahtzieher aus Regierung und FBI einzuführen. Die Episode besitzt beinahe Kinofilmqualität, was zum Teil an den in Vancouver gedrehten Außenaufnahmen liegt. Wer diese Folge gesehen hat, ist neugierig geworden und wird auch den nächsten Teil sehen wollen.

Im Verlauf der Serie hat man Duchovny immer wieder gefragt, ob er selbst an UFOs und Außerirdische glaubt. Niemand schien das für eine sonderbare Frage zu halten, auch wenn Schauspieler, die vielleicht Mörder oder Erfinder verkörpern, nie gefragt werden, ob sie jemanden ermordet bzw. wirklich selbst etwas erfunden haben. Zu Anfang sagte er stets einfach nein, aber nach einer Weile begann er, vielleicht aus Langeweile, diese Ansicht zu revidieren und zu sagen, daß es keinerlei Grund gäbe, anzunehmen, daß die Erde der einzige Planet sei, auf dem Leben möglich sei. Bei einer Gelegenheit sprach er davon, daß er 1982 in Ocean City, New Jersey selbst ein UFO gesehen habe. Manchmal ließ er seine Ungeduld über diese Frage erkennen. Als er beantworten sollte, warum die Außerirdischen noch nie auf dem Times Square gelandet seien, sagte er: »Ich hasse es, für die Außerirdischen denken zu müssen.«

Es kann jedoch keinen Zweifel geben, daß Duchovny nicht erst an UFOs glauben mußte, um sich in die Rolle des Fox Mulder hineinzudenken. Manchmal verstand er selbst die Monologe nicht, die er mit so leidenschaftlicher Überzeugung vortragen mußte. Doch für die Zuschauer, die *Akte X* Woche für Woche näher kennen und schätzen lernten, *war* David Duchovny Fox Mulder.

Eine vorsichtige Romanze

Nach *Kalifornia* und dem *Akte X*-Pilotfilm fühlte sich Duchovny wenigstens finanziell etwas besser abgesichert. Seine Freunde überredeten ihn, seinen wachsenden Erfolg zu feiern. Also leistete er sich einen neuen Anzug (das hatte er seit Jahren nicht mehr getan) von Fred Segal in Santa Monica. Er konnte sich nicht zwischen einem blauen und einem grauen Anzug entscheiden, als er eine sehr schöne Kundin bemerkte. Sie war schlank, nicht sehr groß, hatte langes braunes Haar und war in Begleitung einer älteren Frau, dem Anschein nach ihre Mutter.

Duchovny fragte sie nach ihrer Meinung zu den Anzügen. Sie meinte, er solle beide kaufen. Die Frau war eine Schauspielerin namens Perrey Reeves (die ihrerseits Duchovny nicht um einen Rat bat). Bald waren die beiden ein Paar.

Duchovny stellte fest, daß Perrey Reeves ein introvertierter Mensch war, oft sehr ruhig, ganz im Gegensatz zu seiner eigenen Neigung, jedem alles zu erzählen. Sie lebte in Los Angeles, und weil er den größten Teil des Jahres in Vancouver verbringen mußte, sahen sich die beiden nur jedes zweite Wochenende. Während der zweiten Staffel bekam auch sie eine Rolle in der Serie: Sie trat als Kristen Kilar auf, einer Anhängerin einer Vampirsekte, mit der Mulder schläft (oder auch nicht – die Möglichkeit wird absichtlich offengelassen), bevor sie stirbt, um ihm das Leben zu retten.

Duchovny, der einräumt, daß die Folge (»Drei«) zu viele logische Fehler aufweist, fiel es schwer, zusammen mit seiner Freundin vor der Kamera zu stehen. Reeves war, wie er sagte, gewöhnt, ihn »abwehrend und verschlossen« zu sehen, wie er im wirklichen Leben war, und nicht ehrlich und verletzlich, wie er es beim Spielen wurde.

Die Paparazzi gaben sich alle Mühe, Schnappschüsse des Paars für ihre Klatschmagazine zu erwischen, und auf allen sehen die beiden nach einem eng verbundenen, attraktiven Paar aus. Vancouver und L. A. liegen jedoch zweieinhalb Flugstunden voneinander entfernt, was die Beziehung belastete – vielleicht jedoch nicht so sehr wie Duchovnys Unfähigkeit, emotionale Verpflichtungen einzugehen. Die Wunde, welche die Scheidung seiner Eltern hinterlassen hatte, war nie ganz geheilt. »Ich schätze, ich heirate, wenn ich heiraten soll«, erklärte er einem Reporter unterkühlt.

7
Die erste Staffel

Duchovny hatte sich geirrt: Die Verantwortlichen bei Fox mochten den *Akte X*-Pilotfilm und gaben Carter grünes Licht für die erste Staffel. Also begannen die Dreharbeiten an den ersten Folgen der Serie: »Die Warnung«, »Das Nest«, »Signale« und »Der Teufel von Jersey«.

Zu Anfang blieb Mulder als Figur noch etwas vage. Es war nun an Duchovny, die Rolle zu vertiefen und auszubauen, indem er seine Motivationen genauer erforschte und Mulder mit mehr Background versah. Wie jeder Schauspieler mußte er die dazugehörige Hintergrundgeschichte mit der eigenen Vorstellungskraft ergänzen und so seine Rolle auf den aktuellen Stand bringen. Manchmal kann einem Schauspieler schon ein winziges Detail helfen, wie etwa Duchovnys Entschluß, daß Mulder komische Krawatten tragen sollte. Davon abgesehen ist Mulder ein echter Einzelgänger, sein Interesse für eine einzige Sache reduzierte den Rest seines Lebens auf Null.

»Das Beste an Mulder«, sagt Duchovny, »ist, daß er sich nicht darum schert, was die Leute von ihm halten. Aber das ist gleichzeitig auch seine größte Schwäche.« Und er fügt hinzu: »Das Traurige an ihm ist, daß er so selten zu sehen bekommt, was er wirklich sehen möchte. Er ist immer einen Schritt zurück. Er kriegt nichts als den Geruch eines Außerirdischen oder den Schleim eines Außerirdischen oder die Andeutung eines Außerirdischen.«

Duchovny mag es auch, daß Mulder viel Sinn für Humor hat, manchmal auf Scullys Kosten. Im Verlauf der ersten Staffel mußte er mit Mißfallen feststellen, daß Mulders Charakter an Intensität zunahm, dafür aber sein trockener Witz immer weniger zur Geltung kam. Zum Glück konnte er die Drehbücher ein wenig beeinflussen, zum Beispiel in der Folge mit Perrey Reeves aus der zweiten Staffel. Als ihn eines der Vampirsektenmitglieder fragt: »Wollen Sie nicht ewig leben?« läßt Duchovny Mulder antworten: »Nicht, wenn Unterhosen mit Kordelzug wieder in Mode kommen.«

Auch hoffte er, daß die Intensität Mulders nicht nur eine äußerliche Reaktion auf die phantastischen Phänomene, denen er Woche für Woche begegnet, bleiben würde. Er wünschte sich, daß die Autoren Mulder auf eine »innere Reise« der Selbstfindung schicken.

Der Stil, mit dem Duchovny an die Rolle heranging, war, wie er sagt, eher »instinktiv« als analytisch. So wie er Mulder verstand, litt dieser unter einer Art Entfremdung und gleichzeitig unter der tiefen Bindung an seinen Glauben. Mulder reagiert auf alles sehr intellektuell, doch unter dieser rationalen Oberfläche verbirgt sich ein Mensch, der »unaufhörlich eine große Schwermut und Qual verbirgt.« Das klingt sehr nach Duchovnys eigener Persönlichkeit. Ein wichtiger Teil seiner Aufgabe als Schauspieler besteht darin, in jeder Folge dieser speziellen Schwermut zum Ausdruck zu verhelfen.

Duchovny glaubt, daß er das Fernsehen um einen neuen, subtileren Darstellungsstil bereichert hat, ein Medium, das bislang nicht gerade für seine Subtilität berühmt war. Dieser zurückhaltende, verdrängende Stil wird häufig als mangelndes Engagement bezeichnet, aber Duchovny besteht darauf, daß die meisten schauspielerischen Darbietungen im Fernsehen einfach unrealistisch sind. Und es gibt durchaus Kritiker, die ein differenzierteres Urteilsvermögen besitzen. So bewies Jack Hitt, TV-Kritiker für den *Playboy*, große Einsicht, als er von Duchovnys minimalistischem Darstellungsstil schrieb und ihn mit einem existentiellen Helden des Film Noir verglich, der überzeugt ist, das beste, was man in diesem Leben tun könne, sei, »sich mit verdächtiger Coolness zu verhalten, bis das unvermeidliche Finale aus der Mündung eines Revolvers oder mit einem Stoß von einem Dach über einen hereinbricht.« Wenn man ein literarisches Äquivalent bemühen will, kann man sagen, daß Duchovny so spielt, wie Hemingway schreibt: mit direkter, ruhiger, tapferer Anmut. Man könnte seine Art zu agieren auch mit dem Stoizismus eines Clint Eastwood vergleichen.

Ein anderer intelligenter Filmkritiker, diesmal von der Zeitschrift *Spectrum*, beschrieb Duchovnys Darbietung in der ersten Folge der zweiten Staffel folgendermaßen: »In ›Kontakt‹ legt Duchovny – nicht so sehr durch die Dialoge, sondern durch seine feine Körpersprache – sein emotionales und psychologisches Leid bloß …« Bei einer anderen Folge sprach derselbe Kritiker von seiner »grimmigen Entschlossenheit« und bei wieder einer anderen von der Art und Weise, wie er nicht wirklich Ärger zeigt, sondern »Resignation, als würde er ohnehin immer wieder von größeren, einflußreicheren Mächten ausmanövriert werden.«

Auf der praktischen Ebene brachte die Arbeit für *Akte X* ihre ganz eigenen Herausforderungen mit sich: Wie sollte Mulder beispielsweise auf eine 1,85 m große Urzeitfrau in »Der Teufel von Jersey« reagieren? Ganz gleich wie überrascht er in einer Episode auch ist, in der nächsten Folge muß er sich noch erstaunter zeigen. Weil die Special Effects für gewöhnlich noch nicht fertig sind, wenn die Schauspieler ihre Szenen drehen, müssen sie oft

Reaktionen spielen, ohne genau zu wissen, was sie gerade vor sich sehen. Das hat zum Beispiel zur Folge, daß Duchovny seine Reaktion auf einige UFOs am Himmel für stark übertrieben hält, die sich letzlich nur als ein paar kleine Lichtpunkte herausstellten. Und andererseits kommt ihm sein Verhalten bei der Begegnung mit dem grauenerregenden Wurmmenschen viel zu flach vor. »Meine unbewegte Miene war absolut unangemessen – in jedem möglichen Universum«, sagte er, als er die fertige Folge gesehen hatte. Ein anderes Mal sagte er: »Es läuft alles darauf hinaus, große und kleinere Emotionen zu projizieren. Im Grunde muß ich jede Woche entscheiden, ob ich es diesmal mit dem heiligen Gral oder dem Turiner Totenhemd zu tun habe und mein Verhalten dann danach ausrichten.«

Gute Ideen

Beim Fernsehen zu arbeiten, ist wirklich als würde man eine neue Familie adoptieren: Manchmal liebt man diese Leute, und manchmal verachtet man sie, aber auf alle Fälle entkommt man ihnen nicht. Duchovny hatte das Glück, daß er seine Kollegen sehr mag. Chris Carter und er kommen glänzend miteinander aus und sind Freunde geworden. In ihrer raren Freizeit spielen sie Squash zusammen. Duchovny sagt über seinen Chef: »Chris Carter ist großartig. Er ist der einzige, der an dieser Serie ebenso hart arbeitet wie ich. Er läßt nie etwas durchgehen, das noch besser werden könnte, und das ist ein großer Ansporn, mich noch mehr einzusetzen.«

Solange Carter sich weiterhin persönlich um die Serie kümmert, anstatt sich nur noch für neue Projekte zu interessieren (wie es für ausführende Produzenten durchaus üblich ist, wenn sie eine Serie einmal auf den Erfolgsweg geführt haben), ist Duchovny ganz sicher, daß sie ihre erstklassige Qualität beibehalten wird.

71

Ein großes Plus bei dieser Freundschaft ist, daß Carter sich für Duchovnys Ideen zur Serie sehr aufgeschlossen zeigt. Es kommt häufiger vor, daß Schauspieler ein paar neue Gedanken oder hier und da eine Textänderung einbringen, doch Duchovny entwikkelte letztendlich die gesamte Handlung einiger Episoden mit. Seine Erfahrung als Literaturstudent und seine Versuche als Schriftsteller haben ihm viel Gefühl für Sprache und Erzählstruktur vermittelt, das er nun in der Serie nutzbringend anwenden kann. In der ersten Staffel waren seine Beiträge noch bescheiden, aber trotzdem bedeutsam. Dabei lagen seine Absichten vor allem darin, die Figur Fox Mulder interessanter zu gestalten. Carter dazu: »Seine Ideen sind gut. Warum sollten wir sie nicht einsetzen?« Zu Anfang führten die beiden laut Duchovny einen »ewigen Kampf« wegen Mulder. Duchovny hätte ihn gern witziger gespielt und in etwas weniger ernstem Ton sprechen lassen. Carter war aber regelrecht besessen von dem Gedanken, daß die spannungsgeladene Atmosphäre durch nichts gebrochen werden darf. Duchovny war auch der Ansicht, daß es unrealistisch sei, Mulders sämtliche Motivationen auf die Abduktion seiner Schwester zurückzuführen (Abduktion ist der Fachterminus für eine Entführung durch Außerirdische); man richtet einfach nicht sein ganzes Leben auf einen einzigen Moment aus.

Manchmal gewinnt Duchovny, die Stelle wird ein wenig geändert, und manchmal auch nicht. Während der Aufnahmen bietet sich kaum Gelegenheit zu improvisieren, weil die komplizierten Handlungsverläufe sorgfältig bis auf ihre Auflösung hin ausgearbeitet sind. »Wir alle sind Sklaven der Handlung«, erklärt Duchovny sichtlich frustriert.

Ein wenig Einfluß konnte Duchovny auch in der Besetzung von Gastrollen geltend machen. Als er das Drehbuch für »Der Teufel von Jersey«, einer frühen Folge aus der ersten Staffel, gelesen hatte, schlug er sofort eine Schauspielerin namens Claire

Stansfield für die Rolle des Urmenschen vor. Die beiden sind seit ihrer gemeinsamen Arbeit an *Twin Peaks* befreundet, und die außerordentliche Größe und Attraktivität von Claire Stansfield machten sie zur perfekten Besetzung. Carter war einverstanden. Die Maskenbildner hatten eine Menge Arbeit damit, sie in den »Teufel« zu verwandeln (und ihre nackten Brüste zu verdecken). In einer Szene mußte sie sich nur mit einem String-Tanga bekleidet über Duchovny hocken, was beide pausenlos zum Lachen brachte.

In einer der späteren Folgen der ersten Staffel, »Der Kokon«, spielte Duchovnys ältester Freund Jason Beghe den Ranger Larry Moore. Von Anfang an hatte Duchovny die Augen offen gehalten, um eine Rolle für seinen Freund zu finden, und für den Ranger mußte Beghe nicht einmal vorsprechen. Die Dreharbeiten für diese Folgen gestalteten sich wegen des vielen Regens und Schnees schwieriger als erwartet, und es gab etliche Verzögerungen, was zu einer großen Belastung (auch für die beiden Freunde) wurde und zu noch mehr Verzögerungen führte.

Der Mensch aber, mit dem Duchovny die meiste Zeit zusammen arbeitet, ist Gillian Anderson. Von ihrer Warte aus war er der erfahrene Veteran, und er war ihr während der ersten Folgen eine große Hilfe und Stütze. »Er war wunderbar«, faßt sie ihre Erinnerung an diese Zeit zusammen. Zu Anfang hatte Anderson bei einigen von Scullys längeren Texten Schwierigkeiten, besonders bei denen, die beinahe ausschließlich aus medizinischem und technischem Fachjargon bestanden. Ein Crewmitglied erinnert sich, daß sich Duchovny manchmal über ihre Fehler ärgerte. Er selbst hatte keinerlei Schwierigkeiten, seine eigenen langen Monologe auswendig zu lernen, auch nicht, wenn das in halsbrecherischer Geschwindigkeit geschehen mußte. Doch sie lernten bald, aufeinander zu vertrauen, was auch unbedingt notwendig war, wenn man bedenkt, daß die Qualität jeder Folge derartig stark von ihnen beiden abhängt. Ihre Arbeitstage sind lang und anstrengend, dauern oft bis in die frühen Morgenstunden. Daher merkten sie auch schnell, wie Streß und Übermüdung den anderen ärgerlich oder ungeduldig werden ließ. Obwohl sich ihre Freundschaft nicht bis in den Privatbereich erstreckt, ist sie doch aufrichtig.

8

Der Durchreisende

Als *Akte X* mit der zweiten Staffel zu einem unzweifelhaften Erfolg avancierte, konnte kein Journalist widerstehen, den Filmkritiker zu zitieren, der vorhergesagt hatte, daß die Serie schon sehr bald wieder abgesetzt würde. Der *People*-Kritiker besaß offenbar eine verläßlichere Kristallkugel: »Wenn die *Akte X*-Macher die unheimliche Atmosphäre auch weiterhin halten können, wird diese Serie auch ihre begeisterten Anhänger haben.« Das sollte sich allerdings bewahrheiten, doch auch *People* konnte nicht vorhersagen, daß diese Sendung die Grenzen des Kultstatus mühelos überschreiten und ein wirklich breites Publikum erreichen würde. Und wer hätte das überhaupt vorhersagen können, da die früheren Einschaltquoten doch bestenfalls im mittleren Bereich lagen?

Unterdessen bekam Duchovny rasch zu spüren, wie sehr ihn der Streß einer wöchentlich ausgestrahlten (und produzierten) Serie, die sehr stark von seiner Bildschirmpräsenz abhing, belastete. »Eine derartige Anstrengung hatte ich bisher noch nie erlebt«, berichtete er später und verglich seine Situation mit der Teilnahme an einem Triathlonlauf. »Im ganzen ersten Jahr ging es nur um das nackte Überleben – ob ich *körperlich* in der Lage sein würde, das durchzustehen.« Während dieser langen Tage voller

Wiederholungen ist es Aufgabe des Regisseurs, das Interesse und die Konzentration der Schauspieler aufrecht zu erhalten. Aber bei dieser Serie wechselt der Regisseur von Folge zu Folge, was die Belastung noch vergrößert. An der ersten Staffel arbeiteten über ein Dutzend verschiedener Regisseure, und oft blieb keine Zeit, um ein Vertrauensverhältnis zu ihnen herzustellen, so daß Duchovny sich häufiger fühlte, als müsse er ein wenig auf der Hut sein. Ein Regisseur, mit dem er besonders gut auskommt, ist Rob Bowman, der die Serie auch teilweise mitproduziert und der ihn als »One-Take Duchovny« lobt, dafür, daß er eine Szene bereits bei der ersten Kameraeinstellung perfekt bewältigt. Einer, den Duchovny selbst lobt, ist David Nutter, unter dessen Regie einige Episoden der ersten Staffel entstanden, unter anderem die berüchtigte Folge »Eis«, Chris Carters Hommage an den Horror-film *Das Ding aus einer anderen Welt* von 1951.

Normalerweise haben die Episoden einen 8-Tage-Drehplan, obwohl gegen Ende der Staffel für einige Folgen nur noch sechs Tage zur Verfügung stehen. Damit alles möglichst glatt und ohne zusätzlichen Zeit- und Kostenaufwand vorangeht, ist eine sorgfältige Planung notwendig. Von der Preproduction bis zur fertigen Folge vergehen sechs bis acht Wochen, und oft wird an mehreren Folgen gleichzeitig gearbeitet, beispielsweise eine umgeschrieben, eine andere vorbereitet, eine dritte gedreht, während für eine vierte bereits die Postproduction auf vollen Touren läuft. Für Duchovny kann ein Drehtag zwölf Stunden dauern und erst um zwei Uhr morgens zu Ende sein – danach muß er noch anderthalb Stunden lang fahren, um zu seinem Haus in Vancouver zu kommen. Jeden Tag müssen acht Drehbuchseiten abgedreht werden, also drei- bis viermal so viel wie bei einem Kinofilm. Während für die wirklich gefährlichen Szenen ein Stuntman eingesetzt wird, muß Duchovny doch noch viele körperlichen Leistungen selbst bringen. (In der Folge »Seilbahn zu den Sternen« ist er beispiels-

weise selbst auf der stillgelegten Seilbahn herumgeklettert.) Wegen
der langen Drehtage ist es nicht immer ganz leicht für ihn, voll ein-
satzbereit zu sein. Deshalb gibt es Tage, an denen er das Gefühl hat,
nicht gut gewesen zu sein. Auch ist seine Vorbereitungszeit oft nur
sehr kurz. Ihm ist klar, daß das seine Leistung beeinträchtigt,
gleichzeitig aber zwingt es ihn dazu, sich auf seine Instinkte zu verlassen und nicht erst lange über einem Film zu hadern.

Aber nicht alle Filme entstehen bei den Dreharbeiten so konzentriert und intensiv, wie sie später auf dem Bildschirm erscheinen. Gerade die dramatischsten Momente sind manchmal die,
bei denen er und Anderson in Gelächter ausbrechen und so den
ganzen Take ruinieren. In der Folge »Totenstille« aus der zweiten
Staffel, in der sie innerhalb von zwei Tagen um 60 Jahre altern,
konnten sie sich vor Lachen über einen Satz, den Gaststar John
Savage auf norwegisch sagen sollte, gar nicht mehr beruhigen.
Von den Dreharbeiten sind einige Insiderberichte über solche
Situationskomik nach draußen gedrungen. So watete Duchovny
in »Excelsis Dei« durch einen überfluteten Gang und improvisierte: »Das ist die Badewanne in meinem Wohnwagen. Ich habe
einen Megastarvertrag.«

Wenn er Drehpause hat, verbringt Duchovny die meiste Zeit in
seinem Wohnwagen, hört sich die Rolling Stones oder die Beatles
an oder liest den neuesten Martin-Amis-Roman. Schon früh
bekam er Gesellschaft, eine Bordercollie-Mischlingshündin, die
eine der Nachkommen des Hundes ist, der in der Folge »Eis« zu
sehen war. Duchovny nannte sie »Blue«, nach dem Bob Dylan-
Song »Tangled Up In Blue«, weil er dachte, sie könnte ihm etwas
von seiner eigenen Schwermut nehmen. Er bringt Blue jeden Tag
mit aufs Set, sie schaut ihm beim Schauspielen zu und läßt sich
von den Crewmitgliedern streicheln und verwöhnen. Inzwischen
ist sie auch zu einem Spielgefährten für Gillian Andersons Tochter
Piper geworden.

In dem gleichen Maß wie Duchovnys Ruhm wuchs, wuchs auch Blues, und in der nationalen und internationalen Presse häuften sich detaillierte Beschreibungen von ihr, aber auch einige alberne Fehlinformationen. So etwa die Behauptung, daß Blue eine Vorliebe dafür hat, Füße zu lecken. Tatsächlich hat Blue einmal während eines Telefoninterviews an Duchovnys Füßen geleckt, was sie aber für gewöhnlich nicht tut. In der *Tonight Show* erklärte Duchovny Jay Leno mit ernster Miene: »Das hat meine Familie schwer belastet.«

Duchovnys Anhänglichkeit an den Hund kann in gewisser Hinsicht als ein weiteres Zeichen für seine Hemmung gewertet werden, sich auf tiefe zwischenmenschliche Beziehungen einzulassen. »Einen Hund kann man viel leichter lieben als einen Menschen«, gibt er zu. Wie die Zeitschrift *Seventeen* berichtet, hat er seine Freizeit mit seiner Freundin Perrey Reeves und mit Blue verbracht, aber »nicht unbedingt in dieser Reihenfolge.«

Allein in Lotosland

British Columbia und seine Hauptstadt Vancouver ist die Heimat vieler Fernsehserien und Filme. Es ist nicht nur vergleichsweise billig, in Kanada statt in den USA zu drehen, British Columbia hat auch eine unglaubliche Vielfalt an Settings zu bieten, die nicht allzu weit voneinander entfernt liegen – Wasser, Brücken, Wälder und urbane Szenarien. Man kann es als Double für sehr viele Orte einsetzen, was für eine Serie wie *Akte X*, die Mulder und Scully durch die gesamten Vereinigten Staaten schickt, ein nicht zu unterschätzender Vorteil ist.

British Columbia nennt man auch das Lotosland, aber Duchovny erscheint dieses angebliche Paradies alles andere als perfekt. Zehn Monate im Jahr muß er in Vancouver verbringen, um dort

Akte X zu drehen, und obwohl er die Stadt wunderschön findet, gefielen ihm die Kälte und der Regen nach seiner Zeit in Kalifornien gar nicht. Er mietete ein kleines, einfaches, über 80 Jahre altes Haus am Meer, weil ihm die Aussicht so gut gefiel. Die Fenster liegen zur Bucht hinaus, und in der Ferne sind die Berge zu sehen. Eine Holztreppe führt hinunter zum Strand, der kein reiner Sandstrand ist wie in Kalifornien, sondern steinig und mit jeder Menge Algen und Tang im weichen Wasser. Morgens geht er mit Blue spazieren, macht seine Fitneßübungen und überfliegt noch einmal sein letztes Skript. In seiner Freizeit geht er in ein Café und trinkt heißen Apfelwein oder geht in ein Reformkostrestaurant namens Yam Café in der Nähe des Schwimmbades, das er regelmäßig besucht. Um gesund zu bleiben, legt er sehr viel Wert auf gesunde Ernährung (er ist beinahe Vegetarier) und Fitneß. Sollte er einmal zu krank zum arbeiten sein, müßte die Produktion der Serie so lange eingestellt werden, was Zehntausende von Dollar verschlingen würde.

Anfangs war das Schlimmste am Leben in Vancouver die Einsamkeit. Duchovny hatte keinen Bekanntenkreis dort, keine Familie und keine alten Freunde. Es kam ihm vor, als lebte er an seinem Arbeitsplatz und ginge niemals nach Hause. In den längeren Drehpausen zwischen den Staffeln mietet er sich immer ein Haus in Kalifornien, z. B. ein Strandhaus in Malibu. Aber diese Ferien kommen ihm auch nicht wie eine Heimat vor. »Ich bin ein Durchreisender«, seufzt er. »Mein Leben findet fast nur innerlich statt. Ansonsten ist bei mir so gut wie nichts von Dauer.«

Eine irdische Lebensform

Eines Tages im Winter der ersten Staffel kam Gillian Anderson in Duchovnys Wohnwagen und schloß die Tür hinter sich. »David«, sagte sie, »ich bin schwanger«.

»Oh mein Gott«, erwiderte er. Er fragte, ob sie sich über die Schwangerschaft freut, was sie bejahte. Das zumindest war eine Erleichterung. Aber was sollte nun aus der Serie werden? Sie bat Duchovny, ihr Geheimnis noch eine Weile für sich zu behalten und das versprach er auch, was bezeichnend für das große Vertrauen ist, das zwischen ihnen herrscht.

Als sich Chris Carter dafür einsetzte, Anderson die Rolle der Dana Scully zu geben, hatte er sich noch keine Gedanken darüber gemacht, ob sein Star schwanger werden könnte. Damals war Anderson auch noch nicht verheiratet. Doch schon kurz nach Beginn der Serie verliebte sie sich in einen Kanadier namens Clyde Klotz, der als Bühnenausstatter bei ihnen arbeitete. Ihr Entschluß zu heiraten kam sehr plötzlich – die Hochzeit fand auf einem Golfplatz in Hawaii statt –, und kurz darauf wurde sie schwanger.

Ein paar Wochen lang wußte nur Duchovny davon, aber schließlich mußte Anderson es Carter sagen. Einige Insiderquellen berichteten, daß Carter »ausflippte« – hier hatte er endlich die Serie durchgebracht, die er wirklich wollte, und dann beschloß einer seiner Stars, ausgerechnet jetzt Mutter zu werden! In seiner Wut wollte er Anderson schon durch eine andere Schauspielerin ersetzen. Carter selbst behauptet allerdings, so habe er nie reagiert, sondern Anderson immer unterstützt.

Schließlich wurde beschlossen, Anderson zu behalten, aber für die zweite Staffel, wenn die Geburt näher rückte, wurden radikale Änderungen des Plots notwendig. Wie sollte sie auf dem Bildschirm ihre Schwangerschaft verbergen, und was sollte in den Folgen geschehen, für die Anderson ausfallen würde? Unter *Akte X*-Fans kursierten Gerüchte, daß es Pläne gibt, Scully von einem Außerirdischen schwanger werden zu lassen. Zahlreiche neue Zuschauer schalteten ein, nur um zu erfahren, wie die Geschichte weitergehen würde.

Invasion der Cyber-Groupies

Die Einschaltquoten für das erste *Akte X*-Jahr waren zwar noch nicht brillant (in den USA schalteten sich während der ersten Staffel etwa sechs Millionen Haushalte ein), aber doch recht ordentlich. Gegen Ende der Staffel kamen immer mehr Zuschauer hinzu; fast acht Millionen Amerikaner sahen die letzte Episode »Das Labor«. Aber von Anfang an fand die Serie echte »Hardliner«-Fans, die rasch begannen, sich miteinander via Internet zu unterhalten. Sie richteten Home Pages, Web Sites und Chat-Rooms ein, um dort alle möglichen Informationen über die Serie und ihre Stars zusammenzustellen und sich ein Diskussionsforum zu schaffen. Es dauerte nicht lange, und es gab Dutzende von Internet Sites und Newsgroups, die sich mit *Akte X* beschäftigten. In Ländern wie Norwegen und Frankreich gibt es viele Aktivitäten in dieser Richtung und sogar in Malaysia, wo die Serie ebenfalls ausgestrahlt wird.

Unter diesen Fans gibt es einige Gruppen weiblicher Fans, die völlig wild auf David Duchovny sind. Die beiden berühmtesten, die »David Duchovny Estrogen Brigade« (»Die David Duchovny Östrogenbrigade«) und die »Duchovniks« mußten die Mitgliedschaft in ihren Gruppen beschränken, weil viel zu viele Anfragen und Nachrichten über ihr Idol hereinkamen, als daß man sie noch beantworten konnte. Sie beschreiben sein Aussehen als »reine Poesie«, versenden Abkürzungen wie WPDF (»Wounded Puppy Dog Face«, »verletzter Hundebaby-Blick«) oder C und V (»Cute and Vulnerable«, »süß und verletzlich«), tragen alle Informationen über seine Laufbahn zusammen, die sie finden können und schicken sich gegenseitig aufgeregt Botschaften, sobald Duchovny in einer Folge sein Hemd auszieht oder in einer Badehose erscheint. Diese Fans wurden in der Presse zu einem eigenen Thema, was die *New York Times* veranlaßte, Duchovny als erstes

Internet-Sexsymbol mit Haaren zu bezeichnen. Das ist als Anspielung auf den glatzköpfigen Patrick Stewart von *Star Trek* gemeint, dem ähnliche Sites gewidmet sind.

Chris Carter setzt sich mit diesen Fans intensiv auseinander und verwendete sogar die Namen von drei Mitgliedern der Brigade auf einer Flugpassagierliste in der ersten Folge der zweiten Staffel »Kontakt«. In der Folge »An der Grenze« schlägt einer der Lone Gunmen Mulder vor, daß er sich mit ihnen gemeinsam am Samstag Abend im Internet »über den wissenschaftlichen Unsinn in *Earth 2* aufregen« könnte. Mulder antwortet nur: »Samstags habe ich immer große Wäsche.« Einerseits war das die Reaktion der Serie auf solche Leute, die sich im Internet als Möchtegern-Regisseure aufführen und noch den winzigsten Fehler in der Handlung aufspüren, etwa so bedeutungslose Details kritisieren wie die Tatsache, daß Scully den Autositz nicht neu einstellt, wenn sie nach Mulder das Steuer übernimmt. Andererseits hätte Mulders Antwort aber auch von Duchovny stammen können. Er selbst steht diesem Rummel eher mißtrauisch gegenüber, genau wie er auch seine Berühmtheit mit gemischten Gefühlen betrachtet. Selbst hat er sich noch nie im Internet darüber informiert, was sie dort mit ihm treiben, weil er fürchtet, es würde ihn eher deprimieren als bestätigen oder aufheitern. Als Erklärung zitiert er einen Philosophen: »Nietzsche sagt, wir erinnern uns an das, was schmerzlich ist.« Er sagt auch, daß es nur eine Entschuldigung für diese Menschen ist, sich miteinander über ihr Leben zu unterhalten, was wohl zum Teil stimmt. Die Fans allerdings verlangten weiterhin hartnäckig danach, daß er bei einer Internet-Talkshow »auftreten« soll, bei der man ihm über den eigenen PC Fragen stellen kann. Obwohl er einen solchen Auftritt zunächst mit der Begründung ablehnte, er lasse sich nicht gern drängen oder erpressen, ließ er sich schließlich doch überreden. Doch hatte er gerade einmal die Möglichkeit, alle Teilnehmer zu begrüßen, und das war's.

Das soll nicht bedeuten, daß Duchovny zu vermeiden versucht, ein Sexsymbol zu sein. Er weiß, daß ihm sein gutes Aussehen geholfen hat, als Schauspieler erfolgreich zu werden. Ganz gleich, welche Vorbehalte er gegen diese Tatsache hegt, gefällt es ihm doch von Zeit zu Zeit, sie weidlich auszunutzen. Bei einem seiner Auftritte in der *Tonight Show* öffnete er plötzlich sein Hemd, was einen beträchtlichen Aufruhr unter den Frauen im Publikum verursachte (als Jay Leno meinte, diese »Alien-Masche« sei eine gute Möglichkeit, Frauen kennenzulernen, antwortete Duchovny, daß Frauen ihm ohnehin gehorchen müssen, sobald er seinen FBI-Ausweis zückt: »Sie sind gegenüber der US-Regierung verpflichtet, zu tun, was ich verlange.«). Bei einigen anderen Auftritten sprach er von der erotischen Fanpost, die er massenweise bekommt.

Im ersten Jahr der Serie besuchten Duchovny und einige andere *Akte X*-Mitarbeiter die echte FBI-Zentrale in New York (was in der Serie zu sehen ist, ist eigentlich die Vancouver-Außenstelle der Canadian Broadcasting Corporation). Duchovny ließ sich durch das Gebäude führen und begutachtete die technologisch verfeinerten Methoden der Verbrechensbekämpfung. Die Agenten waren, wie er sich überzeugen konnte, keine unerreichbaren Helden, sondern nur »Cops in Zivil«, absolut professionelle, völlig normale Menschen. Er stellte auch fest, daß die echten Agenten, ebenso wie Mulder, gern komische Krawatten tragen. Zu seiner Überraschung sagten sie ihm, daß sie Mulder für ein gutes Vorbild halten, da er höflich und respektvoll mit den Leuten umgeht, mit denen er zu tun hat.

Die Einschaltquoten der Serie verwiesen sie damals noch auf einen wenig beeindruckenden 102. Platz (von 118 Network-Serien insgesamt). Doch wegen der guten Mundpropaganda, die sie genoß, und wegen des großen Lobes der Fernsehkritiker entschied sich Fox, die Serie fortzusetzen (außerdem hatte sich ihre andere Dramaserie, *The Adventures of Briscoe County Jr.,* wesentlich schlechter gemacht). Am Ende der Staffel war Duchovny immer noch relativ unbekannt und zum Kultstatus der Serie äußerte er sich eher skeptisch. So sprach er von »Fanatismus«, womit er sich auf die Befürchtungen der Zuschauer bezog, die Serie könnte abgesetzt werden, und auch auf ihren ängstlichen Wunsch, allen zu beweisen, daß sie sie zuerst entdeckt hätten.

Duchovny fühlte sich jetzt schon ein wenig rastlos in der Rolle des Fox Mulder. Er hoffte, in der Drehpause an einem Film arbeiten zu können, wobei er seinen Wunsch nach einer anderen Rolle mit dem Verlangen eines verheirateten Mannes nach einer Affäre verglich (Duchovny liebt es, sexuelle Metaphern zu verwenden, was zu der erotischen Aura, die einige Fans an ihm so lieben, nur beiträgt). Leider ließ sich dieser Plan zeitlich nicht verwirklichen, also mußte er sich bis auf weiteres damit begnügen, Mulder zu sein.

9
Leben und Fernsehen

David Duchovnys Blick mit dem eines verletzten Hundebabys zu vergleichen, kommt einer beträchtlichen Reduktion seines wahren, melancholischen Charakters gleich. Wie der Autor Samuel Beckett, den er zum Thema seiner ersten Abschlußarbeit machte, besitzt Duchovny einen düsteren Sinn für die existentielle Absurdität des Lebens. Er sagte, das Leben sei nicht wie das Fernsehen, bei dem er die Chance hat, eine Szene so oft zu wiederholen, bis sie genau stimmt – es gehe vielmehr vorüber, ohne daß er wirklich verstehen kann, was es zu bedeuten hat.

Und in diesem Moment, als das Leben ihn auf den Gipfel von Ruhm und Erfolg brachte, erschien es ihm sogar noch absurder und seiner Kontrolle mehr denn je entzogen. Vielleicht fällt es uns einfach schwer zu begreifen, wer er oder sie ist; unsere Identität entgleitet uns nur allzu leicht, und viele Menschen verbringen ihr ganzes Leben in einer ergebnislosen Suche nach sich selbst. Es war noch nicht lange her, daß Duchovny sich vom intellektuellen Akademiker zum hoch bezahlten Schauspieler gewandelt hatte, eine Metamorphose, die wohl jedermanns Verständnis der eigenen Identität ein wenig erschüttern würde.

Seine Persönlichkeit, zumindest der Teil, den er erkennen läßt, zeigt sich abwechselnd introspektiv und extrovertiert. Auf Parties und Treffen stellt er sich nie in den Mittelpunkt der Aufmerksamkeit. Er zog es immer vor, am Rand zu stehen, zuzuhören und zu beobachten und nur gelegentlich ein oder zwei seiner trockenen, witzigen Bemerkungen fallen zu lassen. Er ist zu selbstkritisch, um das Rampenlicht voll zu genießen. Sein Problem, glaubte er, ist, daß er sich zu viele Gedanken darüber macht, was die anderen von ihm denken. Diese immerwährende Sorge hemmt ihn und entfremdet ihn von seinem wahren Ich. Das ist der Grund, warum er sich so für Zen interessiert, obwohl er seine Lebenseinstellung nur als »Pseudo-Zen« bezeichnet. Ganz grob erklärt bedeutet Zen, sich leidenschaftlich unbeteiligt zu geben, ein Widerspruch, der sich nur schwer erreichen läßt und den Duchovny bisher erfolglos anstrebt. Dem Zen-Glauben entsprechend wollte er sich von dem befreien, was der Rest der Welt von ihm denkt. »Die ultimative Freiheit liegt darin, sich einen Dreck um alles zu scheren«, erklärt er in seiner charakteristischen Mischung aus hochgestochenem und unfeinem Sprachgebrauch.

Vielleicht war es dieses unbefriedigte Selbstgefühl, daß ihn so an seinem beträchtlichen Intellekt zweifeln ließ. Während er Dante oder irgendeinen anspruchsvollen Philosophen zitierte, wenn er mit Zeitungsreportern sprach, die für gewöhnlich nicht gerade auf dem laufenden sind, was deutsche Denker oder moderne Literatur betrifft, machte er sich gleichzeitig auch immer etwas über dieses Wissen lustig und ließ erkennen, daß es ihm nicht viel gegeben hat. Er bestand darauf, daß niemand wirklich wichtige Dinge über das Leben aus Büchern lernen kann, sondern nur dadurch, selbst zu leben und eigene Fehler zu machen.

Dieses verwirrte Bestreben, sich nichts aus anderen zu machen, sein gleichzeitiges Bedürfnis nach allgemeiner Anerkennung, seine Intelligenz und die gleichzeitige Ableugnung derselben, das alles prägt ihn zu einer Persönlichkeit, die seiner Umwelt oft sehr gemischte Botschaften vermittelt. Bei Interviews kann er manchmal recht unbedacht werden, oft sogar leichtsinnig, sich aber ebenso rasch wieder in seine Privatsphäre zurückziehen. Anders als die meisten Leute im Filmgeschäft hatte er nie Angst davor, seine Meinung unmißverständlich auszusprechen. Als zum Beispiel ein Reporter darauf hinwies, daß manche Menschen *Akte X* eher für eine Dokumentarserie als für Fiktion halten, erwiderte Duchovny: »Es gibt auch Menschen, die *Melrose Place* für wahr halten. Das ist doch eine wesentlich beängstigendere Vorstellung.« In der gleichen Weise nimmt er auch nie ein Blatt vor den Mund, wenn es darum geht, die Folgen zu nennen, die er für minderwertig hält (»Die Maschine« und »Lazarus« waren es im ersten Jahr) oder scherzhaft vorauszusagen, daß die dritte Staffel seiner Ansicht nach qualitativ hochwertig ausfallen würde, »bevor wir wieder in die Mittelmäßigkeit abgleiten«.

Doch dann kommt es wieder vor, daß er ausschließlich fröhlich und liebenswert erscheint, eifrig zu gefallen versucht und dafür seinen besonderen Sinn für Humor einsetzt. Als er in der *Late Show With David Letterman* auftrat, hatte er sich am Abend davor gestoßen und erzählte dem Publikum, daß Letterman ihn dafür bei sich übernachten ließ, ihm Abendessen gekocht, ihm eine Gute-Nacht-Geschichte vorgelesen und ihn dann ins Bett gebracht habe. Als er später noch einmal von Letterman eingeladen wurde, sagte er, er habe gehofft, auf Ed Asners Rücken hereinreiten zu können. In der *Tonight Show* sprach er davon, wie unzufrieden die Franzosen mit dem Mangel an Sex in *Akte X* sind und behauptete, daß sein französischer Synchronsprecher jedes Mal ein anerkennendes »Mmmmm« von sich geben muß, wenn eine Frau an Mulder vorbeigeht.

In seiner Freizeit spielt Duchovny immer noch gern Basketball und Squash oder besucht ein Spiel seines Lieblingsteams, der New York Knicks. Obwohl er keine Zeit zum Fernsehen hat, bevorzugt er realistische Serien wie *Emergency Room* oder *Homicide*, und beneidet die Darsteller ein wenig um die Bandbreite ihrer Szenen, die von hoch dramatischen Situationen über Comedy bis zu privaten, stillen Momenten reicht. Er macht regelmäßig Yogaübungen, was ganz im Sinn seines Wunsches steht, nach Zen-Manier über den Dingen zu stehen, er joggt oder schwimmt, geht gelegentlich zu einem Akupunkteur und liebt es, lange in der Badewanne zu liegen. Wie schon als Kind ist er völlig verrückt nach Musik und hat sich so viele CDs gekauft, daß er sich bereits fragt, ob er süchtig sein könnte. Er mag unter anderem Simply Red, sein absoluter Lieblingssong aber ist »Thank You« von Sly and the Family Stone. Er legt viel Wert auf eine kritische Einstellung, auch zur zeitgenössischen Musik, und bedauert, daß sich heutzutage viele Menschen nichts mehr aus musikalischer Originalität und Authentizität machen. Zu viele Leute, meint er, hören sich die Red Hot Chili Peppers nur an, »weil sie noch nie etwas von Jimi Hendrix gehört haben«. Anders als Mulder, der stets nur im Anzug zu sehen ist, zieht er als Privatmensch Jeans, schwarze Shirts und uralte, bequeme Sachen vor.

Es überrascht kaum, daß auch die Reporter oft und gern auf seinen wachsenden Ruhm als Sexsymbol anspielen und Fragen über seine eigenen sexuellen Vorlieben und Beziehungen stellen. Als er noch mit Perrey Reeves zusammen war, sagte er: »Ich glaube an die Monogamie. Manchen Leuten liegt das einfach im Blut – es ist eben ihre Berufung. Aber anderen, und eben auch mir, verlangt monogame Treue viel Selbstdisziplin ab.« Das klingt verdächtig nach einer reformierten Version der Figur, die er in *Neujahr in New York* gespielt hat. Inzwischen hat Duchovny die »Strapaze« der Monogamie für sich jedoch institutionalisiert: Im Mai 1997 heiratete er die Schauspielerin Tea Leoni. Als er einmal von *Playgirl* gefragt wurde, welchen Teil er an einer Frau am liebsten hat, gab er eine sehr ungewöhnliche und liebenswerte Antwort: »Die Stelle, wo die Rückseite des Oberschenkels in den Po übergeht. Es ist ganz weich und duftig dort. Mehr braucht man eigentlich nicht. Man könnte sich dort glatt ein Haus bauen und glücklich werden.«

Diese Antwort bestärkte aber auch diejenigen, die Duchovny für eine Art intellektuelles Sexmonster halten. Für ihn war es aber nur eine Möglichkeit, sich einer Welt zu präsentieren, die von Tag zu Tag mehr über ihn wissen will.

10
Die zweite Staffel

Zu Beginn der zweiten Staffel wurde *Akte X* von der Medienindustrie weitgehend als Kultserie gehandelt. Die Fangemeinde war noch nicht sehr groß, aber ihre Treue zur Serie blieb ungebrochen und brachte sie sogar dazu, an Freitagabenden, an denen normalerweise nur sehr geringe Zuschauerzahlen zu erwarten sind, zu Hause zu bleiben.

Doch im zweiten Jahr schnellten die Einschaltquoten schon von der allerersten Folge an in die Höhe: »Kontakt« war auf über neun Millionen amerikanischen Fernsehbildschirmen zu sehen. Die Vorzüge der Serie hatten sich herumgesprochen, und während der Sommerpause hatten die Zuschauer genug Wiederholungen zu sehen bekommen, um neugierig darauf zu werden, wie es weitergehen würde. Bei der meistgesehenen Folge der ganzen Staffel, »Frische Knochen«, überschritten die Zuschauerzahlen zehn Millionen – eine besonders hohe Zahl, wenn man bedenkt, daß die Serie von Fox gezeigt wurde, dem Sender mit den wenigsten angegliederten Sendestationen. Die Marktanteile der Serie stiegen auf 44 Prozent an, was mehr ist als irgendeine andere Network-Serie für sich beanspruchen kann.

Alles in allem fand Duchovny die Arbeit inzwischen einfacher.

Erstens war er jetzt daran gewöhnt, und zweitens lief die gesamte Produktion jetzt, nachdem sich alles gut eingespielt hatte, wesentlich organisierter ab. Gelegentlich bekam er sogar einmal einen Tag frei. Andererseits aber beanspruchte die Arbeit immer noch den größten Teil seines Lebens und ließ ihm für praktisch nichts anderes mehr Zeit. Erfreut war er allerdings über die wachsende Qualität der Stories: »Wir sind tatsächlich zur besten Fernsehserie geworden«, verkündete er.

Duchovnys Berühmtheit – und sein Wiedererkennungswert – wuchsen buchstäblich von Woche zu Woche. Artikel über ihn und die Serie erschienen in Hunderten von Zeitungen und Zeitschriften. Eines Tages wandte sich ein Produktionsassistent an Duchovny und sagte: »Robin Williams möchte Sie gerne kennenlernen.«

»Oh nein, das glaube ich kaum«, kam die Antwort von Duchovny, der glaubte, daß sich jemand einen Scherz mit ihm erlauben will. Doch dann hörte er Williams' Stimme: »Oh doch, das glaube ich schon.«

In der Pause zwischen den beiden Staffeln hatten die Autoren der Serie, allen voran Chris Carter, Pläne für Gillian Andersons vorübergehendes Verschwinden während der Zeit um den Geburtstermin geschmiedet. Während der Dreharbeiten an den ersten Folgen der zweiten Staffel stand immer ein Bett am Drehort bereit, so daß sich Anderson zwischen den Aufnahmen ausruhen konnte. Die Autoren machten aus der Not eine Tugend und erdachten einen Handlungsverlauf, der einige der höchstgelobten Episoden der ganzen Serie hervorbrachte und die »*Akte X-Mythologie*«, wie Carter den fortlaufenden Spannungsbogen der zusammenhängenden Geschichten bezeichnet, entscheidend voranbrachte. Am 14. Oktober 1994 wurde die Folge »Unter Kontrolle« ausgestrahlt, der Anfang eines Zweiteilers, in dem Scully von einem ehemaligen FBI-Agenten entführt wird, der behauptet, wiederholt von Außerirdischen gekidnappt worden zu sein. Im zweiten Teil »Seilbahn zu den Sternen« behauptet der FBI-Agent Duane Barry, den Außerirdischen Scully im Austausch für sich selbst angeboten zu haben. Was immer auch geschehen sein mag, Scully war jedenfalls verschwunden .

Dieser Kunstgriff ermöglichte die einzige Episode, in der Anderson nicht aufgetreten ist, die Vampirgeschichte »Drei«. Zweifellos war Scullys Abwesenheit die große Chance für die Autoren, Mulder wenigstens dieses eine sexuelle Abenteuer zu gönnen. Carter beharrte darauf, daß Mulder und Scullys Beziehung unbedingt weiterhin strikt auf das Berufliche beschränkt bleiben müßte, und Duchovny war absolut seiner Meinung, auch wenn der eine oder andere verlangende Blick zwischen den beiden durchaus zum Programm gehört.

Scullys Abduktionsgeschichte wurde in der nächsten Folge »An der Grenze« wieder aufgenommen, in der sie plötzlich in einem Krankenhaus wieder auftaucht. Sie liegt im Koma, daher hat Anderson Gelegenheit, auch während der Dreharbeiten still zu liegen. Sie war bereits vier Tage, nachdem sie ihre Tochter durch Kaiserschnitt zur Welt gebracht hatte, wieder am Set und bekam immer noch Infusionen, um wieder zu Kräften zu kommen. Diese Folgen brachten Bewegung in die Verschwörungsthematik der Serie (Krycek und der Cigarette-Smoking Man sprechen sogar davon, ob es nicht besser sei, Mulder zu töten) und trugen erheblich dazu bei, das emotionale Bündnis zwischen Mulder und Scully zu vertiefen, deren Entführung ihn unwillkürlich an die leidvolle Erfahrung erinnert, seine Schwester viele Jahre zuvor an Außerirdische verloren zu haben.

»Story: David Duchovny«

Duchovny ist der Ansicht, daß die Folgen, die sich um Scullys Entführung drehen, zu den bisher besten zählen. Er hat eine klare Meinung zu jedem Drehbuch der Serie, und zu seinen bevorzugten Autoren gehört das Team Glen Morgan und James Wong. Wong und Morgan aber verließen *Akte X*, um für eine neue Serie zu schreiben. Dem Sender war der Erfolg von *Akte X* zu Kopf gestiegen, und nun wollte er mehr davon (allerdings hatte ihre neue Serie *Space 2063* nicht viel Erfolg).

Von Anfang an hatte Duchovny großes Interesse an den Geschichten. Seine Kollegin Anderson war von seiner Fähigkeit beeindruckt, eine Story zu analysieren und sofort ihre Stärken und Schwächen zu erkennen. Während Duchovnys schriftstellerischer Ehrgeiz in seinem neuen beruflichen Streß unterging, war seine Phantasie nicht untätig. Eines Tages wandte er sich ohne Umschweife an Carter und sagte ihm, er habe eine Idee für eine neue Folge. Carter hörte zu, fand, daß eine seiner eigenen Ideen hervorragend zu der von Duchovny passen würde, und schon begannen die beiden, die Story gemeinsam zu entwickeln. Bald zeigte sich, daß eine Episode zu kurz sein würde, um die immer weiter ausgearbeiteten Handlungselemente zu fassen; es mußte schon ein Zweiteiler werden. Das so entstandene Handlungsgerüst für die Geschichte gaben sie an einen der Autoren namens Frank Spotnitz weiter, der daraus die Drehbücher für den Zweiteiler »Die Kolonie« machte (der Originaltitel des zweiten Teils »End Game« ist übrigens auch der Titel eines Stücks von Beckett). Darin kommt ein außerirdischer Kopfgeldjäger auf die Erde, um einige seiner außerirdischen Landsleute zu töten, die versuchen, hier eine Kolonie zu errichten und die Fähigkeit besitzen, Menschen zu klonen. Eine der geklonten Frauen sieht aus wie Mulders Schwester, für die Mulder sie natürlich auch hält. Als er später erfährt, daß seine wirkliche Schwester noch am Leben ist, erwidert Mulder »Ich möchte glauben«, ein häufig falsch verwendetes Zitat, das nicht so sehr Mulders Glaube an Außerirdische generell ausdrücken soll, sondern den Glauben daran, seine Schwester eines Tages wieder lebendig zurückzubekommen.

Obwohl Duchovny zusammen mit Carter in den Credits genannt wurde, spielte er seine Rolle als Co-Autor herunter und betonte, daß er ja eigentlich an dem Drehbuch kein Wort geschrieben hat. Er sagte sogar, daß ihm der Gedanke, ein richtiges Drehbuch zu schreiben, Angst einjagt; wenn er es nun versucht und dabei versagt? Das würde doch beweisen, daß er wirklich kein Schriftsteller war! Aber sein Arbeitsplan ließ ihm ohnehin keine Zeit herauszufinden, ob es ihm gelingen würde oder nicht, und dann meinte er auch, daß sein Leben schon viel zu eng mit der Serie verbunden war, daß es vermutlich besser wäre, etwas ganz anderes zu schreiben, falls er einmal die Zeit dafür findet.

Als die Staffel zu Ende ging, hatte Fox einen unwiderruflichen Drama-Hit gelandet. *Akte X* hatte sich von dem alten Kultstatus befreit, und David Duchovnys Präsenz als Star war unübersehbar geworden. Sowohl Duchovnys als auch Gillian Andersons Manager ließen die Verträge der Stars neu verhandeln, und beide erhielten beachtliche Gagenerhöhungen. Das ist durchaus normal in Hollywood – wenn eine Serie zum Erfolg wird, lassen die Agenten die Telefone heiß laufen. Und wie Chris Carter meint, haben Duchovny und Anderson auf jeden Fall maßgeblich zum Erfolg der Serie beigetragen, und es war nur recht und billig, sie dafür auch zu belohnen.

Die Schande des Schauspielers

1995 trug Duchovny eine Zeitlang ein Foto in der Brieftasche mit sich, das er aus dem *New Yorker* gerissen hat. Es war ein Porträt, das Richard Avedon von Tennessee Williams aufgenommen hatte, und es zeigte das Gesicht eines Mannes, der gelebt und gelitten, doch nie aufgegeben hat. Duchovny hofft, daß Avedon nie ein Porträt von *ihm* macht, weil es zu viel von dem enthüllen könnte, was er hinter seinem glatten, hübschen Gesicht verborgen hält. »Ich glaube nicht, daß ich es ertragen könnte, so wahrheitsgetreu dargestellt zu werden.«

Ein Schauspieler, der nicht von einem der größten Fotografen unserer Zeit porträtiert werden wollte, der Angst davor hatte, daß man in ihm sein wahres Selbst erkennen könnte. Er konnte auch nie gut damit umgehen, wenn jemand, den er kannte, wie etwa Perrey Reeves oder seine Mutter, ihn am Set besuchten und ihm beim Schauspielen zusahen. Vor diesen Menschen konnte er seine Fassade nicht einfach fallenlassen, so daß er nur unsicher vor sich hin stammelte. »Ich nehme an, das kommt daher, daß ich mich schäme«, sagt er.

David Duchovny ist ein Schauspieler, der sich schämt, zu spielen.

Natürlich kam dieses zwanghafte Unterdrücken von Emotionen in seinem Darstellungsstil zum Ausdruck, auch wenn es von Kritikern als »underplaying« mißverstanden wurde. Duchovny selbst hat zugegeben, daß er als Schauspieler fehlbar ist, daß er zeitweise ausdruckslos, zurückgezogen und reserviert wirkt. Wie der Schriftsteller Scott Cohen in *Details* schreibt, ist Duchovny »wie ein Schlafwandler zwischen Morgen und Abend gefangen«. Ironischerweise fühlte sich Duchovny gerade deshalb zur Schauspielerei hingezogen, weil sie ihm half, etwas von dem inneren Zwang nach Leidenschaftsäußerung loszuwerden, ohne die unausweichlichen Konsequenzen des wirklichen Lebens auf sich nehmen zu müssen. Es war das alte Geist-Körper-Problem, eine Art unausgefochtener Krieg zwischen seiner intellektuellen, analytischen und der psychischen, emotionalen Seite.

Mit diesem Problem und der Wirkung, die es auf seine schauspielerischen Leistungen hat, steht noch etwas in Verbindung: Duchovnys Eitelkeit. Wenn es eins gibt, das die Literatur uns lehrt, von Salomons *vanitas vanitatum* bis zu Thackerays *Jahrmarkt der Eitelkeiten*, dann ist es die Tatsache, daß die Bewunderung der eigenen Persönlichkeit und des eigenen Körpers nur von allzu kurzer Dauer sein kann. Und doch war Duchovny ein attraktiver junger Mann, und er wußte es auch. Noch mehr als das, seine Karriere als Schauspieler hing davon ab; kein Wunder, daß er so viele Rollen bekommen hatte, in denen er sich ausziehen und in diversen Bettszenen glänzen mußte. Vielleicht setzt er ja seinen körperlichen Charme auch im wirklichen Leben ein, um gemocht zu werden und um (wie Billy in *Neujahr in New York* selbst zugibt) Frauen ebenso wie Männer verführen zu können – die einen mit Kuß, die anderen ohne. Andererseits war ihm als gebildeten Menschen mit hoher Arbeitsmoral klar, daß sich diese Eitelkeit schnell gegen ihn wenden könnte. Trotzdem konnte er sich ihr nicht vollständig widersetzen.

Es gibt noch eine andere Möglichkeit, die Eitelkeitsfrage zu betrachten, eine, die mit der existentiellen (und Zen-) Frage zu tun hat, wieweit man sich selbst kennt und mit sich in Frieden leben kann. Duchovny, der immer schon ein grüblerischer, introvertierter Mensch war, nimmt sein Innenleben und seine Gefühle sehr genau unter die Lupe. Aber sobald jemand sich bewußt mit seiner äußeren Erscheinung und ihrer Wirkung auf andere beschäftigt, entfernt er sich von seinem Innenleben; fühlt sich regelrecht »außer sich«, als ob er seinen eigenen Körper nur von außen betrachten würde. Es gehört zum Dilemma des Schauspie-

lers (oder: es ist Teil seiner Kunst) zu wissen, daß andere ihm zusehen und ihre eigenen Phantasien in ihn hineinprojizieren. Er
fühlt sich bald nur noch als Körpergefäß, das allen gehört, nur
nicht ihm selbst.

Das Ergebnis dieser Eitelkeit – oder besser, von Duchovnys
Schuldgefühlen – war Scham. An einer wichtigen Stelle eines
Interviews, das im Internet veröffentlicht wurde, sagt Duchovny:
»Ich schäme mich über die Schauspielerei als Beruf... Es ist ein
ausbeuterisches Geschäft. Man ist abhängig vom eigenen Cha-
risma. Man verläßt sich auf sein Aussehen und den Klang seiner
Stimme, um Geld zu verdienen. Das ist die erste Ebene der Scham.
Der nächste Schritt ist ein wirklich tiefes Schamgefühl darüber,
daß man anderen sein Gefühlsleben für Geld verkauft. Es ist gräßlich, wie emotionale Prostitution.«

Eine ungewöhnlich starke Aussage, welche die Intensität des
gemeinten Gefühls deutlich macht. Daß Duchovny seinen neuen
Beruf mit der Prostitution vergleichen konnte, zeigt, *wie* schuldig
und schlecht er sich dabei fühlte. Viele, vielleicht sogar die meisten Schauspieler, haben keinerlei Schwierigkeiten damit, das
eigene Gefühlsleben für ihre Rollen auszunutzen; nur jemand,
der Emotionen für etwas so Privates hält wie Duchovny, denkt auf
diese Weise. Man fragt sich, ob er einfach ein Naturtalent ist, vielleicht von der Art, die durch Aufmerksamkeit und Sich-zur-
Schau-stellen erst richtig aufblüht. Für ihn ist die Schauspielerei
wirklich eher eine Therapie, offenbar notwendig, doch gleichzeitig zutiefst schmerzhaft.

Noch bemerkenswerter aber ist die Art und Weise, in der
Duchovny dieses Schamgefühl zu seinem schauspielerischen Vorteil nutzt. Auf ähnliche Weise, wie er seine unterdrückten Emotionen in seinem Darstellungsstil verwandelt, kann er auch das
Schamgefühl verwandeln. Vielleicht könnte es sogar die Scham
sein, die Zuschauer in seinen traurigen Augen sehen und mit der

sie sympathisieren. Einmal sagte er etwas, das man im Nachhinein als eine Art schauspielerisches Manifest für Duchovny verstehen könnte: »Die besten Schauspieler lassen den Zuschauer erkennen, daß sie nie ganz an ihr Ziel herankommen. Man spürt regelrecht das Versagen und die Enttäuschung. Ich finde es großartig, wenn man einem Schauspieler das Versagen anmerken kann, denn die Schauspielerei läuft ja immer darauf hinaus, daß man sich für Geld fremden Menschen zur Schau stellt. Das geht sehr auf Kosten des Privatlebens. Bei Brando habe ich beispielsweise immer das Gefühl, daß er mir zeigt, wie schmerzhaft und zweifellos erniedrigend, vielleicht sogar falsch es ist zu spielen. Die besten Schauspieler strahlen Versagen aus, auch noch auf der Höhe ihres Erfolges.«

Es scheint allerdings eher unwahrscheinlich, daß Laurence Olivier oder Anthony Hopkins es für falsch oder gar für eine Erniedrigung halten zu spielen. Britische Schauspieler neigen zu einer objektiveren, professionelleren Einstellung ihrem Handwerk gegenüber. Amerikaner – besonders die, die das Method Acting erlernt haben – gehen eher emotional und persönlich an die Sache heran. Duchovny scheint allerdings bei seinen Befürchtungen noch weiter gegangen zu sein als die meisten seiner amerikanischen Kollegen. Außerdem hat er im Gegensatz zu den britischen Stars, die in der Regel bereits sehr jung angefangen und eine der renommierten Schauspielschulen Londons besucht haben, vor nicht einmal zehn Jahren mit der Schauspielerei begonnen. Er ist in Wirklichkeit noch ein Newcomer, ungeschliffen und wenig geformt, der versucht, seine Gedanken und Gefühle beim Spielen zum Ausdruck zu bringen. Daß er außerdem noch berühmt ist, macht es ihm auch nicht gerade leichter.

11
Die dritte Staffel

Akte X ist nicht länger eine Kultserie, sondern ein uneinge-
schränkter Hit. Sogar das Satiremagazin *Mad* huldigte ihr mit
einer Cartoonparodie. Chris Carter ist der Ansicht, daß ihre Popularität damit zusammenhing, daß die Menschen gern geängstigt
und in Erstaunen versetzt werden wollen, daß die Amerikaner
»eine Art New-Age-Sehnsucht nach einer alternativen Realität«
hegen, zugleich aber auch den Verdacht haben, daß die Regierung
sie regelmäßig belügt. Er fügte noch hinzu: »Entweder ist es das,
oder Fox besitzt eine wirklich *umwerfende* Marketingabteilung.«

Mit dem allseitigen Lob wurde jedoch auch die Kritik laut, daß
die in der Serie beschworene Anti-Regierungs-Paranoia dazu beiträgt, genau die Art von Fanatismus zu unterstützen, die in Oklahoma City die Bombardierung eines Regierungsgebäudes zur
Folge hatte. Duchovny hält nicht viel von solchen Vermutungen:
»Ich denke, die Serie trifft einfach den Nerv der Zeit. Ich glaube
nicht, daß die Kunst einen direkten Einfluß auf unser Leben hat.
Natürlich gibt es einen Zusammenhang zwischen Kunst und
Leben, nur eben keinen kausalen.«

Zu der neu aufgeworfenen Frage, ob die Serie zensiert werden
sollte, bemerkt er, daß es den politischen Drang, künstlerisches

Schaffen zu unterdrücken, schon immer gegeben hat, seit Sokrates die Dichter aus dem Staat verbannen wollte. Und er bringt ein Yeats-Zitat darüber, wie die Geschichte unserer dunklen Zeit einmal erzählt werden wird: »A terrible beauty is born« – »Eine schreckliche Schönheit wurde geboren.«

Die zweite Staffel wurde mit einem altmodischen Cliffhanger beendet: War der in einem vergrabenen, brennenden Eisenbahnwaggon gefangene Mulder tatsächlich tot? Die letzte Folge »Anasazi« wurde in der dritten Staffel mit deren Anfangsfolge »Das Ritual« fortgesetzt, in der Mulder von Navajo-Indianern gerettet und geheilt wird. Nach der Drehpause stand für Duchovny nun wieder harte Arbeit auf dem Programm. Er fühlte sich schwermütig und zeigte sich introvertiert. Als er den Vertrag für die Pilotfolge unterschrieb, hätte er es sich nicht träumen lassen, daß er so lange Zeit später immer noch Fox Mulder spielen würde.

Zwangsläufig dachte er an all die Rollen, die er gern spielen würde, aber nicht konnte. Natürlich war ihm klar, daß auch das Leben eines Schauspielers eben seine Grenzen hat. »Man muß mit dem Frust fertig werden, daß das Leben eben nicht grenzenlos ist, daß man nicht jede Rolle spielen wird«, versucht er es mit heiterer Resignation.

Bedenkt man, wie schwierig es sein muß, eine Beziehung über zwei verschiedene Staaten aufrecht zu erhalten (gar nicht zu reden von Duchovnys extremem Widerwillen gegen enge Bindungen), überrascht es kaum, daß seine Beziehung mit Perrey Reeves schließlich in die Brüche ging. Als Prominenten-Affäre konnte sie natürlich nicht einfach mit einem Abschiedskuß beendet werden; statt dessen machten die Agenten beider Schauspieler ihr Ende in Presseerklärungen öffentlich bekannt. Schon kurz darauf sah man Duchovny mit Kristin Davis, der Schauspielerin aus *Melrose Place*. Er meint: »In diesem Beruf hat man es nicht schwer, weil man pausenlos von neuen und aufregenden Menschen umgeben ist. Und immer erhält man neue Streicheleinheiten, bekommt bestätigt, daß man wundervoll ist und alles haben kann, was man möchte. Und schließlich ist man dann selbst überzeugt: ›Verdammt, das habe ich mir auch verdient.‹«

Duchovny konnte sich trotz seiner Vorbehalte kaum dagegen wehren, das Leben eines Prominenten zu führen. Erstens erwartete der Sender von ihm, daß er seinen Teil zur PR für die Serie beitrug. Und zweitens fällt es nun einmal jedem Sterblichen schwer, der Versuchung zu widerstehen, eine derartig begeisterte, geballte Aufmerksamkeit zu erfahren. Duchovny gab Hunderte von Interviews, und obwohl immer ein wenig Widerwillen dabei war, genießt er es doch gleichzeitig auch. Vielleicht weil es für einen nachdenklichen Menschen wie ihn eine willkommene Gelegenheit darstellt, sich über seine Persönlichkeit und das aufregende Leben im Rampenlicht, das er nun führte, Gedanken zu machen. Ein Problem war für ihn, wie er selbst sagt, daß er keinerlei Schutzfassade um sich herum errichtet hatte, keine dieser Persönlichkeitsmasken, die Prominente oberflächlich oder schlicht heuchlerisch erscheinen lassen. Duchovny fällt es schwer, *nicht* ehrlich zu sein: »Einige Anteile von mir verraten sich immer, kommen einfach heraus. Und das bedeutet, daß immer weniger für mich und die Menschen, die mir wirklich nahe stehen, bleibt.« Genauso, wie er nicht von Avedon fotografiert werden will, findet er auch oberflächliche Talkshows und Interviews wesentlich einfacher zu bewältigen als ein wirklich ernsthaftes Gespräch mit jemandem wie Tom Snyder. Mit Leno oder Letterman herumzuflachsen bringt ihn viel weniger in Gefahr, sein wirkliches Ich erkennen zu lassen. Andererseits kann es passieren, daß er bei den routinemäßigsten Interviews plötzlich gedanklich abdriftet, frei assoziiert oder die Interviewer mit intellektuellen Spielchen verwirrt. Mal erklärt er, wie sexy Delphine sind, ein anderes Mal verkündet er der Welt, daß er gern der erste Mensch wäre, der bei einem Fernsehwerbespot den wirklich echten Gebrauch von Toilettenpapier demonstriert. Oft macht er einen gleichzeitig provokativen und emotional bedürftigen Eindruck.

Am Ende der zweiten Staffel kam Duchovny sein neuer Prominentenstatus noch ungewohnt vor, und er versuchte, sich über seine eigenen Gefühle klar zu werden: »Die Bewunderung kommt bei mir nicht als Bewunderung an. Manchmal empfinde ich sie als Druck, aber ich weiß nicht, es ist noch ziemlich neu für mich. Ich versuche erst, mir darüber klar zu werden. Ich kenne mich mit dem Prominentsein noch nicht aus. Also versuche ich herauszufinden, wie ich mein Leben in Frieden weiter leben kann, ohne dabei Menschen vor den Kopf stoßen zu müssen, die mir Gutes wünschen.«

Was er eindeutig nicht mochte, war, daß man anfing, auf der Straße auf ihn zu zeigen. Er hatte das Gefühl, auf die typisch amerikanische Weise nur um der Berühmtheit willen berühmt zu sein, und nicht, weil er etwas Heroisches oder Denkwürdiges getan hatte. Das Fernsehen, so glaubt Duchovny, banalisiert Ereignisse und Menschen, macht aus jedem eine Berühmtheit gleichen Ranges, ohne Rücksicht auf die erbrachte Leistung. Außerdem stört es ihn, daß er nun, wo er ständig angestarrt wird, die Menschen in einem Restaurant oder einem Park nicht mehr länger selbst beobachten kann. Und was er mehr als alles andere haßt, ist, daß man ihn immer wieder persönlich mit der Figur, die er spielt, assoziiert. Als die Leute anfingen, ihm auf der Straße hinterherzurufen, dachte er zunächst immer noch, daß irgendein Filmstar hinter ihm ginge. Als er dann aber das zigste Mal mit anhören mußte, wie jemand ihm »Hey, Mulder« hinterherbrüllte, hätte er am liebsten zurückgebrüllt: »Ich bin verdammt noch mal *nicht* Mulder, ist das klar?«

Als Rosie O'Donnell ihn fragte, wie er zu seinen Fans stehe, berichtete Duchovny von einem typischen Erlebnis: »Der sonderbarste Brief, den ich bisher bekommen habe, war ein erotisches Gedicht, das zu einem Puzzlespiel zerschnitten war. Ich hatte ›enis‹, und ich sollte den dazu passenden Buchstaben finden, aber sonst hatte ich nur noch ein ›H‹. Am Ende kam also heraus ›ich will deinen Henis‹. Außerdem hatte ich ein ›gina‹, und das einzige, was ich mit dem Rest machen konnte, ergab den Staat ›Virginia‹. Dieses Gedicht kam wohl anders heraus als geplant.«

Wenn man Duchovnys Wesen kennt, wundert es einen nicht, daß er das Rampenlicht nicht nur genießt, sondern auch als Anstoß zu weiterer Selbstbetrachtung nutzt. Er macht sich Gedanken darüber, was die Leute von ihm halten und warum sie scheinbar so sehr darauf bedacht sind herauszufinden, ob er ein »netter Kerl« ist. Warum ist das wichtig? Solange er ein guter Schauspieler ist, erledigt er seine Arbeit doch ordentlich. Aber die Leute wollen anscheinend immer mehr wissen. Sie denken offenbar, er hätte irgendwelche besonderen Kräfte, während er sich selbst völlig kraftlos fühlt. Weil er auf einem Gebiet wirklich gut ist, erwartet man von ihm, daß er automatisch zu irgendeiner tieferen moralischen Einsicht gelangt ist. Einmal erzählte er, wie ein Reporter ihn bei der *Batman*-Premiere (Einladungen zu solchen Ereignissen, um dort zum allgemeinen Glanz und Glamour beizutragen, gehörten nun fest zu seinem Leben als Berühmtheit) gefragt hat, was für einen Anzug er trägt (Armani) und was er von Clintons Plänen zur Gesundheitsreform hält. Banalität und Bedeutsamkeit schienen zu reiner Absurdität zu verschmelzen.

»Das Problem an der Popularität ist, daß die meisten sie mit Bedeutsamkeit verwechseln«, meint Duchovny. Doch bedeutungslos oder nicht, er ist jedenfalls ein Star – und scheint aufrichtig um den Verlust seiner Anonymität zu trauern. Wie er sehr wohl weiß, kann ein Star niemals wieder ein ganz normales Leben führen, selbst wenn sein Erfolg einmal ein Ende hat. Denn dann ist er nur noch eine vergessene Größe, eine Witzblattfigur.

Fisch unter Haien

Natürlich hat der Ruhm auch seine angenehmen Seiten. Nur eine davon ist das Geld. Duchovny hat miterlebt, wie seine Mutter Jahr um Jahr arbeiten gehen mußte, um ihn und seine Geschwister zu ernähren. Jetzt verdiente er mehr Geld, als er ausgeben konnte, wenn auch nicht so viel wie Basketballstars oder die erste Liga der echten Leinwandgrößen. Und natürlich, wie Duchovny nicht zu erwähnen vergißt, bekommt sein Agent 20 Prozent und die Regierung 40, wobei für ihn weniger bleibt als die meisten annehmen. Er hat es mit Hemingways »Der alte Mann und das Meer« verglichen – all die kleinen Haie fressen die großen Fische auf, bis fast nichts mehr übrig ist.

Doch das Geld war sicher nicht der einzige Vorteil. Man lud Duchovny in die *Late Show With David Letterman* ein, was ihm wie eine »Übung in Surrealismus« vorkam, weil er die Show schon viele Jahre lang im Fernsehen gesehen hatte. Auch hier fühlte er sich unter Druck, nicht so sehr, weil er dachte, er müsse ehrlich sein, sondern weil er das Publikum zum Lachen bringen mußte. Auch die *Tonight Show* nahm von ihm Notiz. Er nutzte (obwohl er sich darüber schämte) sein gutes Aussehen aus, um für die Herbst-95-Nummer des Saks Fifth Avenue Designer-Katalogs zu posieren. In der MTV-Sendung *Rock & Jock* spielte er gegen einige Prominente Basketball. Und in der vermutlich trivialsten Anwendung seines akademischen Wissens trat er einmal auch in *Celebrity Jeopardy!* auf (wo er von Stephen King besiegt wurde).

Und dann kam *Saturday Night Live*. Trotz des langen, langsamen Abstiegs der Sendung (so gut wie keiner findet sie lustig) zieht sie doch noch genug junge Zuschauer an, die sich vor allem zuschalten, um den Gaststar zu sehen. Dort Gastmoderator zu sein ist eine der anerkannten Meilensteine einer Starkarriere. Duchovny stand mit den Darstellern eine Woche nervenzerfetzender Proben für die letzte Sendung der 1995er-Staffel durch, nach der er überzeugt war, daß aus der Show nur eine Katastrophe werden konnte. Er spielte sogar mit den Comedy-Autoren Basketball, um sie für sich zu gewinnen. Am Abend der Liveübertragung saßen dann sowohl sein Bruder Daniel als auch seine Schwester Laurie im Publikum, und es gelang Duchovny, sich im Verlauf der Sendung dem Platz seiner Schwester zu nähern und ihr mit einer Schnipp-Schnapp-Handbewegung zu signalisieren, daß er ihren neuen Haarschnitt mochte.

Die Show begann mit einer aufgezeichneten *Akte X*-Parodie, bei der mehrere Darsteller von *Saturday Night Live* behaupteten, sie seien von einem »Monster« angegriffen worden. Duchovny agierte als Agent Mulder, gab den Darstellern Anweisungen, als seien sie Scully oder andere FBI-Kollegen und stellte schließlich das »Monster« vor, das sich als einer der Darsteller, Chris Farley, herausstellte, der allen das Mittagessen geklaut hatte.

Während der ersten Werbeunterbrechung wartete Duchovny nervös hinter der Bühne auf seinen Auftritt zum nun folgenden Eröffnungsmonolog. Von begeistertem Applaus begleitet kam er im grauen Anzug heraus und begann damit, sich selbst ein wenig über seine Kinolaufbahn lustig zu machen, die noch keinen großen Hit gesehen hatte. »Ach ja«, fügte er hinzu, »außerdem spiele ich noch bei *Akte X*. Aber nur, um die Miete bezahlen zu können, bis *Neujahr in New York 2* kommt.«

Die folgenden Sketche lagen qualitativ zwischen passabel und scheußlich – mittlerweile der gewohnte Standard der Show. Duchovny trat als tumber Biker in einer Spielshow namens »Du glaubst also, du bist besser als ich?« auf und in einer Hommage an *Twin Peaks* als Frau mit Perücke, Kleid und Strumpfhosen (diesmal erlaubte er sich eine femininere Darstellung). Danach kam ein kurzer Auftritt als Batman-Mitstreiter »Robin« und eine Talkshow, in der er als Richard-Gere-Imitator auftrat. Egal ob er ärgerlich,

105

verwirrt oder angeekelt wirken sollte, Duchovny spielte Gere immer mit demselben Ausdruck leichten Mißfallens – eine kleine Anspielung auf die gelegentlichen Beschwerden über seinen eigenen angeblich ausdrucksarmen Stil. Insgesamt machte Duchovny sich zwar nicht lächerlich, hinterließ aber auch keinen so guten Eindruck wie andere Schauspieler, deren ebenso kolossale wie irrsinnige Bühnenpräsenz den Zuschauer das Fehlen eines guten Skripts vollständig vergessen läßt.

Im Anschluß an die Sendung gab der Produzent Lorne Michaels eine Party auf der Rockefeller Plaza-Rollschuhbahn, auf der die Prominenten in Scharen erschienen. Kevin Nealon, einer der *Saturday Night*-Veteranen, nahm Duchovny bei einem freundlichen Gerangel in den Schwitzkasten. So eingezwängt inmitten der funkelnden Crème de la Crème New Yorks sah Duchovny nicht sehr glücklich aus.

Mehr Spaß machte ihm der Auftritt bei der *Larry Sanders Show*, die er zu seiner Lieblings-Comedyshow erklärte. Diese Talkshowparodie konnte sich mit ihrem Zynismus und scharfem Humor eine kleine, aber geistig anspruchsvolle Fangemeinde aufbauen. Duchovny bat darum, sich selbst als miese Type spielen zu dürfen, und die Autoren der Show erfüllten ihm diesen Wunsch gern. Nachdem sein Auftritt erst nur ein paar Minuten lang war, beschwerte er sich hinter der Bühne bei Sanders und verlangte, noch einmal vor die Kameras gebeten zu werden. Mit dieser Darstellung eines unverbesserlichen Egomanen parodierte David Duchovny das, was er die »Verkindlichung von Schauspielern« nennt – Stars, die sich wie kleine Kinder benehmen, Wutanfälle bekommen und selbstsüchtige Forderungen stellen. In gewisser Weise war es eine Warnung an ihn selbst, die richtigen Maßstäbe nicht zu verlieren.

Bei all diesen Auftritten testet Duchovny seine Berühmtheit und versucht herauszufinden, warum er das Dasein als Star sowohl faszinierend als auch anziehend findet. Vielleicht hat er ja einen faustischen Pakt mit dem Teufel geschlossen, aber alles tut er noch lange nicht dafür. Vor allem weigert er sich standhaft, auf *Akte X*-Conventions zu erscheinen. Diese wurden von Creation Entertainment ins Leben gerufen, derselben Firma, die mit den *Star Trek*-Conventions so viel Geld verdient, und die erste Veranstaltung, zu der 2500 Teilnehmer erschienen, fand im Juni 1995 in San Diego statt. Dort und auf den vielen Conventions, die ihr folgten, bekamen (und bekommen) die Fans der Serie die Chance, Chris Carter, Gillian Anderson und andere Stars zu erleben, die mit Summen um die 15.000 Dollar für ihre Anwesenheit entlohnt werden. (Es werden dort auch T-Shirts, Videos, Comics und andere Fanartikel verkauft.) Duchovny wäre vermutlich die größte Attraktion, doch bis heute lehnt er es ab, seinen Bewunderern persönlich zu begegnen, vor allem weil es sich hier um die Leute handelt, die ihn am stärksten mit der Figur des Fox Mulder identifizieren. Außer seiner instinktiven Abneigung gegen solche Auftritte, die es den Fans erleichtern, ihn allzu sehr zu vergöttern, hält ihn auch die Überzeugung davon ab, daß sie ihn nur noch enger mit der Rolle verbinden und so seine Möglichkeiten für eine Karriere nach *Akte X* einschränken würden.

Epilog
Blick auf die vierte Staffel

Der anhaltende Erfolg von *Akte X* bedeutete, daß den Stars vor der vierten Staffel immer mehr Aufmerksamkeit zuteil wurde. Würde es Chris Carter gelingen, die Serie auch weiterhin frisch und originell zu gestalten? Fans und Kritiker diskutierten über ihren weiteren Verlauf. Edward Gross vom *Cinescape*-Magazin veröffentlichte im Sommer vor Beginn der vierten Staffel eine ausgedehnte Analyse, die darauf hinauslief, daß seiner Meinung nach das Thema Regierungsparanoia andere Aspekte der Serie verdrängt und sie damit verschlechtert habe (Carter war allerdings nicht dieser Ansicht). Eine andere Frage war die, ob Carter sich weiterhin selbst so intensiv mit *Akte X* beschäftigen kann, weil er mittlerweile an einer neuen Serie für Fox namens *Millennium* arbeite. Die übernimmt den alten *Akte X*-Sendeplatz am Freitag Abend, während diese Serie auf Sonntag verlegt wird, da an diesem Abend höhere Zuschauerzahlen zu erwarten sind.

Seit einiger Zeit ist bereits ein *Akte X*-Kinofilm im Gespräch, der Carter die Möglichkeit zu einer noch komplexeren Story, einem wesentlich größeren Budget für Special Effects und vor allem zu haushohen Gewinnen geben würde. Im Mai 1996 kam Carter dann endlich dazu, ein Drehbuch zu entwerfen. Zu dem Gedan-

ken, Mulder in einem Kinofilm zu spielen, hegt Duchovny mehr
als gemischte Gefühle. Zunächst lehnte er es rundheraus ab, mit
der Begründung, daß ihn ein solcher Film noch mehr an die Rolle
binden würde. Später mußte er allerdings zugeben, daß ihm der
Gedanke, jemand anders könne *seine* Rolle übernehmen, auch
nicht sehr zusagt.

Lange schon hat sich Duchovny nach einer neuen Filmrolle
gesehnt, und schließlich fand er die Zeit, sich für eine Non-Mulder-
Rolle besetzen zu lassen. In dem Film *Playing God* spielt er einen
scheiternden Arzt. Außerdem entwickelte er den Ehrgeiz, einmal
selbst Regie zu führen, fühlt sich aber bisher dieser Herausforde-
rung noch nicht gewachsen. In einem seiner berühmten sexuellen
Vergleiche sagte er, Filmregie sei wie Sex: Egal wieviel man darüber
auch liest, lernen kann man es nur durch praktische Erfahrung.
Auch hat er das Schreiben noch nicht ganz aufgegeben, ist aber
nicht länger davon überzeugt, daß es seine wahre Berufung darstellt: »Als Nur-Schauspieler fühle ich mich nicht ganz ausgefüllt.
Ich glaube, mein Leben wird auch weiterhin eine Folge von Versuchen bleiben. Ich habe es aufgegeben, darauf zu hoffen, daß ich die
eine einzige Sache finden werde, die mich zufrieden stellt.«

Im Sommer 1996 unterstützte Duchovny die Werbung für die
Serie wieder mit einigen Auftritten. Am selben Tag, an dem er
abends bei Letterman auftrat, war er morgens zu Gast bei Rosie
O'Donnells neuer Frühstücksfernseh-Talkshow. O'Donnell schien
an diesem Tag ausgesprochen aufgedreht, sie sprang herum, sang,
sprach mit dem Publikum, tat einfach alles mögliche, um die
Zuschauer bei Laune zu halten. Ganz im Gegensatz zu ihrer
Hyperaktivität schien Duchovny, als er dann auf die Bühne
schlurfte, kraft- und energielos. Er war unrasiert, sein zurückge-
kämmtes Haar war noch naß, als sei er eben erst aus der Dusche
gekommen, und seine müden Augen wollten sich offenbar einfach nicht recht öffnen.

Trotz (oder vielleicht wegen) dieses Aufzugs sah er verführerisch gut aus. Und es war klar, daß ihm an der Gunst des Publikums gelegen war, selbst wenn er sich nach außen hin herablassend gab. Er sprach über einige Fanbriefe, die er in Form von erotischen Puzzlespielen bekommen hatte (eine alte Geschichte, die er aber trotzdem sehr witzig vortrug). Er erzählte von den langen, ermüdenden Drehtagen und der Monotonie, die ihm die ewig gleiche Rolle auferlegt. O'Donnell fragte ihn in offensichtlicher Unkenntnis zeitgenössischer Literatur, ob er wirklich Gedichte schreibt und ob sie sich reimen oder nicht. Duchovny erwiderte, seine Gedichte seien »Müll«. Zwar sagte er, er meine damit, daß er sie auf Servietten und Papierschnipsel schreibt, die er dann unweigerlich verliert oder wegwirft, aber gleichzeitig scheint er absichtlich seine Dichtung degradieren zu wollen, indem er sich einredet, daß sie nichts wert ist.

Als O'Donnell Duchovny nach den Problemen fragte, die der Ruhm mit sich bringe, gab er zu, daß er in Hotels immer falsche Namen angibt, wie etwa Onesto Stubbs, Felix Bumperhumper, Coco Marx oder Moishe Miller (letzterer ist aus dem Vornamen seines Großvaters mütterlicherseits und dem Mädchennamen seiner Mutter zusammengesetzt). Dann sprach er auf seine typisch stille und immer leicht schmerzerfüllte Art über sein Leben als Star.

»Es ist schmeichelhaft und wunderbar, aber manchmal kann es einen auch erschrecken. Die Fans fordern auf eine sonderbare Art so viel von einem«, sagte er. Wenn sie ihm erklären, wie sehr sie ihn bewundern, weiß er einfach nicht, wie er angemessen reagieren soll, was er ihnen anbieten kann, das diese Bewunderung rechtfertigt. »Worauf es also hinausläuft«, fuhr Duchovny mit härterer Stimme fort, »ist, daß ich zu ihnen sage: ›Macht daß ihr wegkommt, aber schnell‹.«

Die Zuschauer lachten. Duchovny lächelte müde mit noch

immer halb geschlossenen Augen, als könnte er die Scheinwerfer nicht ertragen. Langsam gewöhnte er sich daran, daß das Publikum ihn auch dann noch mag, wenn er es beleidigt.

Er war dabei, zu einer echten Berühmtheit zu werden.

Literatur

EINLEITUNG: »David Duchovny« von Leslie Tucker, *Us* Juni 1992.

EINS: »David Duchovny« von Eirik Knutzen, Copley News Service; »Looking For Space Aliens (and Denying Yale)« von Maureen Dowd, *New York Times* 26. März 1995; Auftritt bei *The Late Show with David Letterman*, April 1996, Mitschrift aus dem Internet; »Going To X-tremes« von Michael A. Lipton, *People* 25. April 1994; »X-Files Undercover« von David Wild, *Rolling Stone* 16. Mai 1996; »The X-Man« von Scott Cohen, *Details* Oktober 1995; *Book Review Digest* 1970; Auftritte bei *The Tonight Show,* Mitschrift aus dem Internet; »Making Contact with David Duchovny« von Jenny Higgons, *Playgirl* April 1995; »Secret Agent Man« von Steve Pond, *Us* Juni 1995; Brian Lowry, *The Truth Is Out There. The Official Guide to The X-Files* HarperCollins 1995, deutsche Ausgabe: Brian Lowry, *Die Wahrheit ist irgendwo dort draußen. Das offizielle Kompendium* vgs verlagsgesellschaft 1996; Los Angeles Associated Press.

ZWEI: Higgons; Lipton; Lowry; »You're Not Going To Try To Take a Shower with Me, Are You?« *Entertainment Weekly* aus dem Internet; David Duchovny, *The Schizophrenic Critique of Pure Reason In Beckett's Early Novels* (Princeton B. A. Abschlußarbeit) 1982; Dowd; »Devil's Advocate« von Marc Shapiro, *Starlog* Mai 1994;

»David Duchovny« von Malissa Thompson, *Seventeen* Dezember 1995; Pond; Knutzen; »David Duchovny: The X-Files Star Who's Out There« von Scott Williams, Associated Press 19. Januar 1995; Cohen.

DREI: Dowd; Cohen; Lipton; Knutzen; Williams; »Gillian & Dave's X-cellent Adventure« *TV Guide* 11. März 1995; »X-Symbol« von Julianne Lee, *Starlog* Mai 1994; Thompson; Los Angeles A. P.; »Movies » von Bruce Williamson, *Playboy* 1989; Lowry; Tucker; Lee; Pond; »X-Files Dossier: David Duchovny,« *The X-Files Magazine* Winter 1996; »X-Factor Actor« von Jack Hitt, *Playboy* November 1995; *Tom Snyder;* «Coffee, Tea, and David Duchovny« von Rhonda Krafchin, *Pyrdonian Renegade* aus dem Internet; »The X-Files Dossiers,« *TV Zone* Mai 1996; *People* 10. Februar 1986.

VIER: Pond; Lowry; Lee; *The X-Files Magazine;* Krafchin; Cohen; »The X-Files« von James Martin, *America* 21. Oktober 1995; Los Angeles A. P.; Knutzen; Thompson; Auftritt bei *Rosie O'Donnell,* 18. Juli 1996. *Spectrum* Juli 1995; Leonard Maltin, *Leonard Maltin's Movie and Video Guide 1995* Signet 1994; Higgons; »Movies« von Bruce Williamson, *Playboy* 1991; Hitt; »Movies« von Bruce Williamson, *Playboy* 1991; »Religion Taken To the Breaking Point« von Janet Maslin, *New York Times* Sept. 30 1991; »The Rapture« *Variety.*

FÜNF: Maltin; »A Genuine X-centric«, *Entertainment Weekly* 2. Dezember 1994; »Paradise Lust« von Michael A. Lipton und Sue Carswell, *People* 15. Juni 1992; Lowry; Dowd; Los Angeles A. P.; Wild; Cohen; Higgons; Shapiro.

SECHS: Higgons; Wild; »A Private Conversation with Chris Carter,« Interview auf dem Video »Pilot/Deep Throat«; *Entertainment Weekly;* «Gillian & Dave's X-cellent Adventure« von Deborah Starr Seibel, *TV Guide* 11. März 1995; Lowry; Dowd; Shapiro; Knutzen; »X-Files Hunk Can't Stay Faithful« *Australian Women 's Day* 9. Oktober 1995; *The Tonight Show;* Radio Times Interview (British Broadcasting Company) aus dem Internet.

SIEBEN: Dowd; »A Genuine X-centric«; Shapiro; Thompson; Williams; Cohen; *Spectrum* Juli 1995; Lowry; Krafchin; Radio Times Interview; *TV Zone;* Seibel.

ACHT: Lowry; Shapiro; »X-Files Uncovered: An Interview with David Duchovny,« *Rolling Stone 1995 Rock&Roll Yearbook* (australische Ausgabe), aus dem Internet; *Tom Synder;* Krafchin; Thompson; *The Tonight Show;* Los Angeles A. P.; Radio Times; Lipton; Dowd; »You're Not Going To Try To Take a Shower with Me, Are You?«; Hitt; Cohen; Seibel; »Hollywords« von Philip Jackman, *Globe and Mail* 1. August 1996; »David Duchovny,« *Entertainment Weekly,* aus dem Internet; Lee; »Big Time: X-Files Star David Duchovny Looks For Praise in All the Wrong Places« von David Perry, *Cinescape Bd. 7,* 1995; Knutzen; Williams.

NEUN: Krafchin; Thompson; *Rolling Stone 1995 Rock&Roll Yearbook;* Cohen; Anderson; Dowd; Higgons; *The Late Show with David Letterman; The Tonight Show;* Hitt; Lowry; »You're Not Going To Try To Take a Shower with Me, Are You?«; Williams; Lee.

ZEHN: Seibel; Lowry; Martin; Higgons; Anderson; Lee; *TV Zone;* Cohen; Hitt.

ELF: Lee; *Tom Snyder;* Cohen; Lowry; Higgons; »David Duchovny,« *Entertainment Weekly; The Tonight Show; Rolling Stone 1995 Rock&Roll Yearbook;* Anderson; Wild; Hitt.

EPILOG: »David Duchovny,« *Entertainment Weekly;* Dowd; Hitt; Lee; Wild; *TV Zone; Cinescape* August 1996; *Rosie O'Donnell.*

Interview

David Duchovnys Auftritt in der ›Late Late Show With Tom Snyder‹ am 7. Juli 1995

TS: David Duchovny ist der Star einer der zur Zeit meistdiskutierten Fernsehserien, *Akte X*, jeden Freitagabend bei Fox. Erst wurde die Sendung als Kult gehandelt, aber als sie einen Golden Globe als beste dramatische Serie gewann, wurde die Kultserie zum Mainstream-Hit. Bevor du [*wendet sich an Duchovny*] heute zu uns gekommen bist, haben wir Infos von Leuten erhalten, die *Akte X* im Internet verfolgen. Wir haben die David Duchovny-Östrogenbrigade, Berichte über David Duchovnys Haustiere, seine bevorzugten Restaurants, sein Privatleben, seine Kleidung, einfach alles. Verfolgst du die Vorgänge im Internet?

DD: Ich bin ja wohl die Hauptinformationsquelle für diese Leute. Ein bißchen davon kriege ich mit. Sie schicken mir Blumen, wenn sie wissen, wo ich hingehen will, oder etwas ähnliches. Ich fühle mich von der ganzen Sache sehr geschmeichelt. Über die technischen Feinheiten der Informationsübermittlung weiß ich nicht Bescheid.

TS: Aber warst du schon einmal online mit diesen Leuten in Kontakt?

DD: Ja, einmal, und das nur sehr kurz. Es war, als ginge man in einen Raum, und alle begrüßen einen gleichzeitig, aber das war es dann auch schon. Nichts als »Hi David«, »Hi David«, »Hi David«, und dann mußte ich auch schon gehen, und es ging weiter mit »Bye David«, »Bye David«, »Bye David«. Am Ende kam nicht viel mehr dabei heraus, als daß David Hallo und Auf Wiedersehen gesagt hat.

TS: Und es gab keine weitergehenden Fragen darüber, wie du die Figur des Mulder aufgebaut hast oder wie die Serie angefangen hat?

DD: Nein, Gott sei Dank nicht. Da hat auch nicht viel Aufbau stattgefunden.

TS: Du bist noch nicht in vielen Interviews wie diesem aufgetreten. Vermeidest du das prinzipiell, oder hat es sich nur zufällig noch nicht ergeben?

DD: Nein, ich war schon in einigen Talkshows, aber noch nie in einer, wo ich ein echtes Gespräch führen konnte. Etwas in mir möchte das vermutlich auch vermeiden, weil natürlich eine gewisse Gefahr darin liegt, in einer solchen Situation zu viel über sich selbst zu verraten.

TS: Warum das?

DD: Ich denke, in einer Talkshow ist man vor allem ein Unterhaltungselement, jemand, der amüsant sein soll. Das wird von einem erwartet, so funktioniert eben Unterhaltung. Man muß nicht wirklich etwas von sich preisgeben. Es findet kein wirklicher Austausch von Mensch zu Mensch statt wie in einem echten Gespräch mit einem anderen Menschen. Das ist aber eine wesentlich beängstigendere Vorstellung.

TS: Ich würde dich gerne fragen, was für einen Einfluß *Akte X* auf die restliche Fernsehlandschaft haben wird. Wie viele Serien versuchen wohl in der 1995–96er Saison, das Konzept zu kopieren, weil sie derartig erfolgreich ist?

116

DD: Sicher – vermutlich verdienen etliche Leute ihr Geld damit, sich nach Trends zu richten und zu versuchen, Geld mit ihnen zu machen. Ich glaube aber kaum, daß es einen Science-Fiction-Trend oder so etwas gibt. Ich denke, *Akte X* ist eine gute Serie, und wer sie kopieren will, muß schon selbst eine gute Serie zu bieten haben. Wer einfach nur eine Science-Fiction-Serie macht, wird uns kaum kopieren können.

TS: Nein, aber wenn viele sich an einem Duplikat versuchen und dabei nicht so erfolgreich sind, würde sich das nicht nachteilig auf die Qualität der Serie auswirken?

DD: Nein. Es ist so ähnlich wie bei der Frage: »Sind die Rutles schlechter als die Beatles?« Nicht, daß wir die Beatles wären, aber der Vergleich ist immerhin schmeichelhaft. Hoffentlich werden wir dadurch auch so viel besser erscheinen. Vielleicht heißt es ja später einmal, daß solche Serien »falsche *X- Files*« sind oder so ähnlich.

TS: Du hast deine Ausbildung zielstrebig vorangetrieben, Englisch studiert und bereits an deiner Doktorarbeit gesessen. Bei einem Schauspieler, der ein so fleißiger Student war, frage ich mich, wieviel du davon wohl aus deinem Kopf verbannen mußtest, um Schauspieler sein zu können. Denn Schauspielen bedeutet ja eigentlich zu fühlen und nicht zu denken, nicht wahr?

DD: Das stimmt. Es ist viel instinktivere Arbeit. Das war wirklich komisch, als ich mit der Schauspielerei anfing. Ich war beinahe benachteiligt, so viele Schichten analytischen und kritischen Denkens mußte ich zunächst einmal loswerden. Alle Muskeln, die ich sozusagen herangebildet hatte, waren plötzlich nichts mehr wert und machten aus mir eher einen langweiligen als einen guten Schauspieler. Weißt du, die langweiligste Darstellungskunst ist die intellektuelle. Die aufregendste ist die instinktive. Was die Analyse von Drehbüchern, Handlungsverläufen und Spannungsbögen betrifft, hat mir meine Bildung vielleicht geholfen, aber nicht, was das Herz angeht.

117

TS: Bevor du dich auf die Schauspielerei gestürzt hast – falls man das so sagen kann –, was wolltest du als Anglist machen? Was war dein Ziel?

DD: Ich wollte schreiben. Ich habe meinen Doktortitel in Angriff genommen, weil ich wahrscheinlich nicht den Mut gehabt hätte, es ganz auf mich allein gestellt zu versuchen. Ich dachte, hier bist du in einem akademischen Umfeld, kannst die besten Bücher lesen und über sie schreiben und vielleicht kannst du in deiner Freizeit auch ein paar eigene Schreibversuche wagen. Das war mein Plan. An der Uni zu bleiben und später einmal zu schreiben.

TS: Warum ist es dann doch anders gekommen?

DD: Ich weiß es nicht. Nun ja, ich war in Yale und sah dort all die Schauspielstudenten, die anscheinend sehr viel Spaß hatten. Ich wollte Stücke oder Drehbücher schreiben und dachte mir, ich sollte erst herausfinden, wie gute Dialoge funktionieren, also begann ich zu spielen. Aber ich konnte nicht mit dem Herzen bei der Sache sein. Und je länger man mit etwas beschäftigt ist, bei dem man nicht mit ganzem Herzen bei der Sache ist, desto schwerer wird es, dabei zu bleiben. Wenn man das Glück hat, aussteigen zu können, dann sollte man es auch tun, und das habe ich getan.

TS: Warst du überrascht, daß die Serie in Kanada gedreht wird und dein Drehplan vierzehn Stunden Arbeit umfaßt? Leute, die die Filmarbeit nicht kennen, meinen, daß du fein raus bist. Die glauben, daß du nur ein paar Zeilen aufsagen brauchst und dann wieder nach Hause gehen kannst.

DD: Das war tatsächlich sehr überraschend für mich. Das Problem ist, daß niemand Beschwerden hören will, wenn man bei einer Fernsehproduktion arbeitet. Ich kann dir versichern, daß es sehr harte Arbeit ist.

TS: Was war das schwerste daran?

DD: Das schwerste daran ist diese Mischung aus reiner Arbeit, wo man vierzehn Stunden am Tag schuftet, und der kreativen, künstlerischen Tätigkeit. Niemand sagt je zu einem Maler: »Du mußt zehn Monate im Jahr jeden Tag vierzehn Stunden lang malen«, weil der Maler dann höchstens noch Strichmännchen zeichnen würde. Für mich besteht die Schwierigkeit darin, nicht in das schauspielerische Äquivalent von Strichmännchen zu verfallen. Es ist schwer, weil man sich so leer fühlt. Man arbeitet jeden Tag und kann sich nicht erholen. Es gibt Tage, an denen ich nach Hause gehe und weiß, daß ich nicht sehr gut war, aber ich muß mir trotzdem verzeihen, weil mir klar ist, daß ich auch nur ein Mensch bin.

TS: Wir kommen jetzt zu den Telefonanfragen.

Anruferin: Theresa aus New Haven, Missouri

TS: Hallo.

Anruferin: Ich würde gerne wissen, ob du demnächst irgendwelche Kinofilme planst.

DD: Das würde ich sehr gern, aber die Sommerpause dauerte nur sieben oder acht Wochen, und in der Zeit kann man leider keinen Kinofilm drehen. Ich hoffe, daß ich im nächsten Jahr einen machen kann. Also in unmittelbarer Zukunft gibt es bei mir erst einmal nichts außer *Akte X*.

TS: Aber du arbeitest doch auch noch fürs Fernsehen an *Red Shoe Diaries*?

DD: Ja. Man könnte sich eine ausgedehnte Videosammlung mit meinem Gesamtwerk anlegen, allerdings müßte man erst eine wirklich gute Videothek ausfindig machen, um all diese Low-Budget-Dinger, die ich gemacht habe, aufzutreiben.

Anruferin: Ich hab ein paar davon. *Baby Snatcher*

DD: Halt, das reicht. Da wollen wir doch lieber nicht ins Detail gehen.

TS: *Baby Snatcher*?

DD: Das war nur ein ganz unbedeutender Nebenverdienst.

TS: Wie war doch gleich der Titel?

Anruferin: *Baby Snatcher.*

DD: Nun zwing sie bitte nicht dazu, es noch ein viertes Mal zu sagen .

TS: Wenn sie das tut, bekommt sie heute unseren Hauptgewinn. (*Pause*) Eine Moderation bei *Saturday Night Live*. Wow!

DD: Ja, das war einmalig. Ich habe die gesamte Woche davor praktisch nichts gegessen. Ich war sicher, daß wir es nie über die Bühne bringen würden. Alle glauben das. Bis um neun Uhr dreißig, wenn die Show dann tatsächlich läuft, spürt man noch gar nichts. Man glaubt, man würde nervös sein, aber dann merkt man, daß sich die gesamte innere Energie auf diese Show konzentriert.

TS: Wie ist das, wenn man hört, daß sein Name angekündigt wird?

DD: Da steht man also hinter der Tür und testet noch einmal die Klinke, um ganz sicher zu gehen, daß sie auch aufgeht. Ein sehr intensives Gefühl, und man ist ganz davon erfüllt. Ganz sonderbar.

TS: Hat man von dir erwartet, daß du komisch bist?

DD: Ja, sie schreiben das Drehbuch ja irgendwie speziell für ihren Gaststar. Da ist es sehr hilfreich, wenn der dann auch wirklich komisch ist. Darum geht es schließlich in der Show. Es ist ein bißchen, als habe man es mit seinen Verwandten zu tun: »Kannst du irgendwen imitieren, Dave? Kannst du irgend etwas Komisches? Tiere nachmachen? Oder Prominente? Kannst du tanzen? Das kannst du nicht? Na, wir schreiben was für dich. Wir kriegen das schon hin. Kannst du einfach dastehen und ein bißchen komisch aussehen?«

TS: Warst du zufrieden mit der Show?

DD: Ja, sehr zufrieden. Ich fand die Sendung ziemlich gut und war sehr stolz darauf. Es hat mir auch viel Spaß gemacht.

TS: Danach gab's noch eine Party?

DD: Ja.

TS: Mit Drinks und allem?

DD: Ja, es war die letzte Party des Jahres.

Anrufer: *Jason aus Milwaukee, Wisconsin.*

Anrufer: Glaubst du dasselbe wie Mulder?

DD: Nicht unbedingt, und ganz sicher nicht so leidenschaftlich. Ich bin eher ein »Ich-glaube-was-ich-sehe«-Typ. Ich würde an UFOs oder Außerirdische glauben, wenn sie auf meinem Dach landen würden, aber das ist auch schon alles.

Anrufer: Glaubt Gillian Anderson im wirklichen Leben das, was Mulder glaubt? Verhaltet Ihr Euch also in Wirklichkeit gerade umgekehrt zu Euren Charakteren?

DD: Ich denke, sie steht der ganzen Sache etwas offener gegenüber. Nein, eigentlich stimmen wir völlig mit unseren Charakteren überein, nur haben wir das Gerücht in die Welt gesetzt, daß wir genau die unseren Charakteren entgegengesetzten Ansichten vertreten, damit die Leute glauben, daß wir gute Schauspieler sind.

TS: Wir haben hier einen Ausschnitt aus der Serie.

Ein kurzer Ausschnitt von Fox Mulder und Diana Scully, die mit Regenschirmen im Wald stehen. Plötzlich fallen Kröten vom Himmel.

TS: Die Serie *Red Shoe Diaries* läuft im Moment im Fernsehen. Du spielst da mit?

DD: Ja, richtig.

TS: Die Person, die du spielst, fragt sich, was Frauen wohl zu dem macht, was sie sind?

DD: Ja.

TS: Die Sendung ist als romantisches Drama bezeichnet worden?

DD: Ja. Softporno.

TS: Um was geht es denn in *Red Shoe Diaries*?

DD: Im Pilotfilm bringt sich meine Verlobte um, und ich finde hinterher ihr Tagebuch. Darin berichtet sie von einem Seiten-

121

sprung, was mich ziemlich verblüfft. Am Ende gebe ich dann eine Anzeige auf. Ich bitte darin Leute mit Geheimnissen, über die sie mit niemandem sprechen können, sie mir anzuvertrauen. Dem einsamen Mann mit dem Hund.

TS: [*lacht*] Heather aus Fort Nelson in British Columbia. Hallo…

DD: Oh, da finden unsere Dreharbeiten statt.

Es entsteht einige Verwirrung bei der Telefonverbindung. Die Anruferin versucht, ihre Frage zu stellen.

TS: Heather, deine Frage bitte?

Anruferin: Ähm, ich würde gerne wissen, ob den *Akte X*-Folgen echte FBI-Fälle zugrunde liegen.

DD: Das glaube ich nicht. Aber ganz genau kann ich das nicht sagen. Die Folgen basieren auf Geschichten, die sich die Autoren ausdenken. Ich bin sicher, daß sie dabei auch Zeitungsmeldungen heranziehen, aus denen sie eine Story machen können, aber so weit ich weiß, greifen sie nicht auf echtes Fallmaterial zurück. Wenn sie das täten, wäre es mit Sicherheit viel einfacher, so ein Drehbuch zu verfassen.

TS: Sicher. Und es gäbe auch wesentlich mehr davon. Bye, Heather.

DD: Bye.

TS: Also, Heather konnten wir schon mal von ihrer drückenden Last befreien. [*lacht*] In *Twin Peaks* hast du einen Transvestiten gespielt. Hat dir die Rolle Spaß gemacht?

DD: Ja, es war sehr lustig. Es passiert ja nicht so häufig, daß man einen BH, Strumpfhosen und ein Kleid tragen kann und auch noch dafür bezahlt wird.

TS: Ich weiß. [*lacht*] Mußtest du dich rasieren?

DD: [*lacht*] Ja, vom Oberschenkel abwärts habe ich mir die Beine rasiert. Das war sehr komisch, weil ich zu der Zeit regelmäßig schwimmen gegangen bin, um mich in Form zu halten. Unter der Dusche haben die anderen bestimmt so etwas gedacht wie »Wer ist wohl der Typ mit der Fell-Badehose?«

TS: [*lacht*] Ich schätze, die Bierwerbung ist mittlerweile Vergangenheit.

DD: Ja. Ja, mehr kann ich dazu auch nicht sagen.

TS: Brauchst du auch nicht. Unser Gespräch hat mir viel Spaß gemacht. Danke, daß du dir die Zeit genommen hast. Und noch ein besonderes Dankeschön für deinen großartigen Sinn für Humor.

DD: Oh, bitte sehr, gern geschehen.

Interview mit David Duchovny

von Diane Anderson

Es reicht nicht, daß es in Vancouver kalt und regnerisch ist, im Studio 5 lagern auch noch 110 Tonnen importierter Schnee, der für 200.000 Dollar künstlich gekühlt wird. Für einen Drehtag beim Fernsehen ist das ein unerhörter Aufwand. Aber was hier vorgeht, ist mehr als Fernsehen: Hier wird ein Freitagabendritual erschaffen, bei dem die Zuschauer am Schaurigen und Sakrosankten teilnehmen. Nach internationalen Lobpreisungen wie dem Golden Globe hat es sich die *Akte X*-Familie verdient, ein wenig verwöhnt zu werden. Einen extravaganten Polarschauplatz scheint sie den Geldgebern jedenfalls wert zu sein. Heute [31. Januar 1995] wird die Folge »Die Kolonie (Teil 2)« von Frank Spotnitz abgedreht, die am 17. Februar ausgestrahlt werden soll und den Zweiteiler beendet, an dessen Konzept auch David Duchovny beteiligt war. Wie Mulder verhält sich auch Duchovny zu gleichen Teilen sowohl leidenschaftlich engagiert als auch völlig unbeeindruckt, aber sein stimmlicher Ausdruck variiert schon lebhafter als bei der monotonen Figur, die er im Fernsehen verkörpert. Ihn und seinen Hund Blue habe ich in Vancouver (British Columbia, Kanada) getroffen, wo die Dreharbeiten zur Serie stattfinden.

Fox Mulder versus David Duchovny

David Duchovny: Ich soll mich mit drei Worten beschreiben? David William Duchovny. William ist der Name des Vaters meiner Mutter. Mein Vater hat immer das Lied gesungen *It Ain't Necessarily So*: »Little David was small, but oh my. He slew big Goliath who lay down and dieth«. Er behauptet aber immer, daß ich nach der David-Statue benannt bin. Hm. Das war seine Lieblingsskulptur und nach der bin ich benannt. Eine Statue. Ich habe dann versucht, meinen Darstellungsstil auch diesem Vorbild anzupassen.

Diane Anderson: Und bisher warst du auch recht erfolgreich als Schauspieler mit steinernem Gesicht?

DD: [*lacht*] Ach, ich weiß nicht.

DA: Bedeutet Duchovny auf russisch wirklich ›geistig‹ oder ›spirituell‹?

DD: Ein Ungar hat mir einmal gesagt, es bedeute ›Bekennender‹ oder ›Geheimer Geliebter‹. Ich mag alle drei Bedeutungen.

DA: Wie würdest du Mulder beschreiben?

DD: Das ist eine ziemlich schwere Frage, weil ich ihn ja in der Serie spiele. Ich glaube, andere könnten ihn besser beschreiben. Ich schätze, wir haben viele ähnliche Eigenschaften. Für mich verhält sich Mulder zu gleichen Teilen sowohl leidenschaftlich engagiert als auch völlig unbeeindruckt. So versuche ich ihn zu spielen. Er kann ganz in seiner eigenen Welt versunken und von allem anderen distanziert erscheinen und sich dann plötzlich sehr leidenschaftlich für etwas einsetzen. So sehen seine zyklisch wechselnden Launen aus.

DA: Und das siehst du auch in dir selbst?

DD: Ja, zumindest in meiner ganz speziellen Art von Pseudo-Zen-Anschauung, die auf leidenschaftliche Distanz hinausläuft. Das ist mein ganz persönlicher Pseudo-Buddhismus.

DA: Bist du praktizierender Buddhist?

DD: Eigentlich nicht. Ich sage deshalb pseudo, weil ich es nicht konsequent praktiziere. Es ist eher ein philosophischer Versuch. Ich versuche, stets daran zu denken, daß alles bedeutungslos ist – das ist natürlich keine sehr befriedigende Ausgangsposition. Man kann entweder zu dem Schluß kommen: Das ganze Leben ist bedeutungslos, also warum sollte ich noch irgend etwas unternehmen?, oder aber: Alles ist an sich bedeutungslos, und deshalb hat alles genau die Bedeutung, die man ihm gibt. Wallace Stevens ist dabei mein Mentor. Ich setzte also auf Tennessee, und das aus keinem anderen Grund als daß ich es im Moment eben so möchte.

DA: Du bist also der Kaiser der Eiscreme?

DD: Genau. »Am Ende des Scheinens sei das Sein«. Richtig? Stevens ist großartig. Ich mag auch Ashberry, obwohl ich manchmal Bekenntnisse und Sex in seinen Gedichten vermisse. Gelegentlich wünsche ich mir mehr Schmutz. Obwohl ich Dichter dafür respektiere, daß sie unglaublich machtvolle Lyrik erschaffen können, ohne sich auf irgendeine Persönlichkeit verlegen zu müssen, was ziemlich erstaunlich ist, haben einige Gedichte einfach kein Charisma. Andererseits gehört dazu eine Menge Mut und Integrität, wenn man bedenkt, wie wichtig heutzutage Charisma und Extreme und solche Dinge sind, wenn man etwas verkaufen möchte. Ich würde also gerne meine Aussage von eben zurückziehen und statt dessen behaupten, daß ich es großartig finde, daß in den Gedichten kein Sex und keine Persönlichkeit zu finden ist.

Über die Technik

DA: Du hast die Universität kurz vor dem Doktortitel verlassen. Nur deine Dissertation hatte noch gefehlt. Wann hast du dich entschlossen, Schauspieler zu werden?

DD: Du sagst das so, als würdest du einen Serienmörder fragen: »Wann ist es Ihnen zum ersten Mal in den Sinn gekommen, daß Sie Leute umbringen wollen?« Als ob du so etwas meinst wie: »Wann hast du beschlossen, der Welt dieses Elend anzutun?« [*lacht*] Als ich 26 oder 27 war. Ich steckte mitten im Studium. Meine Schwester ist gerade am selben Punkt in der New York University angekommen. Sie macht ihren M. A. in Erziehungswissenschaft, unterrichtet aber gleichzeitig, das wird also eine langwierige Angelegenheit.

DA: Das dauert tatsächlich lange. Aber du warst immerhin schon ganz kurz vor dem Ziel.

DD: [*lacht*] Ich habe immer geglaubt, daß ich Yale irgendwie peinlich gewesen bin, aber ich habe ein paar gute Arbeiten dort geschrieben.

DA: Mit welchem Thema wolltest du dich in deiner Doktorarbeit beschäftigen?

DD: Es sollte um Magie und Technik in der zeitgenössischen amerikanischen Prosa und Lyrik gehen.

DA: Bitte, erzähl uns mehr davon.

DD: Soll ich dir etwas verraten? Wenn ich sonst darauf zu sprechen komme, hat noch *nie* jemand weiter nachgefragt. Du bist die erste, die darüber mehr wissen möchte! Kein anderer Reporter will darauf näher eingehen. Überhaupt niemand will darauf näher eingehen.

DA: Soll ich denn nicht?

DD: Nein, nein, mach nur. Hm ... weißt du, darüber kann ich gar nicht so furchtbar viel sagen, weil ich nie sehr viel mehr als das Thema hatte. Ich habe es nie zu Ende gebracht ... also, im Großen und Ganzen war die Geschichte so – ich war der Meinung, das sei ein gutes Thema und würde vermutlich auch eine gute Dissertation hergeben. Ich habe im *New Yorker* eine Kritik über Christopher Lasch von Richard Rorty gelesen – die Kultur des Narzißmus.

127

Rorty hatte einige Punkte bei Lasch entdeckt, die gut in meine Arbeit paßten. Das hätte etwa so ausgesehen: Ich betrachte die Technik als eine Wissenssphäre, in der es keinerlei moralische Beschränkungen gibt. Was bedeutet, wenn man etwas technisch bewerkstelligen kann, dann tut man es auch. Wenn man eine Bombe bauen kann, dann baut man sie. Niemand sagt: »Wir sollten lieber keine Bombe bauen.« Ich glaube, es gab ein paar Filme über gewisse Stimmen, die uns gewarnt haben: »Vielleicht sollten wir diese Bombe lieber nicht bauen«, aber letztendlich war es immer so, wenn die technischen Möglichkeiten gegeben waren, haben die Menschen sie auch genutzt. Menschen sagen niemals »nein« zur Technik. Wissen Sie, was ich meine?

Die Magie ist andererseits eine sehr primitive Art von Technik, für die sehr viele Beschränkungen gelten. Es gibt die schwarze Magie, es gibt die weiße Magie. In der Magie sind sehr viele moralische Regeln zu beachten. Deshalb wollte ich die Schriftsteller genauer untersuchen, die Technik als einen magischen Bereich behandeln und ihr in diesem Sinn eine Moral zu verschaffen versuchen. Ich nahm mir Mailers *Of A Fire On the Moon* und bestimmte Stellen in seinem Gesamtwerk vor. Außerdem Pynchons *Gravity's Rainbow* und *V* und James Merrill, der *Changing Light At Sandover* und die vielen Gedichte mit Hilfe eines Ouija-Bretts geschrieben hat. Und dann noch Ishmael Reed, der ein sehr militanter Gegner der von ihm so genannten weißen Technik (etwa im Gegensatz zu afrikanischer humanistischer Zauberkraft) ist. Das wäre es in etwa gewesen. Ich weiß nicht, was daraus wohl geworden wäre. Du weißt ja, wie das ist, wenn man eine Arbeit schreiben will – da hat man eine wirklich große Idee, und sobald man anfängt, sie konkret auszuführen, wird sie zu etwas völlig anderem. Vielleicht wäre aus meiner Idee also etwas ganz anderes geworden. Ich weiß nicht, was.

DA: Was hällst du denn von Technik und moralischen Regeln?

DD: Ich glaube nicht, daß wir irgendeine Wahl haben. Es ist wie bei Doktor Faustus. Was man tun kann, das tut man auch. Es ist eine viel zu große Versuchung. Ich glaube nicht, daß Menschen die Willenskraft besitzen, die Technologie, die ihnen zur Verfügung steht, nicht einzusetzen. Ich meine, wer würde schon keinen Toaster benutzen? Man muß ihn einfach benutzen. Es gibt ihn, man möchte geröstetes Brot, also steckt man es in den Toaster.

DA: Ist das gut oder schlecht?

DD: Das kann ich so nicht entscheiden. Es kommt mir einfach unausweichlich vor. Ich finde es aber auch schade. Letztendlich werden vermutlich eine Menge von uns damit verletzt werden. Es sieht aus, als seien wir in einem Zeitalter angelangt, in dem der Traum der Technik darin besteht, die Menschen zu befreien. Sogar Marx wollte das mit ihr erreichen. Sie sollte uns mehr Zeit verschaffen und uns das Leben erleichtern. Doch die Menschen scheinen so hart zu arbeiten wie eh und je, auch wenn sie all diese Maschinen besitzen. Also sehe ich nicht, daß wir jemals an einen Punkt kommen könnten, an dem die Technik uns unser geistiges Leben erleichtert. Sie hat es uns physisch bequemer gemacht, aber ich bin mir nicht sicher, ob das wirklich so wundervoll ist, weil ich glaube, daß ein gewisses Maß an körperlichem Leid ganz gut ist. Ich schätze, das ist der Grund, warum heutzutage alle so wild auf Fitneß und Sport sind, sie vermissen einfach das körperliche Leiden. Wenn wir nicht zufällig einer physisch anstrengenden Tätigkeit nachgehen, setzen wir unseren Körper überhaupt nicht mehr ein. Wir spüren diesen großartigen Schmerz nicht mehr, sich als Tier zu fühlen, das seinen ganzen Körper einsetzt. Wir rennen in die Fitneßstudios wie Ratten und Mäuse. Es ist einfach noch genauso, wie es schon immer war. Immer schon hat sich jeder ein wenig verängstigt und entfremdet gefühlt. Das ist eben *la condición humane*. Trotz all unserer Apparate scheinen wir immer weniger Zeit zu haben, was mir sehr sonderbar vorkommt. Ich glaube, daß die Menschen sich bei ihrer Arbeit noch entfremdeter vorkommen, weil sie nicht länger wirklich mit anderen Menschen zusammenarbeiten, sondern nur noch per Telefon und Faxgerät. Das ist eine ziemlich große Entfremdung.

In L. A. habe ich einmal einen Sechsstundentag am Telefon verbracht. Natürlich kamen dabei die verschiedensten Emotionen auf, und hinterher wurde mir klar, daß ich die gesamte Palette menschlicher Gefühle mit nichts als einem Stück Plastik an meinem Ohr durchlebt hatte. Kein Mensch war wirklich bei mir. Ich glaube, daß die Menschen der Regierung schon immer mißtraut haben – was sie auch sollten. Vermutlich ist unsere Serie so beliebt, weil sie gleichzeitig intelligent und bedrohlich ist und außerdem gut unterhält. Ich bin nicht der Meinung, daß es sich um eine Art Zeitgeistphänomen handelt, wie so viele Journalisten behaupten.

Über das Schreiben

DA: Du hast deine Magisterarbeit über Samuel Beckett geschrieben, und jetzt drehst du hier die Akte-X Folge »Die Kolonie«.
DD: Diese Folge war tatsächlich irgendwie meine Idee. Ich hatte eine gewisse Vorstellung, die ich dann Chris unterbreitet habe, und er hat gesagt: »Das paßt gut zu einem Gedanken, mit dem ich schon länger spiele, versuchen wir mal, ob sie zusammenpassen«.
DA: Und haben sie zusammengepaßt?
DD: Sie haben, und zwar sehr gut. Jetzt müssen wir abwarten, was dabei herauskommt. Für mich wäre es noch aufregender, wenn ich die Zeit hätte, tatsächlich etwas davon selbst zu schreiben. Diese Zeit habe ich aber nicht. Um zu schreiben, muß man sich konzentrieren und dazu braucht man Zeit. Chris schafft das. Er

hat eine sehr schwere Aufgabe, schreibt und produziert gleichzeitig – er hat seine Finger überall drin. Es wäre für mich etwas unheimlich, weil ich mich benehme, als sei ich ein wirklich guter Autor. Ich würde bestimmte Drehbücher und Stories nicht akzeptieren können, und dann müßte ich meinen Mund halten und Kompromisse machen, was für mich ein wenig kritisch wäre.

Zum Glück mußte ich also nichts weiter tun, als eine Idee zu haben. Ich mußte nichts selbst schreiben.

DA: Würdest gerne selber eine Folge schreiben?

DD: Ich bin nicht ganz sicher, ob ich eine dieser Folgen schreiben möchte. Von meinem Leben geht schon derartig viel in diese eine Serie ein, daß ich wirklich nicht auch noch schriftstellerisch dafür tätig sein möchte. Ich würde gerne etwas anderes schreiben – etwas... etwas, einfach irgend etwas. Die Beschriftung auf einer Zahnpastatube, egal was, eine Müslipackung. Ich würde gerne den Werbetext für Colgate schreiben. Ich weiß nicht, ich hatte in den letzten Jahren schon einige Ideen, was ich gerne schreiben würde, aber andererseits wäre das auch eine ziemlich beängstigende Unternehmung, weil ich eigentlich wirklich glaube, daß ich gut schreiben könnte und daher nicht so begeistert von der Vorstellung bin, herausfinden zu müssen, daß ich es vielleicht doch nicht kann. Ich weiß nicht, ob ich dem schon gewachsen bin. Aber ich glaube tatsächlich, daß darin mein natürliches Talent liegt. Wie ich schon sagte, als Schauspieler muß ich mich immer wieder derselben Kritik stellen: ausdruckslos, zurückhaltend, reserviert. Beim Schreiben entwickele ich die entgegengesetzten Fehler. Ich bin dabei so etwas wie ein Mandarin, ich werde viel zu ausführlich. Mandarin. Das hat Charles Berger – auf der Universität war er mein Tutor – einmal gesagt. Ich habe damals einen Roman geschrieben – oder eher den Versuch eines Romans – und er hat gesagt, mein Schreibstil sei »mandarinisch«. Das werde ich nie vergessen. Jetzt mag ich Mandarin-Kragen. Ich bin also ein Mandarin. Alles, woran ich denke, muß unbedingt mit in den Text, aber an narrativer Struktur fehlt es so gut wie ganz. Als Schauspieler bin ich viel kritischer, was Erzählstruktur und Schnitt angeht – nehmt das wieder raus, ich will, daß es einen Sinn ergibt, eine Handlungslinie entwickelt. Beim Schreiben werfe ich einfach alles hinein. Mein Romanheld war jemand, der mir sehr ähnlich war. Ein Barkeeper. In New York. In der »Continental Bar«. Ein bißchen war es wie bei *Bright Lights Big City*. Ich habe in der dritten Person geschrieben und mich mit Drogen, Sex, Bewußtsein, den Mittachtzigern beschäftigt... muß ich noch mehr sagen? Aber das war okay. Es waren einige gute Passagen und ein paar sehr gute Kapitelüberschriften darin. Meine Kapitelüberschriften habe ich wirklich toll gefunden.

DA: Was war denn die beste?

DD: »The Spider and the Fly« [»Die Spinne und die Fliege« in der Doppelbedeutung von »Die Spinne und der Hosenschlitz«]. Es ging da um einen Traum, den der Held hatte und in dem jedesmal, wenn er versuchte, seinen Hosenlatz zu öffnen, eine Spinne zum Vorschein kam. In dem Traum mußte der Mann dringend urinieren, aber er konnte es nicht, weil bei jedem Versuch diese Spinne erschien, deshalb fand ich diese Überschrift lustig.

DA: Hast du Angst vor Spinnen?

DD: Nein, ich liebe sie nicht gerade, habe aber auch keine Angst vor ihnen. Ich stoße nur ungern unerwartet auf Spinnweben, weil man nie sicher sein kann, ob einem die Spinne nicht in die Kragenöffnung gefallen ist. Aber ich glaube, die Idee zu dem Buch kam aus einem meiner Träume.

Nun bin ich nicht gerade ein Bettnässer, und das Unterbewußtsein kontrolliert schließlich das Bewußtsein. Also habe ich geträumt, daß mein Gehirn diese Spinne schickt, die mich davon abhält, ins Bett zu pinkeln. Ich finde das wirklich interessant, daß selbst noch in der Traumwelt das Über-Ich, oder wie man die gesellschaftlichen Restriktionen nun nennen will, genug Macht über einen hat, um einem selbst im Schlaf seine Regeln aufzuzwingen.

DA: War »The Spider and the Fly« der Name deines Romans?

DD: Nein, der Titel war *Wherever There Are Two*. Als man Jesus nach der neuen Kirche fragt und wissen will, woran man denn eine Kirche erkennt, antwortet er, wo immer sich auch nur zwei Menschen in seinem Namen versammeln, dort sei eine Kirche. Der Kommunikationsaspekt ist das Wichtige daran. In einer zerspaltenen Familie reicht es schon, wenn zwei Menschen eine Verbindung herstellen. Ich nehme an, das Buch ist autobiographisch. Aber darauf möchte ich eigentlich nicht näher eingehen ...

[Wo wir gerade bei Hosenschlitzen sind: Für alle Anhänger der David Duchovny Östrogenbrigade, die endlos die Boxershort/ Slip-Frage diskutieren, kann ich bezeugen, daß ich einen schwarzen (oder war es ein grauer?) Boxerslip von Calvin Klein in David Duchovnys Garderobenwagen gesehen habe. Das bedeutet nicht, daß es eine religiöse Praktik oder auch nur seine bevorzugte Unterwäsche ist. Schließlich hatte er in irgendeiner Folge auch einmal dieses gräßliche Ungetüm an.]

Angst vor Beeinflussung

DA: Wodurch wirst du am meisten beeinflußt?

DD: Musik. Wenn ich eine Szene spiele, der ich eine bestimmte Atmosphäre oder Stimmung verleihen will, denke ich an die Musik, die meiner Meinung dazu passen würde. Manchmal ist es Musik, manchmal sind es auch Gemälde ... Ich trage hier ein Foto in meiner Tasche herum, das großen Einfluß auf mich hatte. Mit diesem Foto habe ich viel gearbeitet [er zieht eine Zeitungsseite hervor, die er aus dem *New Yorker* herausgerissen hat und die eine Richard Avedon-Aufnahme von Tenessee Williams zeigt]. Solche Dinge beeinflussen mich stark. Ich sehe mir dieses Gesicht an, und ich sehe einen solchen Schmerz und einen so entschlossenen Überlebenswillen – einfach umwerfend. Danach habe ich geschworen, daß ich nie Richard Avedon ein Porträt von mir machen lassen werde, weil er viel zu viel sieht. Ich glaube nicht, daß ich es ertragen könnte, so wahrheitsgemäß dargestellt zu werden.

DA: Bist du sehr vorsichtig mit deinen Äußerungen?

DD: Ein paar Bereiche muß man sich bewahren. Wer will schon sein wahres Ich von der Masse verschlingen lassen? Ich kann mir das einfach nicht sehr gut vorstellen. Ich versuche, zu Menschen, die mir nahe stehen, so aufrichtig zu sein wie ich nur kann. Eine der Besonderheiten der Schauspielerei ist, daß es vermutlich am meisten Spaß macht, auf sehr unehrliche Weise aufrichtig zu sein. Ich meine, man ist eben am aufrichtigsten, wenn man die Wahrheit als Lüge darstellt. Es muß ja nicht richtig sein, es muß nur wahr sein.

Scham

DD: Film- und Fernsehschauspielerei unterscheiden sich. Nicht in der Arbeitsweise, aber in der Arbeitszeit.

DA: Was war deine Lieblingsrolle? Oder bei welcher hast du dich am ehrlichsten gefühlt?

DD: Alle meine Projekte sind für mich wie Kinder, und ich möchte wirklich keines davon bevorzugen.

DA: Eines der Mottos deiner Serie ist »Vertrauen Sie niemandem«. Wenn du dich für jemanden (außer dir selbst oder deinem Hund) entscheiden müßtest, dem du wirklich vertrauen kannst, wer würde das sein?

DD: Da fällt mir als erstes mein älterer Bruder ein. Er hat mit mir zusammen an *Wilde Orchidee 3 – Red Shoe Diaries* gearbeitet, und ich bewundere seine Konzentrationskraft. Mit Geschwistern zusammen zu arbeiten, ist interessant. Es ist etwas anderes, wenn man vor Familienangehörigen etwas aufführt. Oder vor meiner Freundin [Perrey Reeves], die mit mir in der Vampirfolge gespielt hat. Es ist schon sonderbar, bei meiner Arbeit gebe ich mehr von mir preis als in meinem Privatleben. Meine Mutter hat mich einmal hier in Vancouver besucht. Sie war mit am Set, und ich mußte feststellen, daß ich nervös wurde und herumstotterte. Eine an sich ganz einfache Szene habe ich einfach nicht fertiggebracht, mir ist buchstäblich die Stimme weggeblieben. Ich nehme an, das liegt daran, daß ich mich geschämt habe.

DA: Erzählen Sie mir von der Scham.

DD: Ich schäme mich über die Schauspielerei als Beruf. Meine Mutter war nie – nun ja, jetzt, wo ich erfolgreich bin, ist sie es doch – also sie war früher nicht einverstanden mit meiner Entscheidung, meine akademische Laufbahn für die Schauspielerei aufzugeben. Es ist ein ausbeuterisches Geschäft. Man ist abhängig vom eigenen Charisma. Man verläßt sich auf sein Aussehen und den Klang seiner Stimme, um Geld zu verdienen. Das ist die erste Ebene der Scham. Der nächste Schritt ist ein wirklich tiefes Schamgefühl darüber, daß man anderen sein Gefühlsleben für Geld verkauft. Es ist gräßlich, wie emotionale Prostitution. Ich kann in Brando den Schmerz erkennen, wenn er sich zur Schau stellt. Er hat Schwierigkeiten, sich zu öffnen. Ich glaube, daß alle großen Schauspieler diese Schwierigkeiten haben. Ich hasse es, wenn Schauspieler allzu deutlich werden und den Zuschauern immerzu Hinweise dafür liefern, wann und wie sie reagieren sollten. Dann fühle ich mich immer wie ein Riesenlügner. Als ob man den Leuten sagen müßte: »Okay, jetzt werde ich weinen, also wißt ihr, die Zuschauer, daß an dieser Stelle Trauer angebracht wäre.«

135

Wenn ich etwas falsch mache, dann nur, daß ich mich zu sehr zurückhalte. In der Folge »An der Grenze«, der bisher vielleicht emotionalsten Episode überhaupt, gerät Mulder vor Wut völlig außer sich und muß an einer Stelle weinen. Ich habe dann an einer anderen Stelle geweint als im Drehbuch vorgesehen war. Mulder weint nicht in Anwesenheit des Menschen, um den er weint [Scully], er weint, als er allein ist. Ashberry sagt, daß die Kunst immer der ausgelassene Teil ist. Ich versuche, meine Signale wirklich in meine Darstellung zu integrieren, anstatt sie überdeutlich herauszustreichen – dann würde ich mich wirklich wie ein Mistkerl fühlen.

Die Vorteile der Schauspielerei

DD: Die Kehrseite der Medaille ist, daß es der tollste Beruf auf der Welt ist. Als Schauspieler kann man alles tun, was im wirklichen Leben verboten ist. Was man sich dort – wegen der Gesetze oder der Liebe oder der Rücksicht auf andere – versagt, ist vor der Kamera vollkommen in Ordnung. Ich kann schießen, jemanden töten, ich kann den Liebhaber meiner Frau verprügeln, ich kann dieses Mädchen oder auch jenen Kerl bumsen, wenn ich will. Als Schauspieler kann man all das einmal ausprobieren, ohne je Konsequenzen befürchten zu müssen.

Identitätskrise

DA: Hattest du jemals das Gefühl, daß deine Persönlichkeit durch die Figur, die du spielst, verdrängt wird?
DD: Ja, das ist ein bedrohliches Gefühl. Ich ärgere mich immer noch ein bißchen, wenn die Leute mir auf der Straße, »Hi Mulder«

hinterherbrüllen. Am liebsten würde ich antworten: »Ich bin nicht Mulder, du Arsch, das ist nur ein Job.« Ich werde wohl darüber hinwegkommen. Es scheint eine infantile Phase zu sein, die ich im Moment durchlebe. Mein Agent wirft mir auch manchmal vor, ich würde die Arbeit mit nach Hause nehmen: »Ach, du benimmst dich genau wie Mulder.« Und vielleicht tue ich das auch. Ich halte mich selbst nicht für diese Art Schauspieler. Vielleicht bin ich es aber doch.

DA: Entdeckst du manchmal noch neue Eigenschaften an deiner Persönlichkeit? Welchen Charakterzug von Mulder hättest du gerne selbst?

DD: Ja, ich sehe bestimmte Anteile von mir in Mulder. Aber Mulder macht sich nichts daraus, was andere von ihm denken – und darin liegt seine größte Stärke. Seine absolute Stärke ist, daß es ihm egal ist. Die ultimative Freiheit liegt darin, sich aus nichts etwas zu machen.

DA: Aber du machst dir etwas daraus?

DD: Oh ja! Ich muß mir etwas daraus machen, was andere von mir denken. Das verlangt mein Job, nicht wahr? In meiner Pseudo-Zen-Religion hoffe ich allerdings, einmal einen Punkt zu erreichen, an dem ich mir nichts mehr daraus mache, aber das liegt noch weit vor mir. Da bin ich lange noch nicht angekommen. Das könnte mein ultimatives Ziel sein. Die ultimative Freiheit – sich nicht darum zu scheren, was irgend jemand anders von einem denkt.

Basket- und Baseball

DA: Laß uns über Basketball reden – schaffst du es, den Ball mit einem Sprung ins Netz zu befördern?

DD: Nein.

137

DA: Wie groß bist du?

DD: Einsdreiundachtzig. Es ist zwar möglich, daß ein Mann dieser Größe es schaffen könnte, aber nicht dieser Mann. Ich habe gerade an Melville denken müssen. [*Pause*] In *Moby Dick* gibt es eine Szene, in der sie den Wal aufschneiden – die mit der überlangen, sehr detaillierten Beschreibung.

DA: Welche meinst du?

DD: Darin ist davon die Rede, daß ein Walpenis über einsachtzig lang ist. Und weil ich genauso groß bin, denke ich manchmal an mich selbst als an einem Walpenis. Manchmal bezeichne ich mich sogar so. Es ist vorstellbar, daß ein Walpenis beim Basketball einen Slamdunk hinkriegen könnte, aber nicht dieser Walpenis. Hey, kannst du das nicht ganz an den Anfang von deinem Bericht stellen? Duchovny betrachtet sich gern als Walpenis?

DA: Sag du es mir. Kann ich das?

DD: Ja! Ich wäre sehr enttäuscht, wenn du ein solches Zitat nicht verwenden würdest.

DA: Magst du die Knicks?

DD: Ob ich die Knicks mag? Ich liebe sie. Ich würde für die Knicks sterben. Ich würde mich für John Starks jederzeit vor einen Zug werfen. Bei *MTV Rock & Jock* habe ich mit Chris Webber zusammen gespielt.

DA: Tatsächlich?

DD: Er ist sehr gut. Aber noch lieber mag ich Cliff Robinson. Das war komisch, auf dem Spielfeld kam er mir immer ein wenig kindisch vor. Aber in Wirklichkeit ist er ein furchtbar cooler Typ. Oder Reggie Miller, den ich gehaßt habe, weil er die Knicks beinahe fertig gemacht hat. Also Reggie Miller ..., den mochte ich nicht, weil er mir immer so aufdringlich und laut vorkam. Ich war der Ansicht, daß es ihm an Persönlichkeit fehlt, und daß ihn die Medien nur aufgebaut haben, weil es keinen Michael, keinen Larry, keinen Magic mehr gab ... Also her mit Reggie. Shaq – von dem wissen wir noch nicht so recht, was er ist, auf alle Fälle ist er aber ein bemerkenswerter Spieler und hat schon ein Rap-Album herausgebracht. Aber Reggie Miller war für mich nichts weiter als eine der vielen Medien-Erfindungen, also haßte ich ihn. Als ich ihn traf, saß er auf einer Bank, und wie üblich hasse ich Leute immer nur als unbekannte Abstrakta, wenn ich sie dann aber persönlich treffe, verliebe ich mich gleich in sie, ich sehe also Reggie Miller und denke mir: »Es ist der verdammte Reggie Miller.« Also gehe ich zu ihm hin und sage: »Hi, ich bin David Duchovny, Reggie, nett dich kennenzulernen.« Und er: »Oh, ich weiß wer du bist! Ich sehe immer deine Sendung!« Und jetzt finde ich ihn einfach wunderbar.

Als ich nach dem Spiel dann gerade auf dem Weg zur Garderobe bin, fühle ich, wie mir auf einmal jemand auf die Schulter tippt. Ich drehe mich um, und es ist Reggie. Er fragt mich: »Könnte ich ein Foto von dir kriegen? Meine Schwester schaut heute zu, könnten wir uns vielleicht zusammen fotografieren lassen?« Ab da war ich endgültig völlig begeistert von Reggie, und ich habe ihm gesagt: »Jetzt wird es mir aber wirklich schwer fallen, dich nächstes Jahr bei den Entscheidungsspielen zu hassen.« Und er: »Mir wäre es auch lieber, wenn du mich nicht haßt.« Ich und Reggie. Ich reichte ihm gerade bis an die Achseln. Er ist dünn, aber er ist auch groß. Sehr dünn. Ich hätte nur daran denken sollen, mit ihm die Jacken zu tauschen, denn der Mädchenname meiner Mutter ist auch Miller, und wenn ich dann spiele – wir haben diese Jacken mit unseren Namen darauf – würde auf meiner Miller und auf seiner Duchovny stehen – wenn ich also nächstes Jahr spiele, frage ich ihn, ob wir tauschen können.

Telekommunikation

DA: Willst du nicht rangehen? [*Das Telefon klingelt*]

DD: Nö. Ich lasse mich hier anrufen, nur damit du denkst, ich sei irgendwie wichtig. Das ist also noch nicht einmal jemand, der mit mir sprechen will. Wie bei dieser Figur aus einem Congreve-Stück, der sich gern als wichtige Persönlichkeit präsentieren möchte und deshalb Nachrichten für sich selbst hinterläßt und sich selbst einen Wagen schickt, den er aber auch selbst fährt... aber da er sich zu Hause nicht antrifft, bleibt er im Wagen sitzen und wartet auf sich. Ich weiß nicht mehr genau. Ich mag die Vorstellung, daß er bei sich klingelt, aber nicht zu Hause ist und deshalb auf sich wartet. Genau das tue ich auch. Ist eigentlich irgend etwas von meinem Gerede interessant? Ich würde gerne wissen, ob ich vielleicht einfach nur ein Riesenlangeweiler bin.

Als ich zum zweiten Mal mit DD spreche, ruft er mich an einem Freitag an (24. März 1995).

DD: Ich bin gerade in der Badewanne, das Wasser läuft noch, und ich versuche, es warm zu bekommen. Ich habe heute frei. Ich gehe in die Badewanne, so oft ich die Möglichkeit dazu habe. Am liebsten hätte ich eine Mobilbadewanne, die ich überall mit hinnehmen könnte. Die Reporter fragen mich gern, ob ich schon immer Schauspieler werden wollte. Aber die Wahrheit ist, daß ich mit vier oder fünf Jahren meinem Vater, der mich gefragt hatte, was ich werden wollte, geantwortet habe, eine Badewanne. Ich kann mich nicht mehr erinnern warum. Ich wünschte, ich wäre noch das Kind, das sich so etwas ausgedacht hat. Die Erklärung meines Vaters war, daß ich damals diese vielen Plastikdinosaurier hatte, die mir sehr ans Herz gewachsen waren – ich war ein totaler Dinosaurier-Freak und kannte alle Namen auswendig. In die Badewanne nahm ich immer alle Plastikdinosaurier mit. Dann habe ich den Tyrannosaurus Rex gegen den Triceratops kämpfen lassen. Wer an einem solchen Tag auf eine Prügelei aus war, bekam sie auch. Mein Vater meint, durch meinen Wunsch, eine Badewanne zu sein, hätte ich sicherstellen wollen, daß ich nie ohne meine Dinosaurier auskommen müßte. Ich mag diese Erklärung, sie ist einfach und hält alles schön beisammen. Wenn mich heute jemand fragt: »Könntest du einen Rastafari-Priester spielen?« würde ich zunächst denken, daß mir eine solche Persönlichkeitserweiterung wohl nicht gelingen würde. Aber dann erinnere ich mich daran, daß ich eine Badewanne sein wollte, und das ist schließlich die drastischste Persönlichkeitserweiterung, von der ich je gehört habe. Also komme ich zu dem Schluß: Ja, das könnte ich schaffen.

DA: Was hast du über Geld gelernt?

DD: Als Schauspieler verdient man eine Menge Geld, aber man verliert auch eine Menge. Es ist in etwa so, als ob jemand versuchen würde, einem einen Paß zuzuspielen, aber es sind schon drei Verteidiger da, die den Ball abfangen, und das Ironische an der Sache ist, daß man selbst diese Verteidiger angeheuert hat, die sich alle ein Stück vom Ball genehmigen. Sie arbeiten für mich. Ich gebe nicht sehr viel Geld aus, also nehme ich an, daß ich viel spare. Aber die Gagenhöhen, die immer in der Zeitung stehen, sind nichts als eine Illusion. Ein Agent und ein Manager, das sind schon einmal 20 Prozent, und dann gehen noch 40 Prozent an die Steuer. Es dauert eine Weile, bis man selbst überhaupt Geld zu sehen bekommt. Es ist wie bei *Der alte Mann und das Meer*. Wenn man endlich den großen Fisch eingeholt hat, dann haben ihn die kleine Haie schon abgefressen. Die Gage eines Schauspielers ist ein Kadaver am Strand – ein großer Thunfisch, den die Haie gefressen haben.

DA: Fox Mulder loggt sich mit dem Comuterpaßwort TRSTNO1 ein.

DD: Ich wüßte noch nicht einmal, wie ich mich einloggen müßte. Ich bekomme aber bald einen Computer. Unser Produzent Chris Carter hat die Nase voll davon, daß ich immer noch keinen Computer habe und wird mir deshalb selbst einen kaufen. Ich gebe ihm das Geld dann zurück. Ein Powerbook.

DA: Wenn du deinen Computer hast, was wird auf der Festplatte zu finden sein?

DD: Ich weiß noch nicht einmal, was das bedeutet. Ich nehme an, ich werde irgend etwas Festes drauftun. Ich kann leider überhaupt nicht darüber diskutieren, weil ich rein gar nichts über Computer weiß.

DA: Deine Serie ist aber bei Internet-Benutzern sehr beliebt, und in deinem Wohnwagen steht ein Buch mit dem Titel *Internet für Dummies*. Irgendein Interesse an Kommunikationstechnik mußt du also doch haben.

DD: Die DDEB [David Duchovny-Östrogenbrigade] hat mir dieses Buch geschickt. Ich habe es noch nie aufgeschlagen. Kommunikation ist eine überschätzte Angelegenheit. Ich komme mit den Methoden, die mir bisher dafür zur Verfügung standen, sehr gut aus. Ich muß mit niemandem kommunizieren, den ich nicht kenne.

DA: Ich habe gehört, daß Delphi dich und deinen Co-Star Gillian Anderson online zu einer Gesprächsgruppe zugeschaltet hat.

DD: Ich finde, das war ein sehr befremdliches Abenteuer, weil alle so entsetzlich aufgeregt waren und überhaupt nicht glauben konnten, daß ich es tatsächlich selbst war. »Bist du wirklich David?« und »Hi, hi, hi.« Ich denke, wenn ich das noch einmal wiederholen und diesmal länger dabei bleiben würde, würde es anders laufen.

DA: Du mußt dich ja nicht als David Duchovny zu erkennen geben.

DD: Jeder, der etwas über sich selbst herausfinden will, ohne zuzugeben, daß er es selbst tut, bringt sich in Schwierigkeiten.

DA: Was ist für dich die verläßlichste Informationsquelle über die Welt?

DD: Meine fünf Sinne. Sind es überhaupt fünf? Meine sechs Sinne.

DA: Als Fox Mulder wirst du in alle möglichen geheimen Regierungsaktivitäten verwickelt. In *Akte X* sind Verschwörungen an der Tagesordnung. Was hältst du von unserer heutigen politischen Szene?

DD: Ich glaube, daß die Menschen der Regierung schon immer mißtraut haben, was sie auch sollten. Nach Watergate wäre *Akte X* sehr hilfreich gewesen. Und das aktuelle politische Klima? Mit all diesen Pennern da draußen? Ich kann mir kaum vorstellen, daß einer von denen kompetent genug wäre, eine derartig ausgeklügelte Vertuschungsaktion auf die Beine zu stellen, wie wir es ihnen in *Akte X* zutrauen. Idioten im Amt verderben unserer Serie wirklich den Erfolg. Ich hätte es lieber, wenn ein paar klügere Köpfe in der Politik zu finden wären, denn damit wäre der Serie sehr viel mehr geholfen. Ich schau mir Leute wie Orrin Hatch an und frage mich, wie hat dieser Kerl eigentlich seinen Highschool-abschluß geschafft?

DA: Wenn du dich über jemanden lustig machen wolltest, wer würde das sein?

DD: Jemand, der dringend mal einen Dämpfer benötigt. Vielleicht Newt Gingrich.

DA: Neuerdings hängen überall New-Twit-Plakate [Twit bedeutet Trottel]. Was hältst du denn von ihm?

DD: New Twit, das ist gut! Er ist dumm, ein echter Trottel. Aber ich bin froh, daß er in einer Machtposition sitzt, weil er elend versagen und es nie zu etwas Höherem bringen wird. Ich bin froh, daß er an einer Stelle sitzt, an der er dem Land zwar Schaden zufügen, es aber nicht zerstören kann. Langsam erkennen die Leute auch, was er wirklich ist. Newt ist ein Dummkopf. Ich glaube, wenn er

143

kompetenter wäre, würde unsere Serie unter den Top Ten rangieren. Amerika würde glauben, daß die Politiker uns Informationen vorenthalten, wenn sie nur intelligenter wären.

DA: Was ist deiner Ansicht nach an ihm das Schlimmste?

DD: Daß er sich selbst zu ernst nimmt und zu sehr an sich glaubt.

DA: Sind das für alle die größten Gefahren?

DD: Unbedingt. Newt will unsere Regierung wieder auf Vordermann bringen ... Ha! Er glaubt doch ernsthaft, daß er die Menschheit retten kann.

DA: Glaubst du, daß es überhaupt möglich ist, jemand anderen zu retten?

DD: Auf keinen Fall. Die Retter der Welt sagen uns, daß es bei uns liegt. Er sagt aber: »Genau hier liegt es – es steht in meinem Handbuch.« Und das von dem Mann, der Science-Fiction-Bücher geschrieben hat. Christus, Buddha und alle großen Lehrer der Welt sagen, ich kann euch nur gewisse Richtlinien mit auf den Weg geben, aber die Erfahrung des Glaubens und der Wahrheit ist eine sehr persönliche und äußerst schwierige Angelegenheit.

DA: Wie erklärst du dir den Erfolg der Serie?

DD: Ich glaube, daß die Leute unsere Serie mögen, weil sie intelligent und unheimlich ist und sehr gute Unterhaltung bietet. Sie versucht, wissenschaftlich glaubwürdig zu bleiben. Es ist die erste Serie, die versucht, im Angesicht des Unrealistischen und Surrealistischen realistisch zu bleiben.

DA: Die Methode der Serie sind die immer gleichen Vorstellungswelten, welche die Menschen als verwirrte Wesen in einem unverständlichen Universum zeigen. Sie ist das, was Martin Esslin als das Theater des Absurden bezeichnen würde.

DD: Ja, *Twin Peaks* hat auf witzige Weise aus den banalsten Dingen etwas Surreales gemacht. Wir machen nun aus den surrealsten Dingen etwas Banales oder zumindest Mögliches. Damit waren wir die ersten. Wir haben eindeutig eine Lücke geschlossen, und

DUCHOVNY UND SUZANNE LANZA

DUCHOVNY UND PERREY REEVES

CHRIS CARTER UND DUCHOVNY

jetzt gibt es jede Menge andere Serien wie *Sliders* und *VR-5*. Wir blockieren aber deren Weg, wir stecken sozusagen im Schlüsselloch. Hollywood versucht, sich Erfolgsrezepte zusammenzustellen, und ich bin nicht sicher, daß das die beste Strategie ist. Ich habe einmal an einem Seminar über die Literatur des 19. Jahrhunderts teilgenommen, und der Professor hat uns etwas über die Spezialisierung des menschlichen Körpers verraten. Er hat gesagt, daß die Achselhöhle eigentlich gar nicht existierte, bis man das Deodorant erfunden hat. Genau das ist mit unserer Serie passiert. »Oh mein Gott, es besteht ein Bedarf, den *Akte X* deckt, und der Bedarf ist bestimmt größer als die Serie. Wir müssen schnell viele ähnliche Serien produzieren.« Chris Carters wirklich brillante Idee war es, das »es« ernst zu nehmen und als mögliche Quelle seiner Dichtkunst zu betrachten. Er geht nicht herablassend an die Sache heran, sondern behandelt diesen paranormalen Stoff wie eine legitime Quelle menschlichen Strebens. Leute, die den üblichen Sci-Fi-Müll normalerweise ablehnen, mögen die Serie, weil sie ihr Thema nicht versponnen angeht. Die Wahrheit ist irgendwo dort draußen. *Dort draußen* – das heißt weit weg. Oder auch zwar weit weg, aber auffindbar. Ich persönlich glaube eher, daß die Wahrheit irgendwo hier drinnen ist. Ich denke, wir tragen die Wahrheit in uns. Aber wie viele Serien versprechen ihren Zuschauern die Wahrheit? Na los, finden wir sie. Freitag abend, 21 Uhr! Ein Mensch ist niemals glücklich. Er sucht immer nach mehr. Die Religionen bieten uns den Glauben an. Menschen mit wahrem Glauben sind eben gesegnet und wahrhaft glücklich.

DA: Woran hat dein Vater geglaubt?

DD: Mein Vater hat an Worte geglaubt. Und er hat uns beigebracht, sie zu würdigen, indem er uns Witze erzählt hat. Mein Vater ist Jude, und da ich hebräisch weder sprechen noch verstehen kann, hat er mir die Gebete phonetisch vorgesagt, wenn ich sie zum Beispiel für den Seder gebraucht habe. Aber ich habe nie eine Religion praktiziert. Ich glaube, das Leben hat genau den Sinn, den man ihm gibt. Buddha sagt, ich habe das ewige Leben [das ist übrigens ein Verweis auf den Film *Caddyshack*]. Das gilt eben auch für mich.

DA: Wenn du aus irgendeinem schwer vorstellbaren Grund nun nicht ewig leben solltest, mit was würdest du gerne der Menschheit im Gedächtnis bleiben?

DD: Mit meinem besonderen, individuellen Körpergeruch. Wenn man ein Buch oder ein Drehbuch schreibt, kann jeder hinterher dieses Werk in die Hand nehmen. Ich möchte, daß man sich an mich wegen etwas Vergänglichem erinnert.

DA: Was, glaubst du, ist das Merkwürdigste am Ruhm?

DD: Neulich spricht mich da dieser Typ an und fragt mich, ob er mir einen Drink spendieren darf, und ich habe geantwortet: »Nein, geben Sie mir einfach die fünf Scheine.«

DA: Das hast du nicht getan.

DD: Du hast recht. Aber ich werde demnächst damit anfangen.

Filmographie

Die Waffen der Frauen (1988)
Working Girl

Produktion: Douglas Wick
Regie: Mike Nichols
Drehbuch: Kevin Wade
Darsteller: Harrison Ford, Sigourney Weaver, Melanie Griffith, Alec Baldwin, Joan Cusak, Philip Bosco, Nora Dunn, Oliver Platt, James Lally, Kevin Spacey

Die typisch amerikanische Erfolgsstory von Tess McGills (Melanie Griffith) Aufstieg in die Welt der Hochfinanz. Sie gibt sich für ihre Chefin (Sigourney Weaver) aus und zeigt allen, was wirklich in ihr steckt. David Duchovny spielt eine Minirolle als alter Freund von Tess, der auf ihrer Geburtstagsparty in der alten Wohngegend vorbeischaut.

Neujahr in New York (1989)
New Year's Day

Produktion: Judith Wolinsky
Regie: Henry Jaglom
Drehbuch: Henry Jaglom
Darsteller: Maggie Jakobson, Gwen Welles, Melanie Winter, Henry Jaglom, Milos Forman

Drew (Henry Jaglom) kommt Silvester in New York an und findet in seiner neuen Wohnung die Vormieterinnen Lucy (Maggie Jakobson), Annie (Gwen Welles) und Winona (Melanie Winter) vor, die dort ihre Abschiedsparty feiern. Sie laden Drew einfach zur Party ein. David Duchovny spielt Lucys Ex-Freund Billy, wegen dem sie New York verlassen will. Nachdem Billy versucht hat, drei Frauen auf der Party zu verführen, schläft er mit Lucys Mitbewohnerin Annie. Daraufhin wirft Lucy ihn nackt aus der Wohnung. Maggie Jakobson und David Duchovny waren übrigens wirklich einmal liiert.

Todfreunde – Bad Influence (1990)
Bad Influence

Produktion: Steve Tisch
Regie: Curtis Hanson
Drehbuch: David Koepp
Darsteller: Rob Lowe, James Spader, Lisa Zane, Tony Maggio, Marcia Cross, Christian Clemenson

Wie schon der Titel verrät, geht es in diesem Film um Freundschaft und Korruption. Der ehrgeizige Yuppie Michael Bol (James Spader) freundet sich mit dem attraktiven Alex (Rob Lowe) an. Alex hat aber einen schlechten Charakter, was Michael zunächst

Duchovny und Henry Jaglom in *Neujahr in New York*

Eine heiße Szene aus *Dunkle Erleuchtung*
mit Mimi Rogers, Stephanie Menuez und Duchovny

anziehend findet, doch bald schon treibt es der gemeingefährliche Alex zu weit. David Duchovny spielt eine kleine Rolle als Barbesucher in Michaels and Alex' Stammkneipe.

Twin Peaks (TV-Serie, 1989–91)
Twin Peaks (1989–91)

Produktion: David Lynch, Mark Frost
Regie: David Lynch
Drehbuch: David Lynch, Mark Frost
Darsteller: Kyle MacLachlan, Michael Ontkean, Madchen Amick, Dana Ashbrook

In David Lynchs »unheimlich-erotischer« TV-Serie spielt Duchovny den FBI-Agenten und Transvestiten Dennis/Denise Bryson. Rosie O'Donnell hat Duchovny damit aufgezogen, daß er in *Twin Peaks* sehr ladylike erscheint, besonders wenn er mit dem Kopf wackelt, um etwas Luft unter seine Perücke zu lassen. Duchovny erwiderte: »Als ich die Rolle gespielt habe, beschloß ich, daß Frauen sich auch in Gesellschaft offener und hemmungsloser benehmen dürfen.«

Dunkle Erleuchtung (1991)
The Rapture

Produktion: Nick Wechsler, Nancy Tenenbaum, Karen Koch
Regie: Michael Tolkin
Drehbuch: Michael Tolkin
Darsteller: Mimi Rogers, Patrick Bauchau, Kimberly Cullum, Will Patton, Terri Hanauer, Dick Anthony Williams

Die deprimierte Telefonistin Sharon (Mimi Rogers) hat zusammen mit ihrem Freund Vic (Patrick Bauchau) Gruppensex mit Fremden, die sie in Bars aufgabeln. Einen davon, Randy, (David Duchovny) konvertiert Sharon, nachdem sie in die Fänge einer christlich-fundamentalistischen Sekte geraten ist, zum gläubigen Christen. Sie heiraten und bekommen eine Tochter. Doch Randy wird erschossen, und Sharon verliert ihren Glauben und versinkt in Depressionen.

Julia Has Two Lovers (1991)
Julia Has Two Lovers

Produktion: C.H. Lehenhof, Randall Davis
Regie: Bashar Shbib
Drehbuch: Bashar Shbib
Darsteller: Daphna Kastner, David Charles, Tim Ray, Clare Bancroft, Martin Donovan, Anita Olanick

Die Kinderbuchautorin Julia (Daphna Kastner) überlegt sich gerade, ob sie den Heiratsantrag von Jack (David Charles) annehmen soll, da erhält sie einen Anruf von Daniel (David Duchovny). Er behauptet, er habe sich verwählt, beginnt aber ein langes Telefongespräch mit ihr, das den ganzen Tag andauert und schließlich zu einer sexuellen Beziehung führt. Julia findet heraus, daß Daniel solche Anrufe als Masche benutzt und schon viele Frauen auf diese Weise verführt hat. Sie stellt ihn zur Rede, doch er beteuert, daß er sich wirklich in sie verliebt hat. Jack verläßt sie, und sie sagt Daniel, daß sie Zeit braucht, um ihr Leben neu zu ordnen. »Duchovny scheint den selben Typen zu spielen wie schon in *Neujahr in New York*, von der Sorte, die gut aussehen und es wissen, unter der aalglatten Oberfläche aber doch nicht so viel Selbstsicherheit besitzen« (Kevin Thomas, *Los Angeles Times*).

Duchovny und Daphna Kastner in *Julia Has Two Lovers*

Duchovny als Bruce in *Fast Food Family*

Fast Food Family (1991)
Don't Tell Mom the Babysitter's Dead

Produktion: Robert Newmyer, Brian Reilly, Jeffrey Silver
Regie: Stephen Herek
Drehbuch: Neil Landau, Tara Ison
Darsteller: Christina Applegate, Joanna Cassidy, John Getz, Josh Charles, Keith Coogan, Concetta Tomei, Kimmy Robertson, Jayne Brook

Der alte Teenager-Traum von der absoluten Freiheit wird für fünf Kinder wahr, als Mom in den Urlaub fährt und ihr Babysitter stirbt. Die älteste Tochter Sue Ellen (Suell) Crandell (gespielt von Christina Applegate) ergattert einen Traumjob im Modegeschäft. David Duchovny spielt Bruce, einen Angestellten derselben Firma. Es gelingt ihm schließlich, Sue Ellen als Betrügerin zu entlarven, aber sie ist bei den Kunden so beliebt, so begabt und gut in dem Job, daß bald alles vergeben und vergessen ist.

Denial (1991)
Denial

Produktion: Melanie Green
Regie: Erin Dignam
Drehbuch: Peter Nelson
Darsteller: Robin Wright, Jason Patric, Rae Dawn Chong

Eine freigeistig denkende junge Frau lebt nach der Begegnung mit ihrem Ex-Freund nur noch in der Erinnerung an ihn. »Die Rückblenden,« so Leonard Maltin, »sind praktisch nicht von der fortlaufenden Erzählhandlung zu unterscheiden.«

Baby Snatcher (TV-Film, 1992)
Baby Snatcher

Produktion: Carl Dunn Trussell
Regie: Joyce Chopra
Drehbuch: Susan Rhinehart
Darsteller: Veronica Hamel, Nancy McKeon, Michael Madsen, Penny Fuller, John Evans, Roger Bearde

Ein spannender TV-Thriller über das Thema Kindsraub. Bianca (Veronica Hamel) stiehlt Karen (Nancy McKeon) ihr Baby, um ihren Mann Cal (Michael Madsen) halten zu können. Karen findet bei dem harten Kampf, ihr Kind wiederzufinden, zu Unabhängigkeit und Stärke. David Duchovny spielt den erfolgreichen und egoistischen Geschäftsmann David, der mit Karen schon seit langem eine Affäre hat, aber nicht daran denkt, wegen ihr seine Frau zu verlassen.

Ein Hund namens Beethoven (1992)
Beethoven

Produktion: Joe Medjuck, Michael C. Gross
Regie: Brian Levant
Drehbuch: Edmond Dantes, Amy Holden Jones
Darsteller: Charles Grodin, Bonnie Hunt, Dean Jones, Nicholle Tom, Christopher Castile, Sarah Rose Karr, Oliver Platt, Stanley Tucci, Patricia Heaton, Laurel Cronin

Komödie über eine Familie, die einen Bernhardiner namens Beethoven bei sich aufnimmt, der zu gewaltiger Größe heranwächst und das ganze Haus durcheinander bringt. Obwohl sich der Vater (Charles Grodin) pausenlos über Beethoven beschwert, retten doch er und seine Familie ihren Liebling aus den Fängen

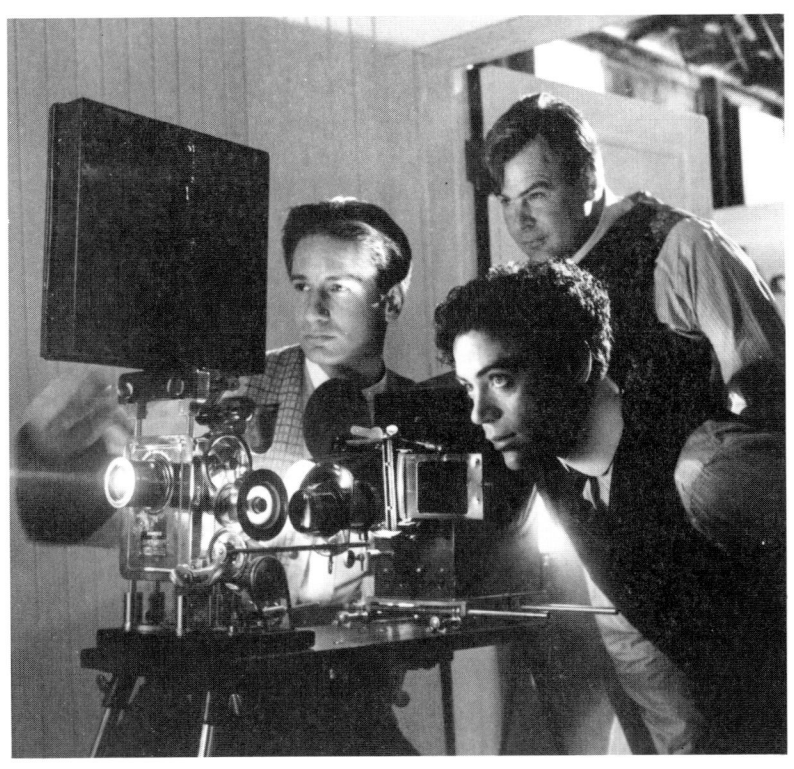

Duchovny, Robert Downey Jr. und Dan Aykroyd in *Chaplin*

Brigitte Bako mit David Duchovny in einer dramatischen Szene des Films *Wilde Orchidee 3 – Red Shoe Diaries*

des bösen Tierarztes Dr. Varnick (Dean Jones). David Duchovny spielt den üblen, versnobten Yuppie Brad.

Chaplin (1992)
Chaplin

Produktion: Richard Attenborough, Mario Kassar
Regie: Richard Attenborough
Drehbuch: William Boyd, Bryan Forbes, William Goldman
Darsteller: Robert Downey Jr., Geraldine Chaplin, Hugh Downer, Nicholas Gatt, Bill Paterson, Anthony Bowles

Das interessante und komplizierte Leben von Hollywoods größtem Komiker Charlie Chaplin (Robert Downey Jr.) ist das Thema dieses Richard-Attenborough-Streifens. David Duchovny spielt Rollie Totheroh, Chaplins langjährigen Freund und Kameramann.

Wilde Orchidee 3 – Red Shoe Diaries (1992)
Red Shoe Diaries

Produktion: David Saunders und Rafael Eisenman
Regie: Zalman King
Drehbuch: Patricia Knop und Zalman King
Darsteller: Brigitte Bako, Billy Wirth, Bridge Ryan

»Dieser Film«, so *Variety*, »besteht nur aus Form und entbehrt jeglichen Inhaltes. Er versprüht den Glanz eines übereifrigen Werbespots für ein Haarspray.« David Duchovny spielt in diesem Pilotfilm der danach gedrehten Fernsehserie den erfolgreichen Architekten Jake, der nach dem Selbstmord seiner Verlobten deren geheime Tagebücher entdeckt. Im weiteren Verlauf der Serie fungiert Duchovny nur noch als Off-Kommentator mit gelegentlichen Gastauftritten.

Ruby (1992)
Ruby

Produktion: Sigurjon Sighvatsson, Steve Golin
Regie: John Mackenzie
Drehbuch: Stephen Davis
Darsteller: Danny Aiello, Sherilyn Fenn, Frank Orsatti, Jeffrey Nordling, Jane Hamilton, Maurice Bernard, Joe Viterelli, Robert S. Telford, John Roselius, Lou Eppolito, J. Marvin Campbell, Richard Sarafian

Die Geschichte Jack Rubys, des Mannes, der Lee Harvey Oswald getötet hat. Ruby (Danny Aiello) wird als kleiner Gauner mit Mafiaverbindungen dargestellt, der Oswald erschießt, um die Verschwörung hinter der Ermordung John F. Kennedys aufzudecken. Statt dessen kommt er ins Gefängnis und bekommt nie Gelegenheit, seine Geschichte publik zu machen. David Duchovny hat eine kleinere Rolle als Officer Tippit.

Venice/Venice (1992)
Venice/Venice

Produktion: Judith Wolinsky
Regie: Henry Jaglom
Drehbuch: Henry Jaglom
Darsteller: Nelly Alard, Henry Jaglom, Suzanne Bertish, Melissa Leo, Daphna Kastner, Diane Salinger, Zack Norman, Marshall Barer, John Landis

Der unabhängige US-Filmregisseur Dean (Henry Jaglom) besucht das Filmfestival in Venedig, wo er der französischen Journalistin Jeanne (Nelly Alard) begegnet. Bei den Probeaufnahmen für die Besetzung seines neuen Films läßt Dean verschiedene Frauen offen über das Leben und die Liebe sprechen – direkt in die Kamera. David Duchovny spielt Dylan.

Kalifornia (1993)
Kalifornia

Produktion: Steve Golin, Sigurjon Sighvatsson, Aristides McGarry
Regie: Domenic Sena
Drehbuch: Tim Metcalfe
Darsteller: Brad Pitt, Juliette Lewis, Michelle Forbes, Sierra Pecheur, Gregory Mars Martin

Brian Kessler (David Duchovny) schreibt an einem Buch über berühmte Serienmorde und fährt um der größeren Authentizität willen zusammen mit seiner Freundin Carrie Laughlin (Michelle Forbes) quer durch Amerika nach Kalifornien, wobei sie an bekannten Mordschauplätzen anhalten und fotografieren wollen. Um die Fahrtkosten bezahlen zu können, nehmen sie das Proletenpärchen Early Grayce (Brad Pitt) and Adele Corners (Juliette Lewis) als Mitfahrer mit. Early ist, wie sich herausstellt, jedoch selbst ein Mörder und nimmt Brian und Carrie als Geiseln auf seine persönliche Mordtour mit, bevor es Brian schließlich gelingt, ihn zu töten. »Duchovnys Augen«, so Ira Robbins in *Newsday*, »haben denselben ausdruckslos animalischen Blick wie Richard Geres.«

Brad Pitt, Juliette Lewis, Michelle Forbes und Duchovny in
Kalifornia

Playing God (1997)

Duchovny spielt einen vom Glück nicht gerade begünstigten Arzt, der wegen seines Drogenproblems die Praxislizenz verliert. Mit Duchovny vor der Kamera steht Timothy Hutton. »Ich hatte keine Ahnung, wie die Leute von *Emergency Room* und *Chicago Hope* das schaffen«, erklärt Duchovny. »Aber jetzt weiß ich jedenfalls, daß *ich* Menschen aufschneiden kann. Ich wäre gespannt, wie *die* wohl mit Außerirdischen fertig würden.«

Sues freizügige Filmkritik

Ich bin ein Vidiot; ich werde nicht rasten und ruhen, bis ich alles auf meinen eigenen Kassetten gesammelt habe; die Vergangenheit unseres Helden auf Video zu bannen ist eine Leidenschaft. Nun also für euch, die Neugierigen:

Sues ganz persönliche Filmkritik

Neujahr in New York: Einer dieser New Yorker Quasselfest-Filme. DD spielt den miesen Freund der Wohnungseigentümerin, der drei Partygäste seiner Freundin anbaggert, bevor er dann mit ihrer Mitbewohnerin schläft. Total unverhüllte Nacktszene, als sie ihn ohne Kleider aus der Wohnung wirft. Die Einstellung zeigt ihn seitlich von den Knien aufwärts.

Julia Has Two Lovers: Eine sehr süße, romantische Liebesgeschichte. DD spielt einen Typen, der Frauen anruft und sie dann am Telefon verführt. Er und sie verlieben sich tatsächlich ineinander. DD ist entsetzlich jung, süß und *braungebrannt*. Ein Muß für alle, die herrlich blöde Romanzen mögen.

Dunkle Erleuchtung: Ein *sehr* schlüpfriger DD, er wirkt mit langem Haar und Lederlook sehr sexy. Möchtest du es ihn mit zwei Frauen gleichzeitig machen sehen? Möchtest du sehen, wie er es Mimi Rogers (unter der Bettdecke) mit der Hand besorgt? Bist du an ernsten religiösen Themen interessiert? Möchtest du sehen, wie DD in die Brust geschossen wird? Dann ist dieser Film genau das Richtige für dich. (Ich habe nur die Stellen aufgenommen, in denen er zu sehen ist, und auf den Rest verzichtet.)

Wilde Orchidee 3 – Red Shoe Diaries: Die Geschichte eines geschmackvoll gekleideten, reichen Mannes (DD) und seiner psychotischen Verlobten. Dieser Film war, hmm, ganz kuschelig, *aber* er hat eine unglaublich heiße (und ein wenig homoerotische), wunderschön gefilmte Basketballszene. DD sah niemals besser aus!

Red Shoe Diaries 4 – »Auto Erotica«: Sexy Softporno. DD beweist wieder einmal, daß er vor der Kamera klasse küßt. Vielleicht ein bißchen zu sexy, ich würde euch nicht empfehlen, das mit Mutti und Vati anzuschauen.

Eher etwas, um sich damit spätabends in seinem Zimmer zu verkriechen.

Kalifornia: DD sucht alte Mordschauplätze auf und hat auf seiner Reise quer durch das Land den Serienmörder Brad Pitt im Wagen. Nette Off-Kommentare von DD. Komisches Backenbärtchen, aber wie gewöhnlich sehr süß. Nicht allzu viel Sex, aber ein wenig gewalttätig. DD sieht in schwarzseidenen Boxershorts super aus!

... und für alle Besessenen ...

Ein Hund namens Beethoven, Chaplin: Kleinrollen, einmal als blöder Snob und einmal als Kameramann (sieht mit Hut und Knickerbockers aber furchtbar süß aus).

Die Waffen der Frauen ist reine Zeitverschwendung, er ist praktisch überhaupt nicht vorhanden. Außerdem tritt er in **Fast Food Family** auf, aber das vertrage ich leider nicht.

So, da habt ihr es. Wenn ihr ebenso begeistert von Gillian Anderson seid, möchte ich euch die Aufnahme von Anne Rices *Exit To Eden* empfehlen, bei der sie den Text liest. Eine bescheuerte Geschichte, aber GAs Stimme ... Wow.

Also, das war's dann!

MAD

169

171

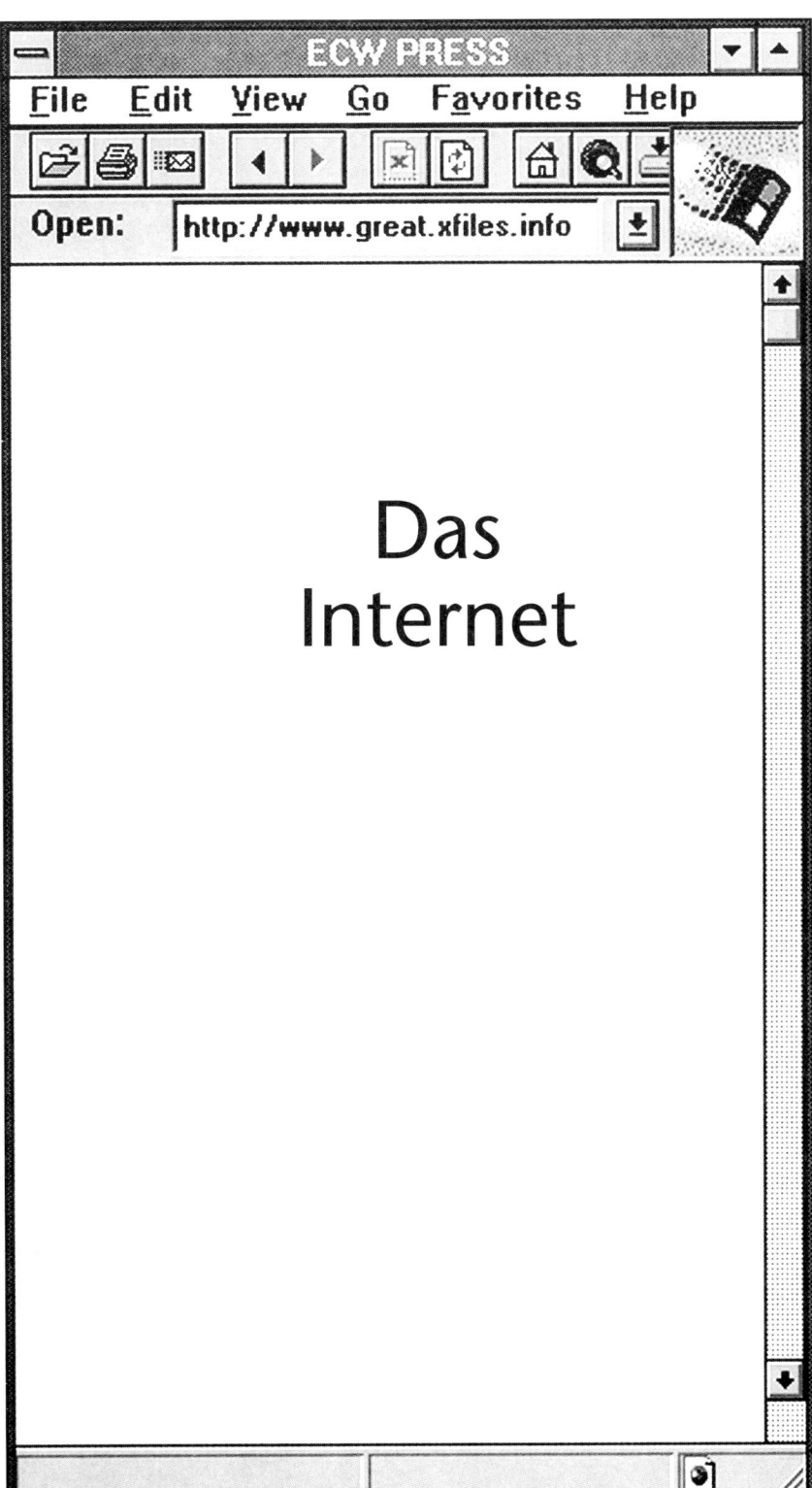

Internet-Gesprächsgruppen
Der Chat-Room

Das Internet hat es möglich gemacht, daß sich Diskussionsgruppen via Computer zu Direktgesprächen über ihre Lieblingsthemen treffen können: *Akte X* hat als Fernsehserie von dem explosionsartig gewachsenen Interesse an Internet-Zugängen nur profitieren können. Die Zuschauer können sich direkt zu den einzelnen Folgen oder den schauspielerischen Darbietungen äußern, und das bereits Minuten nach der Ausstrahlung. So tragen sie zu der sich stetig erweiternden Diskussion um den *Akte X*-Handlungsverlauf bei. Der Tenor, den solche Diskussionen vermitteln, gelangt von den Newsgroups auch in die Printmedien, da sie als richtungsweisend für die Auswirkung und wachsende Popularität der Serie und ihrer Darsteller gelten. *Akte X* im Internet wird sogar von der Serie selbst von Zeit zu Zeit ein wenig durch den Kakao gezogen, zum Beispiel als Mulder das Angebot der Lone Gunmen ablehnt, sich mit ihnen gemeinsam im Internet über sämtliche wissenschaftliche Ungenauigkeiten aus einer anderen Fernsehserie lustig zu machen. Die »Chat-Rooms« der Internet-Gesprächsgruppen, in denen von PC zu PC direkt kommuniziert wird, dienen als Foren für die verschiedensten Interessenten an der Serie und ihren Hauptdarstellern. Von den

Duchovny-Anbetern bis zu den Mythologie-Besessenen gibt es für jeden etwas zu besprechen.

Thema: Scullys Abduktion? Hi, ich bin gerade neu bei der Serie eingestiegen, und ich dachte, ich schau mal vorbei. Ich weiß, daß Scully eine Abduktion durchgemacht hat, aber wann? In welcher Folge? Und was ist da passiert? Seid mir nicht böse, ich bin eben noch Neuling!

Thema: Betreff: Scullys Abduktion. Scullys Abduktion findet am Ende von »Unter Kontrolle« bzw. am Anfang von »Seilbahn zu den Sternen« in der 2. Staffel statt. In »An der Grenze« kommt sie zurück. Diese drei Folgen sind TOLL – besonders, wenn man ein Fan von DD ist. Er hat einige Stunt-Szenen, und in »An der Grenze« ist er einfach umwerfend, besonders an der Stelle, als er glaubt, daß Scully sterben muß. Wenn man erst wenige Folgen kennt, würde ich dringend empfehlen, sich diese drei anzusehen, nur um ein Gefühl für die Serie zu bekommen.

Thema: DD ist der erotischste Mann der Fernsehgeschichte (Scullys Abduktion?) Wie kannst du nur DD in »Unter Kontrolle« empfehlen und nicht erwähnen, wie HEISS er aussah? Dieser Mann ist so sexy, der Freitagabend ist einfach gerettet. Außerdem ist er richtig intelligent. Die Vampirfolge »Drei« lohnt sich allein schon wegen ihm.

Thema: Betreff: DD ist der erotischste Mann der Fernsehgeschichte »Drei« war SCHEISSE. Welcher FBI-Agent würde denn einer Verdächtigen erlauben, ihn mit einem RASIERMESSER zu rasieren?! Die Vampirhandlung war völlig falsch, zumindest unzusammenhängend. Ich schätze, Mulder war einfach zu fertig wegen Scullys Entführung, um noch klar denken zu können. Ohne Scully gibt es eben keine vernünftige Akte X-Folge.

Thema: Beste/schlechteste Folge. Was sind eure Lieblings-Folgen? Meine ist der »Kolonie« Zweiteiler – DD hat an der Story mitgearbeitet, und die beiden Folgen haben viel über Mulders Background verraten. Wir lernen seinen Vater, seine Mutter und vielleicht seine Schwester kennen – typisch zerrüttete Familienverhältnisse! Kein Wunder, daß er so gern mit Mrs. Scully zusammen ist. Mulder würde alles tun, um die Wahrheit herauszufinden, und ich finde es absolut erstaunlich, wie weit Scully geht, um ihm zu folgen (und seinen Arsch zu retten). Formwandler, Klone, die Kolonialisierung der Erde durch Außerirdische, Akte X at its best.

Thema: Akte X-Shirts. Weiß irgend jemand, warum sie nur Mulder auf ein T-Shirt gedruckt haben und nicht Scully? Ist doch sonderbar. Hat jemand noch eingeschweißte Trading Cards von der zweiten Staffel, die er tauschen möchte?

Thema: Kennt jemand Kalifornia? In dem frühen Film Kalifornia gibt es ein sehr interessantes Sci-Fi-Crossover – Ensign Rho spielt auch mit! Gab es bei Akte X je eine Serien- oder Thrillkiller-Handlung? Ich glaube, ich habe einmal eine solche Folge gesehen, kann mich aber nicht mehr genau erinnern. Ich habe das Ende nicht mitbekommen und sie nie wieder zu sehen gekriegt.

Thema: Betreff: Kennt jemand Kalifornia? Vermutlich meinst du »Todestrieb« (Scully wird von einem Nekrophilen verfolgt) oder »Böse geboren«, die Folge mit der genetisch programmierten Mörderin. Beide sind sehr gut, nicht so wie die anderen Folgen mit dem Mythologie-Zeug. Es ist nett, Mulder und Scully zur Abwechslung einmal bei ordentlicher FBI-Arbeit zuzusehen. Hat irgend jemand etwas von Thomas Harris gelesen? Er hat *Das Schweigen der Lämmer* geschrieben. Es ist ja klar, daß Scully an Clarice Starling erinnern soll, aber Mulder ist seinerseits dem anderen FBI-Agenten, über den Harris geschrieben hat, Will Graham in *Roter Drache* ziemlich ähnlich. Graham ist ein brillanter, aber unberechenbarer Kriminalpsychologe, der sich in die Köpfe der Mörder versetzen kann, etwa wie Mulder in Folgen wie »Groteske«. Fragt sich sonst noch jemand, was Mulder vorhat, wenn er seine Schwester endlich gefunden hat? Bedeutet das dann irgendwie das Ende der Serie und das war's? Will er Scully dann einfach mitten im Fall sitzen lassen und mit Samantha in den Sonnenuntergang verschwinden? Oder sucht er dann nach etwas noch Bedeutenderem?

Thema: Mulder und Scully und das Ende der Serie Was sie auch immer am Ende der Serie vorhaben, sie sollten Mulder besser nicht mit Scully im Bett landen lassen. Das wäre so billig. Mir ist egal, was die Beziehungsbefürworter sagen, es wäre einfach zu OFFENSICHTLICH, die beiden zusammenzubringen, und Akte X war noch nie offensichtlich. Sexuelle Spannung ist gut, aber Sex ist langweilig. Ich meine nicht im wirklichen Leben, aber im Fernsehen. Wißt ihr noch, wie schlecht *Das Modell und der Schnüffler* geworden ist, nachdem die beiden tatsächlich Sex hatten? Den Fehler sollten sie bei Akte X nie machen.

Thema: Mulder im Eisenbahnwaggon Wie hat Mulder es geschafft, aus dem Eisenbahnwaggon herauszukommen, nachdem der Cigarette-Smoking Man ihn in Brand gesteckt hatte? Habe ich etwas verpaßt, oder ist er einfach irgendwo zwischen dem Ende von »Anasazi« und dem Anfang von »Das Ritual« oder wann auch immer da raus gekommen? Und haben sie jemals erklärt, was es mit all den Leichen da unten auf sich hatte? Waren das Außerirdische oder Hybriden oder was? Ich fürchte, ich habe den Anfang der Folge auch irgendwie verpaßt. Wie fängt eurer Meinung die neue Staffel wohl an? Ist ja diesmal kein solcher Cliffhanger wie beim letzten Mal.

Thema: Betreff: Mulder im Eisenbahnwaggon Ich kann da genau wie du auch nur raten, ich nehme an, er ist durch irgendein Abteil entkommen, war aber schwer verletzt, deshalb mußten dann die Navajo dieses Ritual mit ihm durchführen. Ja, ich frage mich auch, was sie da noch draufsetzen wollen. DD hat auch an dieser Story mitgearbeitet, nicht?

Thema: Betreff: Mulder und Scully und das Ende der Serie SCULLY KANN IHN NICHT HABEN, ER GEHÖRT MIR!!

Thema: Schlechteste Folgen Ich finde die Folge mit dem Fluch und den Katzen war einfach nur SCHLECHT. Wie ernst soll man denn eine X-Akte nehmen, wenn es so offensichtlich ist, daß Mulder und Scully von Pappkatzen angegriffen werden? Das ist ja fast so schlecht wie Dr. Who. Oder hat irgend jemand herausgefunden, was genau in »Höllengeld« passiert ist? Diese ungeklärten Fälle sind ja schön und gut für die Agenten, aber was ist mit uns? Woher sollen wir denn wissen, was da los ist?

Thema: Betreff: Schlechteste Folgen Auch die schlechten Folgen wie diese Katzenfluchgeschichte sind nie absolut grauenvoll – irgend etwas ist auch daran immer noch sehenswert. Ich habe nie das Gefühl, daß ich mit Akte X eine Stunde meiner Zeit verschwendet habe. DD hat vielleicht ein oder zwei gute Dialogzeilen, oder GA sieht aus, als habe sie ein für allemal die Nase voll von diesen Fällen oder der Schauplatz ist einfach überzeugend. Sogar die lahmen Episoden sind sehenswert. Man hat nie das

Gefühl, daß man diese Stunde gerne zurück hätte (Das nehme ich allerdings unter Umständen wieder zurück, wenn Mulder und Scully je eine Beziehung anfangen).

Thema: Andere Arbeiten von DD? In welchen Filmen hat DD noch große Rollen? Der einzige, den ich gesehen habe, ist Kalifornia, und der war okay, hat auf der großen Leinwand bestimmt auch sehr gut gewirkt. War ganz lustig, daß er darin einen Akademiker spielt, nicht? Kann man irgendwie herausfinden, wo er noch mitgespielt hat?

Thema: Fallschauplätze Hat irgend jemand eine Liste der Staaten, in denen die Fälle spielen? Und welche Staaten erscheinen dabei am unheimlichsten (mit den meisten Besuchen von Mulder und Scully)? Ich versuche gerade, meinen Urlaub zu planen, und ich möchte wissen, wo ich am ehesten von Außerirdischen entführt oder getestet werden könnte.

Thema: Betreff: Fallschauplätze Bisher sieht es so aus, als ob die meisten Fälle in New Jersey spielen (2), aber ich bin nicht ganz sicher. Ich weiß, daß es nur einen einzigen Fall im Ausland gegeben hat (Totenstille spielt bei Norwegen). Wenn man die Bücher und Comics mit dazu rechnet, liegt New Mexico um Längen vorn, aber das liegt wahrscheinlich nur an Roswell. Wieviele Informationen kann man eigentlich über den Roswell-Zwischenfall bekommen? Man liest viel darüber, aber hat irgend jemand eine richtige Bibliographie? Man kann natürlich nachlesen, daß es bloß ein Wetterballon war, aber ich weiß, daß es noch mehr geben muß.

Das Akte X-Trinkspiel

Von Matt Schulte

(http://netaccess.on.ca/~bnelson/
FBI-XFD/xfls.html)

Und so wird's gemacht: Sobald eines der Ereignisse eintrifft, nehmt ihr die unten angezeigte Menge eines Getränks eurer Wahl zu euch.

1 Schluck

- Jedesmal, wenn Scully die inneren Organe einer Leiche untersucht.
- Jedesmal, wenn Mulder oder Scully über ihr Handy einen Anruf bekommen, der NICHT von ihrem Partner kommt.
- Jedesmal, wenn ein Blitzlicht, das so grell ist, daß es mindestens eine Autobatterie benötigt, in einem völlig dunklen Raum eingesetzt wird.
- Wenn Mulder bemerkt, daß etwas paranormal begründet sein könnte, und jemand anders glaubt, er mache einen Scherz.
- Wenn Mulder ganz zufällig von einem völlig unbekannten Fall oder einer unbekannten Tatsache zu berichten weiß, die ganz zufällig dem Fall, an dem sie arbeiten, ähnelt.

- Jedesmal, wenn Mulder beschließt, es müßte Spaß machen, sich allein an einen dunklen Ort zu wagen.
- Jedesmal, wenn Scully politische oder wissenschaftliche Fakten beisteuert.
- Jedesmal, wenn Mulder und Scully sich trennen, und Scully irgendwelchen Unwichtigkeiten hinterherjagt, so daß sie alles Wichtige verpaßt und Mulder hinterher kein Wort glaubt.

2 Schlucke

- Jedesmal, wenn eine mysteriöse Gestalt am Ende einer Folge auftaucht, um Mulder davon abzuhalten, die Wahrheit zu erfahren/um ihr Leben zu retten.
- Jedesmal, wenn jemand etwas über Mulders Schwester weiß, es ihm aber nicht verraten will.
- Wenn ein Computer etwas tut, was Computer nie tun.
- Wenn irgendwo die Zahlen 11/21 erscheinen, die dem Geburtstag von Chris Carters Ehefrau entsprechen.
- Wenn Mulder mit seinem Vornamen angeredet wird.
- Jedesmal, wenn der Cigarette-Smoking Man sich eine Zigarette anzündet.
- Jedesmal, wenn Mulder die Abduktion seiner Schwester erwähnt.
- Wenn Mulder Sonnenblumenkerne kaut.

3 Schlucke

- Wenn Mulder »Spooky Mulder« genannt wird.
- Wenn Deep Throat oder Mr. X auf den Plan gerufen werden.
- Wenn M und S sich streiten.

4 Schlucke

- Wenn ein UFO in Scullys Anwesenheit auftaucht.
- Wenn jemandem während einer Autopsie schlecht wird.
- Wenn Scully beschließt, es müßte Spaß machen, sich allein an einen dunklen Ort zu wagen.

Ereignisse, die besondere Maßnahmen erfordern

- Mulder und Scully klettern zusammen in die Kiste: Ersäuft euch in eurem Drink.
- Der Fall wird vollständig gelöst, keine unbeantworteten Fragen bleiben offen, am Ende stellt sich heraus, daß der Geist, der in dem Haus spukt, ein Mann mit Maske ist, der versucht, den Preis des Grundstücks zu drücken, und zum Schluß helfen Scooby Doo und seine Kumpels aus: dito.

X Marks the Spot

Die Akte X-Drehorte in Vancouver im Überblick

Von Laurel Wellman

(http://www.vanmag.com/9408/XMarks.html)

In der Kultfernsehserie *Akte X* bereisen die Special Agents Scully und Mulder den ganzen Kontinent, verfolgen UFOs, Mutanten und untersuchen finstere Regierungsmachenschaften. Aber nur wenige Zuschauer wissen, daß Scully (Gillian Anderson) und Mulder (David Duchovny) in Wirklichkeit nie aus dem kleinen Bezirk herauskommen, der als »The Grid« – »das Gitter« bekannt ist. Es ist nicht die Area 51 in Nevada, sondern die Zone in der Tiefebene British Columbias, in der Filmcrews arbeiten können, ohne Reisegebühren bezahlen zu müssen.

Wir haben Todd Pittson, einen der beiden Location Managers von *Akte X* gebeten, mit uns eine Führung zu machen.

1. Drehort: City Square Einkaufszentrum, 12th and Cambie
Handlungsort: Bürogebäude, 66 Exeter Street Baltimore

Der Mutant Tooms baut sich in der Folge »Ein neues Nest« unter einer der Rolltreppen des Einkaufszentrums ein Nest aus Pappmaché und Gallenflüssigkeit. Es könnte sein, daß die Kunden sich auf der Rolltreppe ein wenig unwohl fühlen, nachdem sie gesehen haben, wie das Monster zwischen den Stufen zerquetscht worden ist.

2. Drehort: Buntzen Lake, Port Coquitlam
Handlungsort: Lake Okobogee, Iowa

Die Ordnungshüter in British Columbia würden es vermutlich nicht gerne sehen, daß ein UFO die Bäume auf öffentlichem Gelände ansengt, also hat die Requisite einige verbrannt aussehende Bäume nachgebaut, zum See transportiert und für die Folge »Signale« im Park ausgestellt.

3. Drehort: Iona Island Abwassverwertungsanlage
Handlungsort: Newark Kläranlage, New Jersey

12 Drehstunden waren hier an einem kochend heißen Tag im

Juli für die *Akte X*-Crew ein bißchen viel. Zum Glück hat sich Mulders Ahnung, daß aus der üblen Brühe ein russischer Mutant auftauchen würde, als zutreffend erwiesen.

4. Drehort: Simon Fraser University, Burnaby, B. C.
Handlungsort: FBI-Zentrale, Washington D. C.

Alle, die schon immer über die brutale Architektur des von Arthur Erikson entworfenen Campus genörgelt haben, müssen zugeben, daß der zugige Bau letztlich doch noch eine geeignete Bestimmung erhalten hat. Achtet auf Einstellungen der SFU-Fassade, die als J. Edgar Hoover Building präsentiert wird.

5. Drehort: Lighthouse Park, West Vancouver
Handlungsort: Olympic National Forest, Washington State

Mutierte (jawohl, schon wieder) Insektenschwärme verschlingen in Folge 19 »Der Kokon« einen Trupp hilfloser Holzfäller. V-Männer planen eine verdeckte Sprühaktion zu ihrer Bekämpfung, also: Trinkt nicht aus dem Wasserhahn!

6. Drehort: Power Tech Labs, Inc., Surrey
Handlungsort: Streng geheime Regierungsanlage, Mattawa, Washington

Nachdem ein irakischer Kampfflieger ein UFO über der Türkei abgeschossen hat und ein überlebender Außerirdischer in einem Täuschungsmanöver nach Mattawa gebracht wird, nehmen die Agenten die Verfolgung auf. Die Power Tech Labs sind übrigens eine Regierungseinrichtung von British Columbia. Und was geht dort vor sich? »Irgendeine Art Forschungsarbeit«, meint Pittson achselzuckend. Hmmmm.

7. Drehort: Steveston Village, Richmond
Handlungsort: Kenwood, Tennessee

Es sind kaum ein paar Wochen vergangen, daß der Ort Steveston Maine als Heim für gemeingefährliche, transsexuelle Aliens gedient hat, da ist er schon wieder Schauplatz eines Mordes, als ein Wunderheiler die Mächte der Finsternis bekämpft. Noch mysteriöser ist, daß Coquitlams Riverview-Krankenhaus plötzlich darin auftaucht.

8. Drehort: Versatile Shipyards, im Norden von Vancouver
Handlungsort: Hafenviertel Maryland

Mulder entdeckt in einem verlassenen Lagerhaus Beweismaterial für ein Projekt, bei dem Menschen mit Außerirdischen gekreuzt werden, aber die bösen Jungs von der geheimen Regierungsorganisation schaffen alles rasch fort, bevor er es irgend jemandem zeigen kann.

9. Drehort: Boundary Bay Airport, Ladner
Handlungsort: Allens Airforce Base, Idaho

Trotz der Warnung von Deep Throat, einem geheimnisvollen Informanten mit Verbindungen zur CIA, versucht Mulder, einem Test der US-Luftwaffe mit auf UFO-Technologie basierenden Flugzeugen auf die Spur zu kommen. Und ihr habt gedacht, das wären bloß Cessnas...

Top Ten-Listen

Von Lain Hughes

(http://www2.netdoor.com /~ lainh/XFtopten.html)

Die zehn besten Möglichkeiten, wie sich andere Serien den Ruhm von *Akte X* zunutze machen können.

10. Roseanne behauptet, von Außerirdischen entführt worden zu sein.

9. Die gesamte »Baywatch«-Besetzung ist in Wirklichkeit aus den Restbestandteilen von Cher geklont worden.

8. Die »CBS Evening News« ersetzen Connie Chung durch einen Yeti.

7. Jay Leno behauptet, daß sein riesiges Kinn das Ergebnis von geheimen Regierungsexperimenten sei.

6. »Larry King Live« ändert den Sendetitel zu »Unheimliche Begegnung der Larry Art«

5. Der rätselhafte Nachbar bei »Hör mal, wer da hämmert« ist in Wirklichkeit Deep Throat.

4. In »Seinfeld« findet Kramer ein Implantat von Außerirdischen in seinen Haaren.

3. In einer ganz besonderen Episode der »Simpsons« erzählt Schuldirektor Skinner von einer außerkörperlichen Erfahrung, die er in Vietnam gemacht hat.

2. Regis sucht nach Außerirdischen, während Kathie Lee die Autopsien übernimmt.

1. Dr. Niles Crane fängt an, allein mit seiner Willenskraft Feuer zu entzünden.

Zehn Dialogzeilen, die ihr vermutlich niemals in *Akte X* zu hören bekommt.

10. »Der Außerirdische spricht, Agent Mulder... Ich glaube, er möchte nach Hause telefonieren.«

9. »Klar, wir könnten diese Leute umbringen lassen, damit sie nie verraten, was sie wissen... aber ist das nicht ein bißchen zu rigoros?«

8. »Das habe ich schon einmal gesehen, Scully. Sein Name ist Casper, und er ist ein sogenanntes ›freundliches Gespenst‹.«

7. »Schauen Sie unter die Maske... das ist kein Seeungeheuer... es ist Mr. Handy, der Besitzer des Old Country Store!«

6. »Mein Gott! Zu dieser Verschwörung gehören alle drei Gabor Sisters!«

5. »Nun, Agent Mulder... Sie haben uns erwischt. Wir werden natürlich voll und ganz mit Ihnen kooperieren. Was möchten Sie wissen?«

4. »Es wird Sie freuen zu erfahren, Assistant Director Skinner, daß ich auf Nikotinpflaster umgestiegen bin.«

3. »Der Präsident möchte Sie beide auf der Stelle sehen. Sein Cheeseburger ist besessen.«

2. »Und es hätte auch geklappt, wenn ihr blöden FBI-Agenten euch nicht eingemischt und alles verdorben hättet.«

1. »Nanu, wir haben uns doch tatsächlich geirrt... Die Regierung hatte wirklich nur unser Bestes im Sinn!«

Akte X-Suchworträtsel

Von John R. Potter

(http://www.neosoft.com/~jrpotter/xfiles.gif)

```
L  I  V  E  K  E  C  Y  R  K  X  E  L  A  M
D  A  N  A  S  C  U  L  L  Y  E  B  O  R  P
D  E  E  P  T  H  R  O  A  T  E  M  X  R  O
E  S  M  Y  S  T  E  R  I  O  U  S  E  A  F
S  S  N  V  K  I  L  L  E  R  C  N  G  N  U
T  M  P  I  Y  D  O  B  D  N  N  E  E  A  D
N  O  E  R  V  U  D  E  E  I  N  D  N  M  E
E  K  R  E  O  E  R  I  K  T  U  E  E  N  I
M  I  R  P  S  C  L  S  R  G  G  A  T  U  F
I  N  A  O  J  A  R  B  M  I  X  T  I  G  I
R  G  Z  R  B  E  C  F  F  U  T  H  C  E  S
E  M  I  T  T  I  B  F  X  E  L  U  S  N  S
P  A  B  L  T  L  U  C  C  O  I  D  A  O  A
X  N  A  I  C  E  G  A  T  S  O  H  E  L  L
E  W  P  A  R  A  N  O  R  M  A  L  C  R  C
```

AGENT	CORPSE	HOSTAGE	PROBE
ALEX KRYCEK	DANA SCULLY	KILLER	REPORT
ALIEN	DEATH	LONE GUNMAN	RITUAL
BIZARRE	DEEP THROAT	MR. X	SMOKING MAN
BODY	EVIL	MULDER	UFO
CASE	EXPERIMENTS	MURDER	WALTER SKINNER
CHIEF BLEVINS	FBI	MYSTERIOUS	
CIA	GENETICS	OCCULT	
CLASSIFIED	GUN	PARANORMAL	

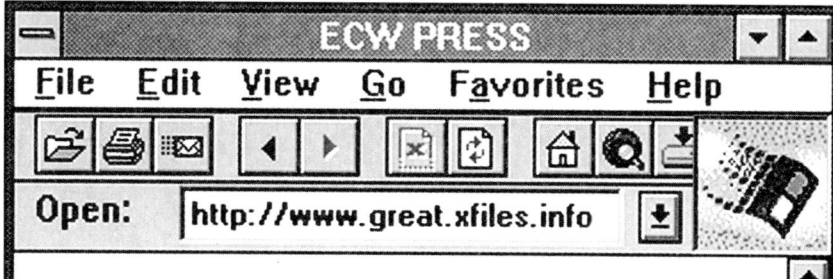

Internet-Adressen

World Wide Web Sites

Folgende Sites sollten euch eine ungefähre Vorstellung von der ungeheuren Popularität der Serie *Akte X* und ihren Darstellern vermitteln. Außerdem gibt es hier hübsche Links zu themenverwandten Bereichen (Regierung, UFOs, paranormale Forschung, Vancouver...)

http://www.thex-files.com
Die offizielle *Akte X*-Site von Twentieth Century Fox.

http://chaos.taylored.com/sites/x-files.html
Hier kann man schön viel über Newsgroups und Mailing Lists erfahren, die sich mit der Serie oder mit Duchovny befassen.

http://www.rutgers/edu/x-files.html
Eine der ersten Sites, die zur Serie entstanden sind.

http://www.webcom.com/munchkyn/x-files.html
Die Site einer der Betreiberinnen der DDEB FAQ (David Duchovny Estrogen Brigade Frequently asked questions – die häufigst gestellten Fragen über David Duchovny). Außerdem schreibt sie die Quizfragen für den »X-Test« auf der Fox-Site.

http://www.exit109.com/~fazia/DDEB.html
Die Original-DDEB-Seite. Hier fing alles an.

http://www.eden.com/~miri
Die DDEB3-Site.

http://www.squidge.org/duchovniks
Die Site der Duchovniks.

http://www.neosoft.com/sbanks/xfiles/xfiles.html
Sehr interessante *Akte X*-Site, unter anderem mit Links zur FBI-Homepage.

http://web20.mindlink.net/a4369/mq.htm
Habt ihr euch schon einmal gefragt, wo *Akte X* eigentlich gedreht wird?
Auf dieser Site findet ihr den *Akte X*-Reiseführer für Vancouver, British
Columbia.

http://cfn.cs.dal.ca/~ae387/X-Files.htm
Diese Site der Canadian Maritimes stellt viele interessante Links zu Informationsquellen über sonderbare und unerklärte Phänomene zur Verfügung.

http://www.cs.unibo.it/~cobianch/index.html
Italienische Site.

http://bundy.hibo.no/~Larsen/x-files/x-files.html
Zweisprachige norwegische Site.

http://www.stack.urc.tue.n/~danny/x-files/x-files.html
Niederländische Site (in englischer Sprache).

http://miage.unice.fr/~mathery/index.html
Einsprachig gehaltene französische Site, die sich sehr von den amerikanischen unterscheidet.

http:/lwww.ozemail.com.au/~chengmy/xfiles/xf.html
Site aus Singapur.

http://www.geocities.com/Hollywood/4256/
Diese malaiische Site bietet Links zu Informationsquellen über unerklärte Phänomene.

http://www.cs.mu.oz.au/~simc/xfiles.html
Eine der zahlreichen australischen Sites.

http://www.unix-ag.uni-kl.de/~kleinhen/xfiles/x-files
Ideal für alle, die etwas über deutschsprachige Mailing Lists und Newsgroups erfahren möchte.

http://wwwdzp.pp.se/x-files
Site in schwedischer Sprache.

Insider-Witze

Von Laura Witte

(http://www.nashville.com/~subterfuge/xfiljoke.html)

Hier kommt mein Versuch, eine Liste der Insider-Witze und Anspielungen aus *Akte X* zusammenzustellen. Ich persönlich kann nicht behaupten, besonders viele von ihnen erkannt zu haben. Ein paar habe ich zwar selbst beim Zuschauen herausgesucht, eine ganze Menge stammen aber auch aus den zahlreichen Diskussionen der Newsgroup alt.tv.x-files. Noch mehr kommen aus dem hochinformativen Buch *Die Wahrheit ist irgendwo dort draußen: Das offizielle Kompendium* von Brian Lowry, sowie aus den Artikeln von Paula Vitaris in der *Akte X*-Sonderausgabe von *Cinefantastique* (Oktober 1995). Da diese Liste zunächst in der Newsgroup erschienen ist, stammen viele Beiträge auch von Online-X-Philes.

Ich bin ziemlich sicher, daß die Liste trotz all unserer Bemühungen noch nicht vollständig ist, also sind alle zusätzlichen Beiträge und/oder Verbesserungen höchst willkommen. Noch einmal ein großes Dankeschön an alle, die uns bereits geholfen haben. Die Nachrichten sendet ihr bitte an: Laura.witte@nashville.com.

ACHTUNG: In dieser Liste sind ein paar spannungsverderbende Auflösungen enthalten, aber jede Folge ist klar gekennzeichnet. Nur auf eigene Gefahr lesen.

Letztes Update am 28. Juli 1996.

195

Pilotfolge

11.21: Unser allererstes 11.21 – auf Scullys Wecker am Ende der Folge. Und jetzt alle im Chor: Der 21.11. ist das Geburtsdatum von Chris Carters Frau.

10.13: Ich schätze, das ist eine gute Gelegenheit, zu erwähnen, daß der Name von Chris Carters Produktionsfirma »Ten Thirteen« auch seinem eigenen Geburtstag entspricht: Dem 13.10.

11.21: Autopsiezeit: 11.21 (Der Geburtstag von Chris Carters Frau)

»I made this«: Die in 10.13-novo gesprochenen Erkennungsworte stammen von Nathan Couturier, dem Sohn des Tonchefs Thierry Couturier.

Die Pilotfolge spielt in Bellfleur, Oregon. Chris Carters Geburtsort ist Bellflower, Kalifornien.

Eis

Der Hund, der in dieser Folge vorkommt, ist Blues Vater (Blue ist David Duchovnys Hündin und ständige Begleiterin)

Eve

Während Mulder und Scully Ellen Reardon vernehmen, sieht ihre Tochter Cindy *Eek der Kater* im Fernsehen – eine Zeichentrickserie, die später Mulder und Scully als Cartoonfiguren präsentiert hat.

Täuschungsmanöver

Tom Braidwood und Val Stefoff – beide sind Regieassistenten und Tom Braidwood spielt den Frohike – sind die falschen Namen, die Mulder und Scully verwenden, um in den Stützpunkt hineinzukommen.

Der Kokon

Jason Beghe, der Darsteller des Rangers Larry Moore, ist ein alter Freund von David Duchovny, der ihn auch als erster gedrängt hat, mit der Schauspielerei anzufangen (unser herzlichstes Dankeschön an ihn!).

Wiedergeboren

Die Schauspielerin Maggie Wheeler, die Detective Sharon Lazard spielt, trat in dem Kinofilm *Neujahr in New York* mit dem unbekleideten David Duchovny zusammen auf. Angeblich sind die beiden zu der Zeit, als der Film entstand, zusammen ausgegangen.

Unter Kontrolle

Als Scully unterwegs an dem Lebensmittelgeschäft anhält, kauft sie Mixed Pickles und Eiscreme, was als Anspielung auf ihre Schwangerschaft gelten kann.

Seilbahn zu den Sternen

In Mulders Alptraumvision von Scully (mit aufgepumptem Bauch) in den Fängen ihrer Entführer bekommen wir wirklich Gillian Andersons Bauch zu sehen. Ein paar Wochen später brachte sie ihre Tochter Piper zur Welt.

Drei

Mulders Loveinterest Kristen Kilar wird von Perrey Reeves gespielt, mit der David Duchovny zu dieser Zeit liiert war.

Böse geboren

Mulders Interesse an Frauen mit dem Namen B. J. könnte etwas damit zu tun haben, daß Duchovnys damalige Freundin Perrey Reeves in der Serie *Doogie Howser* eine Frau namens B. J. gespielt hat.

Verschwörung des Schweigens

10/13: Mulders Geburtstag ist am 13.10.60, dem Geburtsmonat und –tag von Chris Carter.

Der Hellseher

Als Mulder Clyde Bruckman auf seine übersinnlichen Fähigkeiten hin befragt, hält Bruckman ein blaues Stück Stoff in die Luft und fragt, ob es von Mulders New York Knicks T-Shirt stamme. Die Szene verweist auf die Folge »Die Botschaft«, in welcher der verurteilte Mörder und angeblich übersinnlich begabte Luther Lee Boggs eine ebenso detaillierte wie bewegende Tathergangsbeschreibung abgibt, nachdem er ein Stück von Mulders New York Knicks T-Shirt in der Hand gehalten hatte, von dem er geglaubt hatte, daß es sich um das T-Shirt des Opfers handelt.

Jaap Broeker, der den »Fantastischen Yuppie« spielt, ist David Duchovnys Szenendouble und springt bei Aufnahmen mit verdeckter Sicht und bei technischen Vorproben für ihn ein.

In der Folge »R&R« der Serie *Space 2063* (in der David Duchovny einen Gastauftritt hat) schaut sich Colonel McQueen einen Film des Regisseurs Clyde Bruckman an. Vermutlich ein freundlicher Verweis des Autors der Folge – Glen Morgan – auf seinen Bruder Darin Morgan, den Autor von »Der Hellseher«.

Die Autopsie

Mulders zweite Waffe sieht ganz nach Internet-Insiderwitz aus, man denke nur an all unsere Diskussionen über seinen nervösen Umgang mit Schußwaffen.

Krieg der Koprophagen

Frühstück bei Tiffany, das Buch, das Scully während einer ihrer Telefongespräche mit Mulder liest, ist auch die letzte »Jeopardy«-

Antwort (bzw. Frage), deren Nichtbeantwortung David Duchovny den Sieg gekostet hat.

Dr. Bambi Berenbaum ist nach Dr. May Berenbaum, der Leiterin des entomologischen Instituts an der Universität Illinois und Autorin vieler Fachbücher über Insekten benannt.

Energie

Grover Cleveland Alexander High School war die falsche Antwort, die David Duchovny bei seinem berüchtigten Auftritt in *Jeopardy* gegeben hat.

Andere Wahrheiten

Reynard Muldrake ist das Pseudonym, das Jose Chung für Mulder verwendet. Das französische Wort für Mulders Vornamen Fox (Fuchs) ist *renard*.

Ist der Auftritt von Alex Trebek einfach ein dritter Hinweis auf Duchovnys *Jeopardy-Leistung*? Oder ist Mr. Trebek ein Fan der Serie, der nur auf eine solche Gelegenheit zu einem Gastauftritt gewartet hatte? Oder sind noch finsterere Machenschaften im Spiel?

Ferngesteuert

Im Haus der Frau, die ihren Nachbarn erschossen hat, findet Scully in einem Schrank einen Haufen ordentlich beschrifteter Videokassetten. Eine davon trägt die Aufschrift *Jeopardy*. Ich frage mich, ob sie die Folge von *Celebrity Jeopardy* hat, in der David Duchovny aufgetreten ist?

Ja, Mulder erschießt Menschen

Ewige Jugend, Die Kolonie (Teil 2) (der Außerirdische stirbt nicht – aber Mulder hat trotzdem auf ihn geschossen), Unsere kleine Stadt, Parallele, Groteske (kein tödlicher Schuß), Mein Wille sei dein Wille (kein tödlicher Schuß, aber beinahe).

... und auch Scully erschießt Menschen

Die Botschaft, Lazarus, Der Hellseher.

Ja, Scully fährt Auto

Die Warnung, Die Maschine, Die Botschaft, Täuschungsmanöver, Verwandlungen, Todestrieb, Das Labor, Frische Knochen, Der Hellseher, Der Zug, Krieg der Koprophagen, Energie, Heimsuchung, Der See (es ist zwar ein Boot, aber sie fährt es!), Der Tag steht schon fest.

... und Mulder weint

Signale, Das Labor (na ja, jedenfalls zittert seine Stimme bedenklich), An der Grenze, Die Kolonie (Teil 2), Anasazi, Parallele, Der Tag steht schon fest.

Akte X und das Badezimmer

Solltet ihr euch je in einer X-Akte wiederfinden, DANN GEHT BLOSS NICHT INS BADEZIMMER ODER AUF DIE TOILETTE! Warum? Hier sind ein paar Gründe:

- Pilotfolge – Scully entdeckt zwei Moskitostiche
- Die Warnung – Mulder trifft Deep Throat
- Das Nest – Scully wird von Tooms angegriffen
- Schatten – Lauren Kyte hat eine unheimliche paranormale Vision
- Die Maschine – Der Firmenleiter wird durch einen Stromschlag getötet
- Eis – Der Pilot entdeckt, daß er infiziert worden ist
- Gefallener Engel – Mulder und Scully spüren Max auf
- Eve – Eine der Eves vergiftet Mulders und Scullys Drinks, während sie beide die Toilette eines Rasthofs aufsuchen
- Verwandlungen – Lyle verwandelt sich in einen Werwolf
- Roland – Roland hat ein paar gräßliche Visionen

- Kontakt – Mulder findet Jorge
- Der Parasit – Ein Mann würgt unter der Dusche einen großen Plattwurm heraus
- Drei – Mulder und Kristen küssen sich
- Rotes Museum – Hinter dem Badezimmerspiegel versteckt sich ein Voyeur
- Excelsis Dei – Mulder sitzt mit der Pflegerin zusammen in einem überfluteten Badezimmer fest
- Böse geboren – B. J. entdeckt das in ihre Brust geritzte Wort »Sister«
- Todestrieb – Pfaster mag es, wenn seine Opfer erst ein Bad nehmen
- Totenstille – Wasser aus der Toilette tut gut (okay, eine Ausnahme.)!
- Anasazi – Mulders Vater wird in seinem Badezimmer umgebracht
- Fett – Scully wird von einem Fettvampir angegriffen
- Der Zug – Mulder entdeckt einen ermordeten Wissenschaftler
- Offenbarung – der Junge wird aus seinem Badezimmer entführt
- Krieg der Koprophagen – Ein Arzt stirbt bei der Anstrengung auf der Toilette an einem Hirnaneurysma
- Energie – Eine Cheerleaderin wird ermordet
- Der Feind (Teil 1) – Krycek wird von dem öligen außerirdischen Wesen befallen
- Der Fluch – Die Toiletten wimmeln von Ratten

Die Insider-Witze der anderen

Daß eure Lieblingsserie zum Teil der Mainstreamkultur geworden ist, wißt ihr vermutlich spätestens dann, wenn andere Serien beginnen, sie zu zitieren. Hier ist eine Liste anderer Sendungen, Filme etc., die *Akte X* zitieren oder erwähnen (und dadurch das *Akte X*-Zitat zu einem Insider-Witz in ihrer eigenen Serie machen).

Eek der Kater (Zeichentrickserie). Als Cartoon-Figuren werden Scully und Mulder endlich gemeinsam Zeuge einer UFO-Sichtung, an die sogar Scully glauben kann.

News Radio (Comedy) Hier müßte mir mal jemand helfen – ich weiß nicht mehr genau, was da passiert ist. Der Produzent der Nachrichtensendung hat seine Sekretärin »Scully« genannt – es gab auch einen Grund dafür, nur weiß ich nicht mehr welchen. Angeblich ist Dave Foley (der Darsteller des Produzenten) ein Fan der Serie.

Strange Luck (Drama) Der Bruder des Helden James Harper kennt Mulder und erwähnt ihn in einer Nachricht, die er für Chance hinterläßt.

Independence Day (Kinohit des Sommers). Ein Angestellter der Fernsehgesellschaft erklärt am Telefon, auch er sei ein Fan von *Akte X*.

Geschichten aus der Gruft (Kinofilm). Dennis Miller erfindet ein neues Wort: »Duchovnyian«.

Ein Witzbold namens Carey (Comedy). Eine der Hauptpersonen ist *Akte X*-Fan und erwähnt die Serie sehr häufig (praktisch in jeder Folge).

Chicago Hope – Endstation Hoffnung (Drama). Eine Frau behauptet, von einem Außerirdischen geschwängert worden zu sein. Die *Akte X*-Musik spielt im Hintergrund.

Reboot (Zeichentrickserie). »Fax Modem« und »Data Nully« ermitteln in Abduktionsfällen (Gillian Anderson spricht ihre Figur selbst). Beleuchtung, Kameraeinstellungen, Vorspann und Handlungsbogen sind sehr ähnlich wie bei einer normalen *Akte X*-Folge.

Mottoänderungen

In den Originalfassungen der Folgen wird jede Folge normaler-weise mit dem Motto »The Truth is Out There« – »Die Wahrheit ist irgendwo dort draußen« eingeleitet. Bis auf wenige Ausnahmen. Hier sind die abweichenden Mottos:

- Das Labor – Trust No One (Vertrauen Sie niemandem)
- Seilbahn zu den Sternen – Deny everything (Leugnen Sie alles ab)
- Anasazi – EL 'AANIGOO 'AHOOT'E (Navajo für »Die Wahrheit ist irgendwo dort draußen«)
- Der Zug – Apology is Policy (sinngemäß: »Es gibt nur eine Politik: alles abzustreiten«)

Episodenführer

1. Staffel

Pilotfolge: Gezeichnet
The X Files

Erstausstrahlung: 10. September 1993
Drehbuch: Chris Carter
Regie: Robert Mandel

Der *Akte X*-Pilotfilm wird mit den Worten eingeleitet: »Der folgende Film stützt sich auf Tatsachenberichte«. Die FBI-Agentin Dana Scully wird ihrem berüchtigten Kollegen Fox »Spooky« Mulder als Partnerin zugewiesen. Mulder ist von den paranormalen FBI-Fällen, die als X-Akten bekannt sind, derartig besessen, daß seine Vorgesetzten Schwierigkeiten befürchten. Agent Scullys Aufgabe ist es, ihren neuen Partner zu beobachten, seine Arbeit zu bewerten und ihren Bericht hinterher an höherer Stelle vorzulegen. Mulder ist natürlich mißtrauisch. Die beiden fliegen nach Oregon, um dort in einer seltsamen Mordserie zu ermitteln. Sie entdecken ein merkwürdiges kleines Metallgerät in der Nasenhöhle eines exhumierten Opfers. Mulder ist der Meinung, daß eine Entführung durch Außerirdische bei den Morden mit im Spiel ist; Scully sucht nach rationaleren Erklärungen. Die Spur führt zu dem jungen Billy, der unansprechbar im Krankenhaus dahinvegetiert. Sie finden Billy später im Wald wieder, wo ein blendend helles Licht aufleuchtet – und plötzlich ist Billy wieder gesund. Scully berichtet ihren Vorgesetzten, daß sie Mulder und seinen Methoden vollstes Vertrauen schenkt, die Beweise für seine Theorien aber weitgehend bei einem verdächtigen Brand in ihrem Hotel vernichtet wurden. Nur das kleine Metallgerät der Außerirdischen konnte sie retten, am Ende läßt der Cigarette-Smoking Man es aber in einer gewaltigen Lagerhalle des Pentagon in einem Regal mit vielen ähnlichen Geräten verschwinden.

Die Warnung
Deep Throat

Erstausstrahlung: 17. September 1993
Drehbuch: Chris Carter
Regie: Daniel Sackheim

Mulder und Scully statten der Ellens Air Force Base in Idaho einen Besuch ab, um dort dem rätselhaften Verschwinden eines Testpiloten der Army auf den Grund zu gehen. In einem Waschraum spricht ein einflußreicher Geheimnisträger mit dem Decknamen Deep Throat Mulder an und erklärt, Interesse an den X-Akten zu haben. Er warnt Mulder, den Fall nicht weiter zu verfolgen. Mulder ist sicher, daß die Regierung Flugzeuge testet, die mit Hilfe von UFO-Technologie gebaut worden sind, welche von dem berühmten Roswell-Zwischenfall in New Mexico aus dem Jahre 1947 stammen könnte. Trotz einer unmißverständlichen Drohung mehrerer bewaffneter Wachleute und Scullys Warnung, von dort zu verschwinden, solange er noch einen Job hat, wagt sich Mulder in einen streng geheimen Bereich vor, wo er ein UFO-ähnliches Gefährt vorfindet. Er wird festgenommen, auf einen Behandlungsstuhl geschnallt und unter Drogen gesetzt. Um Mulder aus der Gewalt der Sicherheitsleute zu befreien, setzt Scully sich über die Vorschriften hinweg, bekommt ihn aber in schwer mitgenommenem und verwirrtem Zustand ausgeliefert. Bei einem erneuten Treffen mit Deep Throat erfährt Mulder, daß vielleicht Scullys und sein Leben in Gefahr ist, und daß »*sie*« schon seit langer Zeit unter uns sind.

Das Nest
Squeeze

Erstausstrahlung: 24. September 1993
Drehbuch: Glen Morgan und James Wong
Regie: Harry Longstreet

Ein ehemaliger Studienfreund von Scully erzählt den beiden Agenten von einem ungewöhnlichen Fall, bei dem bereits drei Mordopfern die Leber mit der bloßen Hand entfernt wurde. Es gibt kein erkennbares Motiv, und keine Spuren deuten darauf hin, wie der Mörder sich Zugang verschafft hat. Alles was Mulder an einem der Tatorte findet, ist ein stark länglicher Fingerabdruck neben dem Lüftungsschacht. Er findet heraus, daß der Abdruck mit denen übereinstimmt, die bereits früher an den Schauplätzen einer ähnlichen Mordserie gefunden wurden. Es scheint, als ob der Killer zwei weitere Morde plant. Die Agenten können einen Mann namens Eugene Victor Tooms festnehmen, der an einem der früheren Tatorte durch den Lüftungsschacht zu entkommen versucht. Nachdem er wieder auf freiem Fuß ist, findet Mulder heraus, daß sein Fingerabdruck – durch eine Computersimulation verlängert – dem länglichen, den er gefunden hat, entspricht. Tooms kriecht einen Kamin hinunter, um seinen nächsten Mord zu begehen. Mulder und Scully machen den Detective ausfindig, der 30 Jahre zuvor die ähnlich verlaufende Mordserie untersucht hat. Er zeigt ihnen ein drei Jahrzehnte altes Bild von Tooms, der seitdem nicht gealtert ist. In dem verfallenen alten Gebäude, in dem Tooms früher gelebt hat, finden sie ein seltsames Nest. Mulder vermutet, daß Tooms ein Mutant ist, der alle 30 Jahre aus einer Art Winterschlaf aufwacht, um seinen Nahrungsbedarf an menschlicher Leber zu stillen. Tooms will Scully zu seinem letzten Opfer machen, aber Mulder kann ihr gerade noch rechtzeitig in ihrer Wohnung zu Hilfe kommen und den Mutanten festnehmen. Die letzte Einstellung zeigt Tooms in seiner Zelle, in der er den Bau eines neuen Pappmachénestes vorbereitet.

Signale
Conduit

Erstausstrahlung: 1. Oktober 1993
Drehbuch: Alex Gansa und Howard Gordon
Regie: Daniel Sackheim

Ein junges Mädchen verschwindet von einem Campingplatz in der Nähe eines »UFO-Hotspots«. Mulder erinnert der Fall zwangsläufig an die 21 Jahre zurückliegende Abduktion seiner eigenen Schwester. Die Vermißte ist, wie sich herausstellt, die Tochter einer Frau, die behauptet, als Kind ein UFO gesehen zu haben. Mulder glaubt, daß der kleine Bruder des Mädchens, Kevin, ihnen dabei helfen könnte, sie zu finden; er verhält sich sonderbar und notiert auf einem Zeichenblock binäre Zahlen. Der Freund des vermißten Mädchens wird tot im Wald aufgefunden. Scully vermutet einen Mord- und Entführungsfall. Später finden sie das

Mädchen, sie ist nicht bei Bewußtsein und zeigt alle Symptome eines Menschen, der lange Zeit der Schwerelosigkeit ausgesetzt war. Da schreitet ihre Mutter ein und beendet die Untersuchung mit der Begründung, daß sie ihre Tochter nicht zur Zielscheibe allgemeinen Spottes machen will. Durch die alten Erinnerungen aufgewühlt, trauert Mulder um seine Schwester, während Scully sich die Aufnahmen anhört, die bei seiner Hypnose-Rückführungstherapie gemacht wurden.

Der Teufel von Jersey
The Jersey Devil

Erstausstrahlung: 8. Oktober 1993
Drehbuch: Chris Carter
Regie: Joe Napolitano

Mulder und Scully fahren nach New Jersey, um dort den Tod eines obdachlosen Mannes zu untersuchen, der mit abgefressenen Körpergliedmaßnahmen und Bißspuren am ganzen Körper aufgefunden wurde. Mulder erzählt die Legende des Teufels von Jersey, einem unheimlichen und bedrohlichen Wesen, das Scully als Produkt des Volksaberglaubens abtut und wieder nach Hause fährt, um dort den Geburtstag ihres Patenkindes zu feiern. Mulder bleibt in Atlantic City, spricht dort mit den Obdachlosen und findet heraus, daß sie das Wesen gesehen haben und die Polizei genau darüber Bescheid weiß. Scully arbeitet an ihrem Privatleben und Mulder an seinem Fall. Er verfolgt einen weiblichen Urmenschen in den Wald. Sie greift ihn an, wird aber von Scully, die wieder nach Atlantic City zurückgekommen ist, noch rechtzeitig verscheucht. Die Wilde flieht in den Wald, wo sie von der Polizei erschossen wird. In ihrem Magen findet man die Überreste menschlicher Knochen.

Schatten
Shadows

Erstausstrahlung: 22. Oktober 1993
Drehbuch: Glen Morgan und James Wong
Regie: Michael Katleman

Scully und Mulder werden gebeten, die Leichen von zwei mutmaßlichen Dieben zu untersuchen, deren Kehlen anscheinend durch eine paranormale Kraft von innen heraus zerquetscht worden sind. Ein Video-Überwachungsband führt sie zu der Sekretärin Lauren Kyte, die von den beiden Männern überfallen wurde. Ihr Chef Howard Graves hat kurz zuvor Selbstmord begangen. Mulder hält es für möglich, daß ein Poltergeist Lauren beschützt. Lauren hat unterdessen eine Vision des toten Graves, der ihr zu verstehen gibt, daß man ihn ermordet hat. Sie wirft seinem Firmenpartner Dorland vor, an seinem Tod die Schuld zu tragen und wird bald darauf von zwei Männern angegriffen. Ihnen stößt dasselbe zu wie den beiden angeblichen Dieben. Die CIA informiert Mulder und Scully, daß Graves' Firma in Waffengeschäfte mit dem Mittleren Osten verwickelt war, und daß sie Dorland verdächtigen, Graves ermordet zu haben. Als Lauren Dorland in seinem Büro noch einmal zur Rede stellt, wird er von der unsichtbaren Kraft angegriffen und legt ein Versteck hinter der Tapete frei, in dem sich die Diskette befindet, die Dorlands kriminelle Aktivitäten und damit seine Schuld beweist.

Die Maschine
Ghost in the Machine

Erstausstrahlung: 29. Oktober 1993
Drehbuch: Alex Gansa und Howard Gordon
Regie: Jerrold Freeman

Mulders ehemaliger Partner Jerry Lamana bittet ihn um Hilfe bei dem Fall eines durch Stromschlag getöteten Firmenleiters, der die Arbeit an der Entwicklung eines mit künstlicher Intelligenz ausgestatteten High-Tech-Computerbetriebssystems abbrechen lassen wollte. Scully und Mulder statten Brad Wilczek, dem Erfinder der Computeranlage, einen Besuch ab. Als Lamana Wilczek verhaften will, kommt er in dem computergesteuerten Fahrstuhl ums Leben. Wilczek muß hilflos dabei zusehen. Mulder erfährt von Deep Throat, daß das Verteidigungsministerium an Wilczek und seinem System interessiert ist. Wilczek verrät Mulder, wie man den Computer aufhalten kann, und die Agenten dringen in das Firmengebäude ein, um das Programm dort mit Hilfe einer Virendiskette zu zerstören. Aber ein Vertreter des Verteidigungsministeriums sowie die Maschine selbst tun ihr Möglichstes, sie daran zu hindern. Als es Mulder schließlich gelingt, den Virus zu aktivieren, verabschiedet sich das Programm mit den Worten: »Warum, Brad?«

Eis
Ice

Erstausstrahlung: 5. November 1993
Drehbuch: Glen Morgan und James Wong
Regie: David Nutter

Scully und Mulder fliegen zusammen mit den Wissenschaftlern DaSilva, Murphy und Hodge zum Icy Cape in Alaska, um dort die Gründe für das sonderbare Verhalten eines Wissenschaftler-Teams herauszufinden, das mit Eiskernbohrungen beschäftigt war. Auf der letzten Videoübertragung des Teams erklärt ein offenbar psychisch stark angeschlagenes Teammitglied: »Wir sind nicht, wer wir sind. So kann das nicht weitergehen«, bevor von der Seite einer seiner Kollegen angreift und beide schließlich gemeinsam Selbstmord begehen. Bei ihrer Ankunft an dem Stützpunkt werden Mulder und der Pilot Bear von einem Hund angefallen. Bei der Untersuchung des Tieres werden schwarze Flecken entdeckt, außerdem scheint sich etwas unter der Haut an seinem Nacken zu bewegen. Kurz darauf entdeckt Bear ähnliche Flecken an seinem Körper. Scully untersucht die Leichen des Forschungsteams und findet in ihrem Blut Ammoniak und einen kleinen einzelligen Organismus, der, wie sie glaubt, die Larve eines größeren Wesens sein könnte. Bear greift Mulder an, und in dem folgenden Handgemenge entdeckt Scully, daß sich etwas unter der Haut des Piloten bewegt. Sie überwältigen Bear und ziehen einen großen Wurm aus seinem Nacken, wobei Bear stirbt. Da Mulder ebenfalls von dem Hund angegriffen wurde und möglicherweise auch infiziert ist, wird er von den anderen eingesperrt. Scully findet heraus, daß das Einführen eines zweiten Wurms ein infiziertes Opfer heilen kann. Sie hat sich überzeugen können, daß Mulder nicht infiziert ist und läßt ihn frei. Als die anderen ihn überwältigen und gerade einen Wurm in sein Ohr einfügen wollen, entdeckt Hodge den Wurm unter DaSilvas Haut. Diese versucht fortzulaufen, aber die anderen können sie einholen und ihr den Wurm verabreichen, woraufhin sie wieder gesund wird. Nach ihrer Rettung möchte Mulder noch einmal zur Forschungsstation zurückkehren, um den Organismus, der vor vielen tausend Jahren von einem anderen Planeten mit Ammoniakatmosphäre auf die Erde gekommen sein könnte, genauer zu untersuchen, muß jedoch feststellen, daß die gesamte Station vom Militär zerstört worden ist.

211

Besessen
Space

Erstausstrahlung: 12. November 1993
Drehbuch: Chris Carter
Regie: William Graham

Die Agenten werden gebeten, potentielle Sabotageakte am Spaceshuttle-Programm der USA zu untersuchen. Der Leiter des Programms ist der Ex-Astronaut Lieutenant Colonel Belt, der 1977 an dem Marssondenprojekt beteiligt war, bei dem die berühmten Bilder des Marsgesichts fotografiert wurden. Das Shuttle startet, gerät aber bald in Schwierigkeiten. Die für das Projekt zuständige Kommunikationsoffizierin Michelle Generoo hat einen schweren Autounfall, als ihr eine dem mysteriösen Gesicht vom Mars ähnelnde Erscheinung plötzlich aus dem Nebel entgegentritt. Allein in seinem Zimmer hat Belt eine Vision des Marsgesichtes, und ein Astralwesen verläßt seinen Körper. Die beiden Agenten finden anhand der Projektunterlagen heraus, daß Belt der Saboteur ist. Dieser sagt ihnen, das unheimliche Astralwesen habe in ihm gelebt und ihn zur Sabotage des Programms gezwungen. Auf seine Anweisung hin wird die Flugbahn des Shuttles geändert, damit es beim Wiedereintritt in die Atmosphäre nicht verbrennt. Als das Wesen wieder von Belt Besitz ergreifen will, springt er aus dem Fenster in den Tod.

Gefallener Engel
Fallen Angel

Erstausstrahlung: 19. November 1993
Drehbuch: Alex Gansa und Howard Gordon
Regie: Larry Shaw

Ein außerirdisches Raumschiff stürzt im Wald ab. Sofort ist das Militär zur Stelle, um die Gegend zu evakuieren und den Vorfall offiziell als Meteoreinschlag zu deklarieren. Deep Throat gibt Mulder den Tip, zur Absturzstelle zu fahren und warnt ihn, er habe nur 24 Stunden, bevor das Gelände wieder gesäubert ist. Es gelingt Mulder, die Absturzstelle zu erreichen, doch er wird beim Fotografieren des Wracks ertappt. Er wird festgenommen und lernt Max Fenig kennen, einen »UFO-Spinner« und Fan von Mulder, der gut mit seiner Arbeit vertraut ist. Unterdessen suchen Militärtruppen nach dem geflohenen UFO-Piloten. Scully holt Mulder gegen Kaution aus dem Gefängnis und sagt ihm, daß er mit großen Schwierigkeiten aus Washington rechnen muß und die X-Akten Abteilung vielleicht geschlossen wird. Die Soldaten spüren den außerirdischen Piloten auf, erleiden aber bei der Begegnung schwerste Verbrennungen. Mulder entdeckt an dem unter krampfartigen Anfällen leidenden Fenig eine Schnittwunde hinter dem Ohr, die einer typischen Verletzungen von Abduktionsopfern ähnelt. Scully, die Max für psychisch gestört hält, will ihm nicht glauben. Mulder verfolgt Max bis in eine Lagerhalle, wo sie dem außerirdischen Wesen begegnen, das Max entführt. Bei Mulders Rückkehr nach Washington wird er von einem Anhörungsausschuß vernommen. Als er gegangen ist, macht Deep Throat dem Vorsitzenden des Ausschusses deutlich, daß es gefährlicher wäre, Mulder auszuschalten und so Gefahr zu laufen, daß er sein Wissen an die Falschen weitergibt, als ihn unbehelligt zu lassen.

Gefallener Engel

Eve
Eve

Erstausstrahlung: 10. Dezember 1993
Drehbuch: Kenneth Biller und Chris Brancato
Regie: Fred Gerber

Zwei Männer kommen zur selben Zeit in Kalifornien und Connecticut auf bizarre Weise ums Leben: Beide werden blutleer aufgefunden. Als die achtjährige Tochter des einen Mordopfers, Teena, ein paar Tage später gekidnappt wird, fliegen die Agenten nach Kalifornien, um die Tochter des anderen Opfers, Cindy, zu schützen. Überrascht stellen sie fest, daß sich die beiden Mädchen ähnlich sehen, als wären sie Zwillinge. Beide Kinder sind das Ergebnis künstlicher Befruchtungen, die von der Ärztin Dr. Sally Kendrick vorgenommen wurden. Die Agenten finden heraus, daß Kendrick ihren Job verloren hat, weil sie verbotene genetische Experimente durchgeführt hat. Deep Throat berichtet Mulder von einem streng geheimen Genetikversuch der 50er Jahre, aus dem identische Jungen namens Adam und Mädchen namens Eve hervorgegangen sind. Auf seinen Tip hin finden die Agenten in einem Heim für psychisch gestörte Straftäter eine Frau, die sich Eve 6 nennt und genauso aussieht wie Sally Kendrick. Sie erzählt ihnen, daß die Eves zusätzliche Chromosomen besitzen, die ihnen größere Kraft und Intelligenz, aber auch die Neigung zu Psychosen verleihen. Eine der verbleibenden Eves kidnappt auch Cindy und bringt sie zum erstenmal mit ihrem Klon Teena zusammen. Die beiden geben zu, von der Existenz der jeweils anderen gewußt zu haben und für den Tod ihrer Väter verantwortlich zu sein. Sie vergiften die erwachsene Eve und versuchen, auch Mulder und Scully auf diese Weise zu töten. Schließlich werden die Mädchen zusammen mit Eve 6 unter Arrest gestellt. In der letzten Szene bekommen sie in der Anstalt Besuch: Sally Kendrick alias Eve 8.

Feuer
Fire

Erstausstrahlung: 17. Dezember 1993
Drehbuch: Chris Carter
Regie: Larry Shaw

Mulders Jugendfreundin Phoebe Green soll einen englischen Diplomaten beschützen und bittet Mulder um Hilfe. Einige Parlamentsabgeordnete sind durch Feuer ermordet worden. Mulder vermutet dahinter einen Pyrokinetiker, also jemanden, der Feuer allein durch geistige Kräfte steuern kann. Unterdessen bringt der Mörder Cecil L'ively, den Hausmeister des Diplomaten, um und nimmt dessen Stelle ein, um sich das Vertrauen der Familie zu erschleichen. Scully erfährt, daß L'ively bereits für zwei der früheren Opfer gearbeitet hat und sich zur Zeit in den Vereinigten Staaten aufhält. Sie kann den Mörder stellen, während es Mulder gelingt, die Kinder des Diplomaten aus einem Hotelzimmer zu retten, das L'ively in Brand gesteckt hat. L'ively geht vor ihren Augen mit irrem Lachen in Flammen auf. Phoebe attackiert ihn noch zusätzlich mit einem Flammenwerfer. Später berichtet Scully, daß L'ively sich sehr rasch von seinen Verbrennungen erholt, die Polizei sich aber noch nicht sicher ist, wie er in Haft gehalten werden soll.

Die Botschaft
Beyond the Sea

Erstausstrahlung: 7. Januar 1994
Drehbuch: Glen Morgan und James Wong
Regie: David Nutter

Nach dem unerwarteten und plötzlichen Tod ihres Vaters durch einen schweren Herzinfarkt beschäftigt sich Scully mit der

Entführung zweier Collegestudenten. Sie vermutet, daß der zum Tode verurteilte Luther Lee Boggs etwas damit zu tun hat. Boggs bietet den Agenten an, seine übersinnlichen Kräfte einsetzen, um die vermißten jungen Leute zu finden, wenn dafür sein Todesurteil aufgehoben wird. Mulder ist skeptisch – er hält es für wahrscheinlich, daß Boggs selbst hinter der Entführung steckt. Scully ist jedoch fasziniert, weil Boggs offenbar über Informationen von ihrem verstorbenen Vater verfügt. Als das FBI den Entführungsschauplatz stürmt, wird Mulder angeschossen und ins Krankenhaus eingeliefert. Das Mädchen kann in Sicherheit gebracht werden, aber der Junge und der mutmaßliche Täter Lucas Henry bleiben verschwunden. Scully stattet Boggs noch einen Besuch ab, und dieser drängt noch heftiger auf den von ihm vorgeschlagenen Tauschhandel. Er verspricht ihr dafür eine Botschaft von ihrem Vater. Scully erklärt ihm daraufhin, sie werde das Tauschgeschäft für ihn durchsetzen. Obwohl Boggs weiß, daß sie lügt, verrät er ihr, wo der Junge versteckt gehalten wird. Die Rettungsaktion verläuft erfolgreich, Lucas Henry wird dabei getötet. Später – Scully sieht davon ab, Boggs vor seiner Hinrichtung aufzusuchen und sich die versprochene Botschaft anzuhören, da sie ohnehin weiß, was ihr Vater ihr sagen will. Statt dessen besucht sie Mulder im Krankenhaus und bekennt: »Ich habe Angst davor zu glauben.«

Verlockungen
Gender Bender

Erstausstrahlung: 21. Januar 1994
Drehbuch: Larry und Paul Barber
Regie: Rob Bowman

Drei Frauen und zwei Männer sind kurz hintereinander an plötzlichem Herzstillstand beim Geschlechtsverkehr gestorben.

217

Scully und Mulder kommen bei ihren Ermittlungen einer eigenartigen Sekte auf die Spur, die sich die Kindred nennen. Andrew, der auch zur Sekte gehört, erzählt den Agenten von Bruder Martin, der die Sekte verlassen hat, »um einer von euch zu werden«. Andrew, der wie die anderen Sektenmitglieder eine ungewöhnliche sexuelle Anziehungskraft besitzt, will Scully verführen, aber Mulder geht dazwischen. Inzwischen vergreift sich der Killer in der Gestalt einer Frau an seinem nächsten Opfer. Ein Polizist greift noch rechtzeitig ein, worauf sich der Killer wieder in einen Mann zurückverwandelt und entkommt. Die Agenten verfolgen ihn/sie bis zu einem Motel, wo sie ihn/sie nach einem Kampf festnehmen können, als die Kindred auftauchen und sich des Mörders bemächtigen. Später finden die Agenten das Anwesen der Kindred verlassen vor, und nur ein großer Kornkreis bleibt in ihrem Feld zurück. Mulder vermutet, daß die Kindred Außerirdische waren.

Lazarus
Lazarus

Erstausstrahlung: 4. Februar 1994
Drehbuch: Alex Gansa und Howard Gordon
Regie: David Nutter

Scully erschießt den Bankräuber Warren Dupre. Zur gleichen Zeit wird ihr ehemaliger Ausbilder und Ex-Liebhaber Jack Willis schwer verletzt. Als Willis zu sich kommt, hat er Dupres Bewußtsein übernommen, sogar Dupres Tätowierung erscheint auf seinem Arm. Willis alias Dupre sagt Scully, daß er weiß, wo sich Dupres Ehefrau und Komplizin Lula aufhält. Scully begleitet ihn und sie stellen die Frau, aber Willis/Dupre überwältigt Scully und nimmt sie als Geisel. Er beweist Lula, daß er in Wirklichkeit Dupre ist, indem er ihr genaueste Einzelheiten aus ihrem gemeinsamen Eheleben berichtet. Aber Willis ist Diabetiker und so bricht Willis/ Dupre wegen Insulinmangels zusammen. Lula, die zugibt, Dupre verraten zu haben, weil sie das Geld für sich behalten wollte, weigert sich, ihm zu helfen. Sie verlangt vom FBI eine Million Dollar Lösegeld für Scully. Durch Hintergrundgeräusche bei ihrem Telefongespräch kommt das FBI der Täterin auf die Spur. Willis täuscht seinen Tod vor, entreißt Lula die Waffe, tötet sie und stirbt dann selbst. Auch die Tätowierung verschwindet.

Ewige Jugend
Young At Heart

Erstausstrahlung: 11. Februar 1994
Drehbuch: Scott Kaufer und Chris Carter
Regie: Michael Lange

Mulders ehemaliger Partner Reggie Purdue wendet sich an ihn, weil nach einem Überfall auf einen Juwelierladen eine Notiz von John Barnett gefunden wurde, zu dessen Verurteilung Mulder einige Jahre zuvor beigetragen hat. Barnett hatte Mulder Rache geschworen. Den Unterlagen zufolge soll Barnett bereits vier Jahre zuvor im Gefängnis gestorben sein, doch die Handschrift der Notiz entspricht genau der von Barnett. Bei seinen Ermittlungen findet Mulder heraus, daß Dr. Ridley, der Barnetts Totenschein unterschrieben hat, seine Lizenz wegen verbotener medizinischer Experimente verloren hat. Ridley hat Versuche an Barnett durchgeführt und dessen Hand durch eine neue ersetzt, die aus dem Gewebe eines Salamanders besteht. Ridley konnte auch eine Umkehrung des Alterungsprozesses bewirken, deshalb sieht Barnett mittlerweile jünger aus als früher. Ridley erzählt Scully, daß seine Arbeit von der Regierung finanziert wird. Von Deep

Throat erfährt Mulder, daß die Regierung tatsächlich an Ridleys Arbeit interessiert ist und versucht, von ihm weitere Forschungsergebnisse zu bekommen. Barnett kündigt Mulder am Telefon an, daß er erst seine Freunde und dann ihn selbst umbringen wird. Seine Fingerabdrücke finden sich auf Scullys Anrufbeantworter. Barnett folgt Scully in ein Cellokonzert und schießt auf sie, doch sie trägt eine kugelsichere Weste. Der Killer kann in den Bühnenraum entkommen, wo Mulder ihn erschießt. Doch der Agent befürchtet, daß »das noch nicht das letzte war, was wir von John Barnett gehört haben«.

Täuschungsmanöver
E.B.E.

Erstausstrahlung: 18. Februar 1994
Drehbuch: Glen Morgan und James Wong
Regie: William Graham

In der Nähe eines US-Luftwaffenstützpunktes stürzt ein von einem irakischen Piloten abgeschossenes UFO zur Erde. Die Trümmer werden später in einem Lastwagen durch die USA transportiert. Auf der Suche nach weiteren Informationen nimmt Mulder Scully mit zu den Lone Gunmen, den Herausgebern eines gleichnamigen Magazins, die begeistert Regierungsverschwörungstheorien entwickeln. Deep Throat setzt Mulder auf eine falsche Spur an und antwortet ihm später auf seine gekränkten Fragen hin, daß es einige Geheimnisse gibt, »die auch geheim bleiben sollten«. Mulder und Scully spüren den Lastwagen in Washington State auf. Es gelingt ihnen, dem Lastwagenfahrer mit Hilfe gefälschter Pässe in eine geheime Regierungseinrichtung zu folgen, wo sie allerdings von den Wachleuten gestoppt werden. Sie begegnen nun Deep Throat, der ihnen von einem streng geheimen internationalen Abkommen erzählt, nach dem jedes überlebende außerirdische Wesen unverzüglich vernichtet werden muß. Deep Throat sagt, er habe selbst ein solches Wesen töten müssen, als er für die CIA gearbeitet hat. Er erklärt Mulder, daß er sich um ihn kümmert, um einen Teil dieser Schuld wieder gutzumachen. Mulder, der nirgends einen Außerirdischen entdecken kann, fragt sich, welcher Lüge er glauben soll.

Der Wunderheiler
Miracle Man

Erstausstrahlung: 18. März 1994
Drehbuch: Howard Gordon und Chris Carter
Regie: Michael Lange

Als einige von dem jungen Wunderheiler Samuel behandelte Menschen sterben, werden Scully und Mulder damit beauftragt, diese Vorgänge genauer unter die Lupe zu nehmen. Samuel ist davon überzeugt, daß er seine Gabe verlieren wird. Nachdem er Mulder etwas über seine entführte Schwester berichtet hat, sieht Mulder immer wieder Visionen von ihr. Während Samuels Gerichtsverhandlung füllt sich der ganze Saal plötzlich mit Heuschrecken. Auf seiner nächsten Veranstaltung versucht Samuel, eine Frau im Rollstuhl zu heilen. Sie bricht unter Krämpfen zusammen und stirbt. Bei der Autopsie findet man Gift. Die Agenten finden heraus, daß die Heuschreckenplage künstlich durch den Lüftungsschacht herbeigeführt wurde. Unterdessen wird Samuel im Gefängnis von zwei Männern zu Tode geprügelt. Die Heuschrecken waren, so finden Mulder und Scully heraus, das Werk eines Mannes, den Samuel vor langer Zeit nach schweren Verbrennungen wieder zum Leben erweckt hat. Sein Name ist Leonard Vance. Er handelte aus Haß gegen Samuel, weil nach seiner Rettung entstellende Narben zurückblieben. Als Samuel ihm in einer Vision erscheint, begeht er Selbstmord. Samuels Leiche kann nirgends gefunden werden, eine Krankenschwester behauptet jedoch, er hätte die Leichenhalle auf seinen eigenen Beinen verlassen.

Verwandlungen
Shapes

Erstausstrahlung: 1. April 1994
Drehbuch: Marilyn Osborne
Regie: David Nutter

Der junge Lyle Parker wird von einem ungeheuren Raubtier angefallen und verletzt, bevor sein Vater es tötet. Doch der vermeintliche Kadaver des Raubtieres entpuppt sich als die Leiche von Joe Goodensnake, ein Indianer, dessen Reservat in einen Grenzstreit mit den Parkers verwickelt ist. Mulder stellt Vermutungen über Werwölfe an und klärt Scully darüber auf, daß für die allererste, von J. Edgar Hoover 1947 persönlich angelegte X-Akte ebenfalls in dieser Gegend ermittelt wurde. Lyles Vater wird auf seiner Veranda von der Bestie getötet. Daneben findet man Lyle nackt und bewußtlos auf. Scully bringt ihn ins Krankenhaus und vernimmt ihn anschließend. Mulder wendet sich an den Stammesältesten, der ihm von der Legende des Manitou erzählt, eines bösen Geistes, der einen Mann in eine Bestie verwandeln kann. Mulder ruft im Krankenhaus an und erfährt, daß Scully mit Lyle zurück zur Ranch gefahren ist, und daß man in Lyles Magen Reste vom Blut seines Vaters gefunden hat. Auf der Ranch verwandelt sich Lyle wieder in die Bestie und fällt Scully an. Mulder kommt mit dem Sheriff rechtzeitig dazu, um das Raubtier zu erschießen, das sich danach wieder in Lyle Parker zurückverwandelt.

Der Kokon
Darkness Falls

Erstausstrahlung: 15. April 1994
Drehbuch: Chris Carter
Regie: Joe Napolitano

Ein Team von dreißig Holzfällern wird vermißt, der Fall erinnert an eine Begebenheit im Washingtoner National Forest, die bereits 60 Jahre zurückliegt. Die Holzfällerfirma vermutet dahinter das Werk von Öko-Terroristen. Die Agenten, ein Sicherheitsbeamter der Firma und ein Forestranger sollen das Rätsel lösen. Sie stoßen im Wald auf einen riesigen Kokon, in dem eine Leiche hängt, der sämtliche Körperflüssigkeit entzogen wurde. Dann begegnen sie Doug Spinney, einem der radikalen Umweltschützer, der von einem unheimlichen Wesen berichtet, das nach Einbruch der Dunkelheit Menschen bei lebendigem Leib verspeist. Es stellt sich heraus, daß die Holzfäller durch das illegale Fällen eines unter Naturschutz stehenden Baumriesen eine Kolonie eigenartiger Insekten freigesetzt haben, die vermutlich jahrundertelang im Innern des Baumstammes hybernierte. Der Sicherheitsmann der Holzfällerfirma trennt sich von den anderen und wird nachts in seinem Wagen von den Insekten verschlungen und eingesponnen. Spinney will Hilfe holen und läßt Mulder, Scully und den Ranger von der Forstverwaltung nachts allein zurück. Ihr Stromgenerator hält das lebensrettende Licht gerade noch lange genug in Gang, bis die Sonne aufgeht. Spinney kommt zurück, aber die vier schaffen es nicht mehr rechtzeitig, vor Einbruch der Dunkelheit den Wald zu verlassen. Das später eintreffende Rettungsteam findet sie alle in einem Kokon eingesponnen vor. Doch die Agenten leben und können auf einer speziellen Quarantäne-Station behandelt werden, wo man ihnen sagt, daß man Feuerrodungen und Pestizide gegen die Insekten einsetzen wird. Als Mulder fragt, was geschehen wird, wenn diese Maßnahmen nicht ausreichen, antwortet ihm der Arzt, daß diese Möglichkeit nicht zur Debatte steht.

Ein neues Nest
Tooms

Erstausstrahlung: 22. April 1994
Drehbuch: Glen Morgan und James Wong
Regie: David Nutter

Der leberessende Mutant Eugen Victor Tooms aus der Folge »Das Nest« ist dank der Ergebnisse eines psychiatrischen Gutachtens und eines ebenso begriffsstutzigen wie mitleidigen Psychiaters trotz Mulders Intervention wieder auf Bewährung freigekommen. Scully hat eine Unterredung mit Skinner, der auch der Cigarette-Smoking Man beiwohnt. Sie wird unter Druck gesetzt, verfolgt den Fall aber weiter, indem sie einem Hinweis von Frank Briggs nachgeht, der für Tooms' frühere Morde zuständig war. Sie findet die Leiche eines Opfers von Tooms, das dieser vor 60 Jahren ermordet hat. Mulder verhindert einen neuen Mordversuch, doch Tooms entkommt wieder. Scully bietet ihm an, die Beschattung fortzusetzen, damit Mulder ein wenig Schlaf bekommt. Er fährt nach Hause, weiß jedoch nicht, daß Tooms sich in seinem Kofferraum versteckt. Als er schläft, windet Tooms sich durch einen engen Schacht in Mulders Wohnung hinein und fügt sich dort selbst Verletzungen zu, die er später als Mulders Werk bei der Polizei anzeigt. Skinner verbietet Mulder daraufhin, Tooms' Fall weiterhin zu verfolgen und empfiehlt ihm ein paar Urlaubstage. Auf dem 60 Jahre alten Skelett werden Tooms Gebißabdrücke gefunden. Tooms' Psychiater stattet ihm einen Besuch ab und verliert dabei sein Leben und seine Leber. Die Agenten finden die Leiche und ziehen den Schluß, daß Tooms in sein altes Haus zu seinem Nest zurückkehren wird. Aus dem Gebäude ist mittlerweile ein Einkaufszentrum geworden. Mulder kriecht in einen Rolltreppenschacht hinein und spürt dort Tooms in seinem Nest auf. Als der ihn angreift, gelingt es Mulder, die Rolltreppe in Gang zu setzen, die Tooms in ihrem Getriebe zermalmt. Skinner fragt den Cigarette-Smoking Man, ob er Mulders Bericht glaubt. Er bekommt zur Antwort: »Natürlich glaube ich ihm.«

Wiedergeboren
Born Again

Erstausstrahlung: 29. April 1994
Drehbuch: Alex Gansa und Howard Gordon
Regie: Jerrold Freedman

Scully und Mulder werden mit einem Fall betraut, bei dem ein Polizist namens Barbala aus dem Fenster eines Vernehmungsraums gestürzt ist, wo er mit einem kleinen Mädchen gesprochen hat, das sich verlaufen hatte. Die kleine Michelle sagt, mit ihnen sei noch ein anderer Mann im Raum gewesen. Ihre Beschreibung paßt auf Charlie Morris, einen neun Jahre zuvor ermordeten Polizisten. Mulder hat die Theorie, daß Michelle die Reinkarnation von Charlie Morris ist. Ihre Puppen verstümmelt sie auf dieselbe Art und Weise, auf die Morris umkam. Auch bei dem Tod eines anderen ehemaligen Polizisten ist sie zur Stelle. Die beiden Toten waren ebenso wie Morris' früherer Partner Fiore an dem Mord an Morris beteiligt. Mulder und Scully kommen gerade noch rechtzeitig, um Michelle davon abzuhalten, auch Fiore umzubringen. Fiore gesteht seine Mitschuld an Morris' Tod, und Michelle verhält sich wieder wie ein normales Kind. Die anderen beiden Todesfälle werden als Unfälle deklariert. Ihre Mutter weigert sich allerdings, Mulders Bitte nachzugeben, sie weiter untersuchen zu dürfen. Der Fall bleibt ungelöst.

Roland
Roland

Erstausstrahlung: 6. Mai 1994
Drehbuch: Chris Ruppenthal
Regie: David Nutter

Zwei mit der Forschung an Strahltriebwerken beschäftigte Wissenschaftler sterben bei einem ihrer Versuche. Allein der geistig zurückgebliebene Hausmeister Roland ist dabei, als der zweite ins Triebwerk hineingesogen wurde, der aber tut nichts, um seinen Tod zu verhindern. Mulder bemerkt ein Stück Papier, auf das Roland Zahlen notiert hat, und nimmt es an sich. Schon bald ermordet Roland einen weiteren mit dem Projekt betrauten Forscher namens Dr. Keats. Es stellt sich heraus, daß jemand heimlich an dem Projekt weitergearbeitet hat, indem er das Computerpaßwort von Dr. Grable, dem ersten Mordopfer, eingegeben hat. Das Paßwort entspricht den Zahlen auf Rolands Zettel. Die Agenten finden heraus, daß Roland und Grable in Wirklichkeit Zwillinge sind, und daß Grables Kopf in flüssigem Stickstoff konserviert wird. Mulder hält es für möglich, daß die beiden Zwillinge durch eine Art geistiges Band verbunden sind und Grable eventuell Roland geistig manipuliert und so zu den Morden angestiftet hat. Als Mulder und Scully Roland erneut vernehmen wollen, läuft er davon. Der einzige Überlebende des ursprünglichen Teams, Nolette, beginnt im Labor, Grables Kopf aufzutauen, während Roland endlich auf die lang gesuchte Formel kommt. Nolette wird ebenfalls von Roland angegriffen und in den Windkanal gesperrt. Es gelingt Mulder und Scully, die während des

Mordversuchs eintreffen, Roland davon zu überzeugen, die Maschine noch rechtzeitig abzustellen, bevor Nolette getötet wird.

Das Labor
The Erlenmeyer Flask

Erstausstrahlung: 13. Mai 1994
Drehbuch: Chris Carter
Regie: R. W. Goodwin

Deep Throat setzt Mulder auf den Fall eines Flüchtigen mit übermenschlichen Kräften an, der statt Blut eine hellgrüne Flüssigkeit verliert. Mulder kann den Wagen des Flüchtigen bis zu einem Dr. Berube verfolgen, der sich aber weigert, mit ihm zu sprechen. Die Agenten sind nicht ganz sicher, ob Deep Throats Hinweis diesmal ernst zu nehmen ist, er verrät ihnen aber, daß sie »noch niemals zuvor näher dran gewesen sind«. Der Crewcut Man, ein im geheimen Regierungsauftrag arbeitender Killer, tötet Dr. Berube. Scully nimmt Proben seiner Arbeit mit zu der Forscherin Dr. Carpenter, die herausfindet, daß Berube mit einem Virus besetzte Bakterien geklont hat, welche Pflanzenzellen sehr ähneln. Die DNS enthält aber Elemente, die außerirdischen Ursprungs sein müssen. Unterdessen nimmt der Flüchtige unbeabsichtigt Kontakt mit Mulder auf und führt ihn zu einem Lagerhaus, in dem er fünf in sonderbaren Flüssigkeitscontainern schwimmende Gestalten vorfindet. Mulder wird von einigen Bewaffneten entdeckt und muß fliehen. Scully gibt Mulder gegenüber zu, daß sie zum erstenmal nicht mehr weiß, was sie glauben soll. Als sie zum Lagerhaus zurückfahren, finden sie es völlig leer und ausgeräumt vor. Deep Throat erklärt Mulder, daß das, was er dort gesehen hat, Teil eines Experiments war, bei dem außerirdische Viren an unheilbar erkrankten Patienten getestet worden sind. Es ist, so meint er, wahrscheinlich von verdeckt arbeitenden Organisationen innerhalb des Geheimdienstapparates zerstört worden. Die Agenten sollen eins der Versuchskaninchen aufspüren, den von Mulder verfolgten flüchtigen Dr. Secare. Mulder findet Secare tatsächlich, aber der Crewcut Man tötet Secare und nimmt Mulder als Geisel. Deep Throat schlägt einen Austausch von außerirdischem Körpergewebe gegen Mulders Leben vor. Es gelingt Scully, sich Zugang zu einem Labor zu verschaffen, aus dem sie ein außerirdisches Embryo mitnehmen kann. Deep Throat besteht darauf, den Austausch selbst durchzuführen – und wird dabei erschossen. Seine letzten Worte sind: »Vertrauen Sie niemandem.« Zwei Wochen später ruft Mulder Scully an, um ihr mitzuteilen, daß die X-Akten-Abteilung geschlossen wurde. Er macht aber unmißverständlich klar, daß er nie aufgeben wird, »solange die Wahrheit da draußen ist«. Wie in der Pilotfolge betritt am Ende der Cigarette-Smoking Man den riesigen Lagerraum im Pentagon und läßt dort den außerirdischen Embryo bei den anderen Beweismitteln verschwinden.

2. Staffel

Kontakt
Little Green Men

Erstausstrahlung: 16. September 1994
Drehbuch: Glen Morgan und James Wong
Regie: David Nutter

Die X-Akten sind offiziell geschlossen worden, Mulder und Scully wurden in andere Abteilungen versetzt. Mulder hat in Washington eine Unterredung mit Senator Matheson, der ihn nach Puerto Rico schickt, wo er 24 Stunden Zeit hat, mit außerirdischen Besuchern Kontakt aufzunehmen, bevor eine UFO-Such-mannschaft des Militärs darauf angesetzt wird. Der Cigarette-Smoking Man will Mulder mit Scullys Hilfe auf die Spur kommen, denn er ist sicher, daß sie ihn finden wird. Sie macht sich auf den Weg nach San Juan. Es gelingt ihr, ihre Verfolger unterwegs abzu-schütteln. Unterdessen findet Mulder einen völlig verängstigten Mann vor, der nur Spanisch spricht und das Gesicht eines Außer-irdischen an die Wand zeichnet. Ein durchdringend schrilles Geräusch schlägt den Mann in die Flucht, und er läuft in den Dschungel, wo Mulder ihn tot auffindet. In der verlassenen For-schungsstation, wo er dem Mann begegnete, erfüllt plötzlich ein strahlend helles Licht den Raum, und durch die auffliegende, ver-riegelte Tür kann Mulder die hohe Gestalt eines Außerirdischen ausmachen. Als Scully eintrifft, liegt Mulder bewußtlos am Boden. Nachdem er wieder zu sich gekommen ist, berichtet er ihr von Bandaufnahmen und Computerausdrucken, die seine Begeg-nung belegen. Doch in diesem Moment tauchen die Einsatztrup-pen auf, und die Agenten müssen fliehen. In Washington muß Mulder eine Standpauke von Skinner über sich ergehen lassen,

Kontakt

der aber den Cigarette-Smoking Man hinauswirft, als dieser Mulder droht: »Ihre Zeit ist um.« Mulder entdeckt, daß die Bandaufnahme, die er bei seiner Flucht mitnehmen konnte, gelöscht wurde, so daß er wieder ohne Beweise dasteht. Am Ende erklärt er Scully: »Ich habe zwar die X-Akten nicht mehr, aber ich habe immer noch meine Arbeit. Und ich habe Sie – und mich.«

Der Parasit
The Host

Erstausstrahlung: 23. September 1994
Drehbuch: Chris Carter
Regie: Daniel Sackheim

Skinner beauftragt Mulder mit dem Fall eines unbekannten Toten, den man in der Kanalisation von New Jersey gefunden hat. Mulder ist damit unzufrieden und klagt, daß er sich mit unwichtigen Fällen befassen muß. Er erklärt Scully, daß er mit dem Gedanken spielt, das FBI zu verlassen. Dann erhält er jedoch einen anonymen Anruf, in dem ihm mitgeteilt wird, er habe »einen Freund im FBI« und von seinem Erfolg in diesem Fall hänge es ab, ob die X-Akten wieder geöffnet würden. Bei der Autopsie der in der Kanalisation gefundenen Leiche findet Scully einen großen, parasitären Wurm. Später – ein Kanalisationsarbeiter wird von etwas ins Wasser gezogen und taucht lebend, aber mit einer sonderbaren großen Wunde am Rücken wieder auf. Unter der Dusche krümmt er sich plötzlich vor Schmerzen und würgt einen Wurm heraus, der durch den Abfluß verschwindet. Als Mulder eine Kläranlage genauer in Augenschein nimmt, bemerken sie etwas Großes im Wasser, und es gelingt ihnen, das Wesen, das halb Mensch, halb Wurm ist, zu fangen. Mulder gibt Skinner seinen Bericht ab und ist überrascht zu hören, daß der Fall eigentlich eine X-Akte hätte sein müssen. Durch einen weiteren anonymen Hinweis erfährt Scully, daß das erste Opfer ein Russe war. Unterdessen tötet der Wurmmensch den Fahrer, der ihn in eine Anstalt bringen sollte, und kann sich in einem Abwassertankwagen verstecken. Mulder verfolgt den Tankwagen bis zu einer Kläranlage, wo es ihm gelingt, den Mutanten zu stellen, bevor er ins offene Meer hinausschwimmen kann. Er läßt eines der eisernen Tore auf den fliehenden Wurmmenschen herabsausen und trennt ihn in zwei Hälften. Scully ist zu dem Schluß gekommen, daß die Wurmmutation durch radioaktiven Abfall auf einem russischen Frachter hervorgerufen wurde. Die Überreste des Wurmmenschen treiben an die Meeresoberfläche, und seine Augen öffnen sich.

Blut
Blood

Erstausstrahlung: 30. September 1994
Drehbuch: Glen Morgan und James Wong
Regie: David Nutter

Ein Makler wird zum Serienmörder, nachdem er auf einer digitalen Fahrstuhlanzeige die Worte »KIIL 'EM ALL« – »Töte sie alle« gelesen hat. Es ist bereits der siebte Mord in einer sonst ausgesprochen friedlichen Kleinstadt, und man beauftragt Mulder mit dem Fall. An jedem Tatort wurde ein zerstörtes Elektrogerät zurückgelassen. Später tötet eine Frau einen Kfz-Mechaniker, nachdem sie einen ähnlichen Befehl auf einer Digitalanzeige gesehen hat. Mulder sucht sie zusammen mit Sheriff Spencer auf, aber Spencer muß sie erschießen, als sie versucht, Mulder zu erstechen. Eine Autopsie ergibt abnormal hohe Adrenalin-Werte sowie eine unbekannte Substanz in den Drüsen. Die Lone Gunmen berichten Mulder von LSDM, einem noch im experimentellen Stadium befindlichen Insektizid, das bei Insekten eine starke Angstreaktion hervorruft. Mulder findet heraus, daß die Stadt diesen Stoff auf ihren Feldern einsetzt und vermutet, daß jemand oder etwas die bereits existierenden Phobien durch digitale Botschaften verstärkt, was zu den Morden geführt hat. Ihre Suche führt sie zu dem ehemaligen Postangestellten Ed Funsch, der plötzlich verrückt spielt und von einem Turm aus wahllos herunterfeuert. Als Mulder ihn festnimmt, erklärt er ihm, »sie« würden nicht zulassen, daß er damit aufhört. Auf dem Display seines Mobiltelefons liest Mulder die Nachricht: »ALL DONE. BYE BYE« – »Alles erledigt. Macht's gut.« Das Experiment scheint beendet zu sein.

Schlaflos
Sleepless

Erstausstrahlung: 7. Oktober 1994
Drehbuch: Howard Gordon
Regie: Rob Bowman

Mit seiner Morgenzeitung erhält Mulder ein Tonband, das ihn auf den Tod eines Wissenschaftlers namens Dr. Grissom aufmerksam macht, der allem Anschein nach in seiner Wohnung verbrannt ist, ohne daß irgendwelche Spuren von Feuer hinterlassen wurden. Ein neuer Partner namens Alex Krycek wird ihm zugeteilt. Sie finden heraus, daß Dr. Grissom eine Klinik für Schlafstörungen leitete. Wenig später kommt ein weiterer Mann durch eine Vision ums Leben. Er war Offizier bei den Marines und in derselben Gegend von Vietnam stationiert, in der auch Grissom gearbeitet hat. Der einzige Überlebende dieser Einheit ist gerade aus einem Krankenhaus für Vietnamveteranen verschwunden. Sein Name ist Augustus Cole, und er hat seit 24 Jahren nicht mehr geschlafen. Mr. X informiert Mulder über ein Geheimprojekt, das den Soldaten ihr Schlafbedürfnis nehmen sollte. Jetzt will Cole Rache für diese Experimente. Mulder vermutet, daß Cole eine Fähigkeit entwickelt hat, durch geistige Kräfte die Träume anderer zu beeinflussen. Mulder versucht, den zweiten Arzt, der an der Sache beteiligt war, zu schützen, doch Cole »schießt« mit Hilfe seiner geistigen Kräfte auf ihn. Es gelingt Mulder, ihn zu stellen und er bittet ihn, vor Gericht gegen die Army auszusagen. Das aber verhindert Krycek, der Cole unter einem Vorwand erschießt. Krycek erstattet dem Cigarette-Smoking Man Bericht und verrät ihm, daß Mulder eine neue Informationsquelle als Ersatz für Deep Throat gefunden hat. Scully sei »ein weit größeres Problem als Sie glauben«. Der Cigarette-Smoking Man versichert ihm: »Für jedes Problem gibt es auch eine Lösung.«

Unter Kontrolle
Duane Barry

Erstausstrahlung: 14. Oktober 1994
Drehbuch: Chris Carter
Regie: Chris Carter

Zu Beginn der Folge sehen wir, wie Duane Barry 1985 von Außerirdischen entführt wird und schreit: »Nicht schon wieder!« 1994 sitzt Barry in einer Anstalt und beharrt darauf, daß sie ihn wieder holen wollen. Weil er unbedingt Zeugen für diese neue Entführung vorweisen will, nimmt er vier Geiseln. Mulder wird zu den Verhandlungen mit ihm geschickt, und Barry schießt eine der Geiseln an, die er im Austausch für Mulder gehen lassen will. Scully findet heraus, daß Barry ein ehemaliger FBI-Agent ist, der seit einer Schußverletzung am Kopf gewalttätig geworden ist und unter Halluzinationen leidet. Barry berichtet Mulder davon, was er über die Vertuschung von Abduktionen seitens der Regierung weiß und beschreibt den Ort seiner Entführungen in allen Einzelheiten. Ein FBI-Scharfschütze verwundet Barry, und bei seiner anschließenden Untersuchung werden winzige Metallteile in Barrys Nebenhöhlen und seinem Bauchraum gefunden. Spontan beschließt Scully, eines der Metallteile auf den Scanner einer Supermarktkasse zu legen, worauf diese völlig verrückt spielt. Barry kommt im Krankenhaus zu sich, schlägt eine Wache nieder und entkommt. Noch während Scully Mulder auf dessen Anrufbeantworter von dem Kassenscanner berichtet, bricht Barry bei ihr ein, und man kann sie am Telefon um Hilfe rufen hören. *Fortsetzung folgt...*

Seilbahn zu den Sternen
Ascension

Erstausstrahlung: 21. Oktober 1994
Drehbuch: Paul Brown
Regie: Michael Lange

Mulder hört Scullys Nachricht auf seinem Anrufbeantworter ab und bekommt Besuch von der verzweifelten Mrs. Scully, die geträumt hat, daß Dana entführt wurde. Duane Barry macht sich mit Scully im Kofferraum auf den Weg zu dem Schauplatz seiner Abduktion und tötet unterwegs einen Streifenpolizisten. Mulder schlußfolgert aus einer Tonbandaufnahme, daß Barry zum Skyland Mountain will. Krycek verrät dem Cigarette-Smoking Man, wohin sie fahren. Bei dem Versuch, mit einer Seilbahn schneller als Barry auf dem Berggipfel anzukommen, wird Mulder von Krycek sabotiert, der den Seilbahnmechaniker tötet. Es gelingt ihm aber, die Seilbahn zu verlassen, und er kann Barrys Auto tatsächlich ausfindig machen, in dem er aber außer Scullys goldenem Kreuzanhänger nichts mehr vorfindet. Er entdeckt Barry, der

235

jubelt, er sei nun frei, »sie« hätten Scully anstatt seiner selbst mitgenommen. Mulder stürzt sich auf ihn und würgt ihn. Er erfährt, daß das Militär an allem beteiligt ist. Dann sieht Mulder Krycek zu Barry in den Vernehmungsraum gehen, und als er Barry später abholen will, findet er ihn tot vor. Der Cigarette-Smoking Man weist Krycek an, sich Mulders Vertrauen zu erhalten und erklärt ihm, es wäre zu riskant, Mulder zu töten. Aber Mulder bemerkt im Aschenbecher von Kryceks Auto die vom Cigarette-Smoking Man hinterlassene Zigarettenasche. Krycek verschwindet, und mit ihm jegliche Unterlagen, die an ihn oder den Fall erinnern könnten. Skinner erklärt sich bereit, die X-Akten wieder zu öffnen.

Drei
3

Erstausstrahlung: 4. November 1994
Drehbuch: Chris Ruppenthal, Glen Morgan und James Wong
Regie: David Nutter

Scully wird immer noch vermißt. An einem ganz anderen Verbrechensschauplatz versucht Mulder, einen Mordfall zu lösen, dem bereits einige ähnliche Fälle im ganzen Land vorausgegangen sind. Er hält sie für das Werk einer Sekte, deren Anhänger ihren Opfern das Blut aussaugen. In einer Blutbank nimmt er einen Verdächtigen fest, den er beim Trinken von Blut beobachtet hat. Dieser Mann, der sich nur als »John« zu erkennen gibt, erklärt ihm nun, daß er durch das Trinken von Blut unsterblich ist und fragt ihn, ob er denn nicht selbst ewig leben wolle. Mulder meint nur trocken: »Nicht wenn Unterhosen mit Kordelzug wieder in Mode kommen«. Mulder hält den Vampirglauben des Verdächtigen für eine Wahnvorstellung und hofft, daß er aus Furcht seine Komplizen verraten wird, wenn man ihn bis zum Tagesanbruch in eine Zelle sperrt. Doch später finden sie »John« mit tödlichen Verbrennungen am Boden liegend wieder. Ein Stempelüberrest auf Johns Hand führt Mulder in einen Nachtclub, wo er Kristen trifft (die von Duchovnys damaliger Freundin Perrey Reeves gespielt wird). Als Mulder sich weigert, von ihrem Blut zu kosten, verläßt sie die Bar mit einem anderen Mann. Mulder folgt ihnen, und ihr Begleiter schlägt ihn zusammen. Doch schon bald darauf wird auch dieser Mann tot aufgefunden, und zwar mit drei verschiedenen Bißspuren am Körper. Als Mulder Kristen wieder begegnet, erfährt er, daß sie der Sekte nicht länger angehört, die anderen sie nun aber verfolgen. Sie verbringen die Nacht gemeinsam. Am nächsten Morgen ist John auf rätselhafte Weise zurückgekehrt. Es gelingt Mulder, mit Kristen zu fliehen, sie töten die Anführerin der Sekte. Da sie nur durch die Hand anderer Vampire getötet werden können, trinkt Kristen ihr eigenes Blut, wird zur Vampirin und steckt das ganze Haus in Brand. In den Ruinen werden vier Leichen gefunden, Mulder ist wieder allein.

An der Grenze
One Breath

Erstausstrahlung: 11. November 1994
Drehbuch: Glen Morgan und James Wong
Regie: R. W. Goodwin

Mulder spricht mit Scullys Mutter und bestärkt sie in der Überzeugung, daß sie auf gar keinen Fall aufgeben dürften, nach Dana zu suchen. Plötzlich wird Scully auf rätselhafte Weise im Koma in ein Washingtoner Krankenhaus eingeliefert. Sie phantasiert: In einem kleinen Boot treibt sie auf einem See und ist nur durch ein dünnes Seil mit der Anlegestelle verbunden. Anhand einer Blutprobe, die Mulder entwenden kann, finden die Lone Gunmen

237

heraus, daß an Scully ein genetisches Experiment durchgeführt wurde. Ein unbekannter Mann stiehlt die Blutprobe, Mulder kann ihn bis in ein Parkhaus verfolgen, wo X in die Verfolgungsjagd eingreift und den Mann erschießt. Der Cigarette-Smoking Man will mit Skinner über Mulder sprechen. Als er gegangen ist, hält Mulder Skinner vor, daß der Cigarette-Smoking Man hinter Scullys Verschwinden steckt. Mulder findet heraus, wo er wohnt, und bedroht ihn mit der Waffe. Doch er erfährt nichts Neues. Weil er sich frustriert, verzweifelt und mitschuldig an Scullys Schicksal fühlt, reicht Mulder bei Skinner seine Kündigung ein, der sie jedoch nicht akzeptiert. X verrät Mulder, daß am selben Abend seine Wohnung durchsucht werden soll, so daß er Gelegenheit hätte, die Männer als Rache für Scullys Entführung zu töten. Scullys Schwester Melissa überzeugt Mulder jedoch, statt dessen Scully, deren Zustand sich bedenklich verschlechtert hat, im Krankenhaus beizustehen. Er entscheidet sich dafür, die Nacht an Scullys Krankenbett zu verbringen. Als er nach Hause zurückkommt, findet er seine Wohnung durchwühlt vor, die Eindringlinge sind längst wieder verschwunden. Doch am nächsten Morgen wacht Scully tatsächlich aus dem Koma auf. Mulder ist grenzenlos erleichtert, und Scully bedankt sich in einer bewegenden Szene für seine emotionale Unterstützung. Als Scully später nach der Krankenschwester namens Owens fragt, die sie immer wieder in ihren Komaträumen gesehen hat, antwortet man ihr, daß es in diesem Krankenhaus noch nie eine Schwester Owens gegeben habe.

Der Vulkan
Fire Walker

Erstausstrahlung: 18. November 1994
Drehbuch: Howard Gordon
Regie: David Nutter

Scully möchte keine Erholungspause nach ihrem strapaziösen Erlebnis, sondern stürzt sich sofort wieder auf ihre Arbeit. Diesmal geht es um ein Vulkanforschungsteam – eines der Mitglieder ist auf mysteriöse Weise umgekommen. In der Forschungsstation erfahren die Agenten, daß die überlebenden Teammitglieder – Ludwig, Tanaka und O'Neil – fürchten, daß ihr Projektleiter Trepkos wahnsinnig geworden ist und sie alle töten will. In Trepkos' Aufzeichnungen findet Mulder die Beschreibung einer neuen Lebensform, die in den unglaublich hohen Temperaturen des Erdkerns existieren kann. Trepkos tötet einen weiteren Kollegen und droht den anderen: »Niemand kommt hier raus.« Als Tanaka schwerkrank kollabiert, versuchen sie ihn in ein Krankenhaus zu bringen, aber er flieht. Von der Felswand einer Schlucht aus müssen die anderen mitansehen, wie aus seinem Hals ein eigenartiger, riesiger Keim hervorbricht. Mulder und Ludwig spüren Trepkos auf, der auf Ludwig losgeht und ihn tötet. In dem Versuch, den Keim zu zerstören, der sie infiziert hat, als ein Forschungsroboter ihn mit aus dem Erdkern nach oben gebracht hat, verbrennt er die Leiche. Scully stellt fest, daß der Keim sich offenbar durch Einatmen überträgt. O'Neil fürchtet sich vor dem nahenden Ausbruch des Keims aus ihrem Körper und kettet Scully mit Handschellen an sich. Doch Scully gelingt es, den hervorbrechenden Sporen auszuweichen, indem sie O'Neil in einen anderen Raum drängt und die Tür zwischen ihnen zuzieht. Die Agenten lassen Trepkos im Vulkan zurück und erklären in ihrem Bericht, daß es keine Überlebenden gab.

Rotes Museum
Red Museum

Erstausstrahlung: 9. Dezember 1994
Drehbuch: Chris Carter
Regie: Win Phelps

Ein als vermißt gemeldeter Jugendlicher wurde in einem Schockzustand wiedergefunden. Er war mit nichts als seiner Unterwäsche bekleidet und jemand hatte ihm die Worte »HE IS ONE« – »Er ist einer« auf seinen Rücken gekritzelt. Der Sheriff hat eine ortsansässige Vegetariersekte in Verdacht, die sich Kirche des Roten Museums nennt. Im Blut eines zweiten jugendlichen Opfers finden sich Opiate. Der Sektenführer des Roten Museums, Odin, wird festgenommen, und seine Gefolgsleute versammeln sich in der Stadt. Ein Ortsbewohner bringt Mulder und Scully auf die Spur einer Farm, wo den Rindern verbotene Wachstumshormone gespritzt werden. Der Mann glaubt, daß es zwischen diesen Hormonen und dem in den letzten Jahren beunruhigend angestiegenen Aggressionspotential in der Stadt einen Zusammenhang gibt. Offenbar steckt eine Regierungsverschwörung dahinter – der Arzt Dr. Larsen hat die Entführungsopfer und viele andere Kinder im Ort bereits ihr Leben lang mit angeblichen Vitaminpräparaten behandelt. Larsen kommt bei einem Flugzeugabsturz um, bei seiner Leiche wird eine Aktentasche voller Geld gefunden. Nun taucht Deep Throats Mörder auf, der Crewcut Man. Er tötet einen Mann, der mit den Rindfleischhormonen zu tun hatte. Kurz darauf wird der Sohn des Sheriffs tot aufgefunden. Als Mulder eine geheime Kammer hinter dem Badezimmer des ersten entführten Jungen entdeckt, wird ihm klar, daß der Hauseigentümer Gerd Thomas hinter den Entführungen steckt. Thomas behauptet, daß Dr. Larsons Experimente aus den Jugendlichen Monster gemacht hätten. Die angeblichen Hormone stellen sich als außerirdische DNS heraus, die auch schon in der Folge »Das Labor« eine Rolle gespielt hat. Mulder bringt die überlebenden Jugendlichen mit ihren Familien zum Roten Museum. Danach fährt er zum Schlachthof, wo er dem Crewcut Man begegnet, der vom Sheriff, der noch um seinen Sohn trauert, erschossen wird. Es stellt sich heraus, daß er keine offizielle Identität besitzt. Der Fall bleibt ungelöst.

Excelsis Dei
Excelsis Dei

Erstausstrahlung: 16. Dezember 1994
Drehbuch: Paul Brown
Regie: Stephen Surjik

In einem Altenpflegeheim wird eine Krankenschwester von einem unsichtbaren Angreifer vergewaltigt. Sie beschuldigt den 74 Jahre alten Patienten Hal Arden, der aufgrund seiner offensichtlichen Altersgebrechlichkeit nur über die Anschuldigungen lacht. Aber nachdem Scully und Mulder gegangen sind, ermahnt Hals Zimmergenosse Stan ihn, in Zukunft vorsichtiger zu sein und die Sache nicht für sie alle zu verderben. Daraufhin nimmt er eine Tablette aus einem geheimen Versteck, schluckt sie und weist Hal zurück, als dieser selbst eine von ihm verlangt. Kurz darauf wird Hal von einer unsichtbaren Hand zu Tode gewürgt. Als die Agenten zum Heim zurückkommen, sehen sie gerade noch, wie einer der Pfleger aus einem Fenster geworfen wird. Nur Stan war in der Nähe. Mulder entdeckt, daß der asiatische Pfleger Gung die Patienten mit Tabletten aus speziellen Pilzen behandelt hat, die er selbst im Keller des Heims züchtet, wo Mulder eine weitere Leiche findet. Gung behauptet, daß die Geister ehemaliger Heiminsassen nun den Ort ihrer früheren Leiden heimsuchen würden. Er wußte nicht, daß einige der alten Leute ihm Tabletten gestohlen und mehr davon eingenommen haben, als ihnen gut tat. Mulder glaubt, daß die Drogen eventuell übernatürliche Kräfte freigesetzt haben. Zusammen mit Michelle wird er in ein Badezimmer eingeschlossen, das sich rasch mit Wasser füllt. Stan erleidet einen Anfall. Es gelingt Mulder und Michelle, sich aus dem überfluteten Badezimmer zu befreien, und die Geister verschwinden. Gung wird in seine Heimat abgeschoben, und die Patienten verfallen ohne seine Spezialbehandlung wieder in ihre apathische Altersdemenz.

Böse geboren
Aubrey

Erstausstrahlung: 6. Januar 1995
Drehbuch: Sara Charno
Regie: Rob Bowman

Die Polizistin B. J. Morrow erzählt ihrem Chef, daß sie von ihm ein Kind erwartet. Später findet sie sich unbegreiflicherweise nachts auf einem Feld wieder, wo sie das Skelett eines seit 1942 vermißten FBI-Agenten ausgräbt. Mulder und Scully fliegen nach Aubrey in Missouri, um in dem Fall zu ermitteln. Der tote Agent war damals mit dem Fall eines Serienmörders beauftragt, der seinen Opfern das Wort »SISTER« auf die Brust ritzte. Nun hat eine auffällig ähnliche Mordserie begonnen. In einer Kartei alter Verbrecherfotos findet B. J. das Bild von Harry Cokely, der 1945 verurteilt wurde, weil er eine Frau vergewaltigt und das Wort »SISTER« auf ihre Brust geritzt hat. Cokely ist der Mann, den sie in letzter Zeit immer wieder in traumartigen Visionen vor sich gesehen hat. Doch Cokely ist mittlerweile ein alter, kranker Mann, der die neuesten Verbrechen unmöglich begangen haben kann. B. J.

242

wacht verängstigt aus einem Alptraum auf, in dem sie sich blut-
überströmt mit dem Wort »SISTER« auf der Brust gesehen hat.
Von einer Eingebung getrieben sucht sie ein Haus auf, in dem sie
die Leiche eines weiteren vermißten FBI-Agenten unter den Die-
lenbrettern findet. In diesem Haus hat Cokely vor fünfzig Jahren
gelebt. Mulder und Scully finden heraus, daß Cokelys Vergewalti-
gungsopfer schwanger wurde und später das Kind zur Adoption
freigegeben hat. Mulder nimmt an, daß das kollektive Unbe-
wußte in diesem Fall eine große Rolle spielen könnte; vielleicht
hat sich das genetische Gedächtnis von Cokely auf seine Nachkommen übertragen. B. J. ist, wie sich herausstellt, Cokelys Enke-
lin. Die Agenten jagen hinter B. J. her, um sie davon abzuhalten,
zu Ende zu bringen, was Cokely begonnen hat, doch B. J. will nun
Cokely zur Strecke bringen. Sie finden ihn erstochen vor, und B. J.
greift auch Mulder aus dem Hinterhalt an. In dem Moment, als
Cokely stirbt, wacht B. J. jäh aus ihrer Trance auf und läßt das Messer fallen. B. J. kommt in psychiatrische Behandlung und unter
Suizid-Beobachtung, nachdem sie versucht hat, ihr Baby abzu-
treiben.

Todestrieb
Irresistible

Erstausstrahlung: 13. Januar 1995
Drehbuch: Chris Carter
Regie: David Nutter

Mulder nimmt den Fall einer entweihten Grabstätte in Minneapolis eigentlich nur deshalb an, weil er Karten für ein Football-
spiel hat. Er hält ihn nicht für eine X-Akte, sondern vermutet in
dem Täter einen Fetischisten, der zur Befriedigung seines Bedürf-
nisses nach Leichenschändung zum Mörder geworden sein

könnte. Donnie Pfaster, der in einem Leichenschauhaus arbeitet, ermordet eine Prostituierte und nimmt ihre Haare und Fingernägel als Andenken mit. Aber das nächste Mädchen, an das er sich heranmacht, wehrt sich erfolgreich, und Donnie wird festgenommen. Scully, die dieser Fall sehr mitnimmt, hat einen Alptraum, in dem sie sich selbst als eines der Entführungsopfer sieht. In seiner Arrestzelle bekommt Donnie zufällig Scully zu sehen, die einen seiner Mithäftlinge als Verdächtigen verhört, und schnappt ihren Namen auf. Als sie wieder in Washington ist, spricht sie mit einer FBI-Psychologin über ihre Ängste. Unterdessen durchsucht die Polizei Donnies Wohnung und findet dort Körperteile der Leichen. Scully fliegt wieder nach Minneapolis, wo Donnie bereits auf sie wartet, sie im Wagen von der Straße abdrängt und gefesselt mit zum Haus seiner Mutter schleppt. Doch Mulder ist ihm auf die Spur gekommen. Als Donnie die Vorbereitungen für sein Tötungsritual beginnt, kann Scully sich befreien, und es kommt zu einem Kampf. Dann stürmt Mulder mit Verstärkung das Haus. Völlig erschöpft bricht Scully zusammen und fällt Mulder weinend um den Hals.

Satan
Die Hand Die Verletzt

Erstausstrahlung: 27. Januar 1995
Drehbuch: Glen Morgan und James Wong
Regie: Kim Manners

Eine zunächst normal erscheinende Eltern- und Lehrerversammlung endet mit einem gemeinsamen Gebet an Satan bei Kerzenbeleuchtung. Einer der Schüler wird tot aufgefunden. Ihm wurden Herz und Augen entfernt. Vom Sheriff des Ortes erfahren Mulder und Scully, daß schon lange Gerüchte um Teufelsanbeter in der Stadt kursieren. Scully ist überzeugt, daß in dieser Stadt nichts Unheimliches vorgeht, ist aber doch leicht verunsichert, als auf einmal Kröten vom Himmel regnen und das Wasser gegen den Uhrzeigersinn abläuft. Als die Eltern- und Lehrerversammlung wieder zusammentritt, äußert eines der Mitglieder namens Calcagni den Verdacht, ein böser Geist sei für den Mord verantwortlich. Aber das Herz und die Augen des toten Jungen befinden sich in der Schreibtischschublade der neuen Aushilfslehrerin Mrs. Paddock. Als die Schüler im Biologieunterricht Schweine-Embryos sezieren sollen, bricht eines der Mädchen, Shannon, in hysterische Schreie aus, weil sie das Embryoherz schlagen sieht. Sie vertraut Mulder und Scully grauenvolle Geschichten von satanischen Ritualen an, denen sie und ihre kleine Schwester ihrer Aussage nach beiwohnen mußten. Sie belastet ihren Stiefvater Jim Ausbury, der auch zum Satanskult gehört. Unterdessen zwingt Mrs. Paddock Shannon telepathisch dazu, sich die Pulsadern aufzuschneiden. Ausbury bekennt sich zur Teilnahme an satanischen Ritualen, sagt allerdings, daß sie die unangenehmeren Stellen immer übersprungen hätten. Mulder erhält einen Anruf, der ihn glauben lassen soll, Scully sei in Schwierigkeiten, in Wirklichkeit aber von Mrs. Paddock inszeniert wurde. Er kettet Ausbury im Keller mit Handschellen ans Geländer und stürzt nach oben. Daraufhin erscheint eine riesige Pythonschlange, die Ausbury bei lebendigem Leib verschlingt. Als die Agenten zurückkommen, sind von ihm nur noch Knochen übrig. Die Satanisten haben nun vor, die Agenten zu opfern, um sich zu retten. Doch bevor sie sie töten können, schreitet Calcagni, der unter Mrs. Paddocks Kontrolle steht, ein und richtet die Waffe zunächst auf die anderen, dann auf sich selbst. Mrs. Paddock ist auf einmal spurlos verschwunden. Das einzige, was Scully und Mulder noch von ihr finden, sind die Worte »Macht's gut. Es war nett, mit euch zu arbeiten« auf der Wandtafel.

Frische Knochen
Fresh Bones

Erstausstrahlung: 3. Februar 1995
Drehbuch: Howard Gordon
Regie: Rob Bowman

In einem haitianischen Flüchtlingslager untersuchen Mulder und Scully den Tod zweier Soldaten. Es kursieren Gerüchte, ein Voodoo-Fluch sei mit im Spiel. Der Lagerkommandant Colonel Wharton sagt, die Soldaten ständen unter ständigem Streß, weil ihnen der offene Haß der Flüchtlinge entgegenschlägt. Scully entdeckt, daß die Leiche des letzten Opfers, eines einfachen Soldaten namens McAlpin, durch eine Hundeleiche ersetzt worden ist. Mitten auf der Straße läuft ihnen auf einmal McAlpin über den Weg. Er scheint orientierungslos, aber er lebt. Ein Soldat verrät Mulder und Scully, daß ein Flüchtling namens Bauvais Wharton gewarnt hatte, er würde seine Männer vernichten, wenn man die Flüchtlinge nicht gehen ließe. Wharton prügelt Bauvais zu Tode. Mr. X erklärt Mulder, daß Wharton seit seiner Stationierung auf Haiti auf Rache aus sei. Der Soldat, der versucht hat, die Agenten zu warnen, liegt tot in Mulders Zimmer, McAlpin steht mit einem bluttriefenden Messer daneben. Die Agenten finden heraus, daß die beiden ermordeten Soldaten gegen Wharton Beschwerde eingereicht hatten. Mulder beobachtet, wie Wharton über Bauvais' Sarg ein Vodoo-Ritual zelebriert. Unbemerkt erhebt sich Bauvais und versetzt Wharton in einen Zustand des Scheintodes, indem er ihm ein Pulver ins Gesicht bläst. Die Agenten verlassen das Flüchtlingslager, ohne zu bemerken, was sich etwa zur gleichen Zeit auf dem Friedhof ereignet: Whartons Grab wird von einem Schaufellader zugeschüttet, während der Scheintote aufwacht und entsetzt versucht, sich aus dem Sarg zu befreien.

Die Kolonie (Teil 1)
Colony

Erstausstrahlung: 10. Februar 1995
Drehbuch: Chris Carter
Story: David Duchovny und Chris Carter
Regie: Nick Marck

Zu Beginn der Folge wird Mulder mit extremen Unterküh-
lungserscheinungen in eine Notaufnahme eingeliefert. Scully
warnt die Ärzte, daß Kälte im Moment das einzige sei, was ihn am
Leben erhalte. Rückblende – zwei Wochen zuvor im nördlichen
Polarkreis: Ein Forschungsschiff der Regierung entdeckt ein vom
Himmel stürzendes Wrack und rettet den Piloten. Dieser tötet
später in einer Abtreibungsklinik einen der Ärzte, dem daraufhin
eine grüne Flüssigkeit aus der Wunde quillt. Mulder erhält drei
Nachrufe per E-Mail, die sich auf äußerlich identische Abtrei-
bungsärzte beziehen, für die keinerlei Geburtsurkunden zu existieren scheinen. Er findet einen weiteren Mann mit dem gleichen Aussehen und schickt ihm einen anderen Agenten, der ihn
schützen soll. Dieser stößt auf den Piloten und schießt auf ihn.
Die grüne Flüssigkeit, die auch aus der Wunde des Piloten sickert,
läßt den Agenten auf der Stelle unter Krämpfen zusammenbrechen und tötet ihn. Als Mulder und Scully eintreffen, verwandelt
der Pilot sein Äußeres in das des Agenten und entkommt. Der
angebliche CIA-Agent Ambrose Chapel wendet sich an Mulder. Er
behauptet, die Ärzte seien Teil eines sowjetischen Klonpro-
gramms. Der nächste Arzt, den sie aufsuchen, stürzt aus Angst vor
Chapel aus seinem Fenster und flieht. Chapel, der sich wieder als
der verwandelte Pilot herausstellt, verfolgt und tötet den Mann.
Mulder fährt auf Bitte seiner Eltern zum Haus seiner Mutter, wo er
seine lange vermißte Schwester Samantha vorfindet. Sie erklärt
ihm, die Klone seien ihre außerirdischen Adoptiveltern, die von

einem außerirdischen Kopfgeldjäger gejagt würden, der jede beliebige Gestalt annehmen könne. Samantha sagt, sie könne ihn aber erkennen. Scully spürt unterdessen die verbleibenden geklonten Ärzte auf und läßt sie zu ihrem Schutz beim FBI in Gewahrsam nehmen. Als FBI-Agent getarnt dringt der Pilot in das Gefängnis ein und tötet alle. Gerade als Mulder in Scullys Hotelzimmer tritt, bekommt sie einen Anruf von Mulder. *Fortsetzung folgt...*

Die Kolonie (Teil 2)
End Game

Erstausstrahlung: 17. Februar 1995
Drehbuch: Frank Spotnitz
Regie: Rob Bowman

Scully hat durchschaut, daß der Mann in ihrem Hotelzimmer nicht Mulder ist und richtet ihre Waffe auf ihn. Er nimmt seine wahre Gestalt als der Pilot an, überwältigt sie und nimmt sie als Geisel, die er Mulder zum Tausch für Samantha anbietet. Samantha hat mittlerweile Mulder darüber aufgeklärt, daß die Klone nach dem Vorbild zweier außerirdischer Besucher entstanden seien, die auf der Erde eine Kolonie gründen wollen. Weil dieses Experiment jedoch nicht von ihrer eigenen höheren Stelle genehmigt worden sei, habe man ihnen den Kopfgeldjäger hinterhergeschickt. Der von dem Kopfgeldjäger vorgeschlagene Geiselaustausch soll auf einer Brücke stattfinden, wo ein Scharfschütze den Kopfgeldjäger erschießen soll. Aber diesem gelingt es, sich vorher mit Samantha ins eiskalte Wasser hinunterzustürzen. Mulder ist völlig verzweifelt, hält sich aber genau an die Anweisungen, die Samantha ihm für den Fall, daß ihr etwas zustößt, gegeben hat. Dabei trifft er auf eine ganze Gruppe von Samantha-Klonen. Sie geben zu, daß sie ihn getäuscht und ausgenutzt haben, sagen ihm aber auch, sie wüßten, wo sich seine Schwester wirklich aufhält. In diesem Moment erscheint der Kopfgeldjäger und schlägt Mulder nieder. Als er wieder zu sich kommt, steht das Gebäude in Flammen, und alle Klone sind verschwunden. X sagt ihm, der Pilot sei auf dem Weg zu seinem Fahrzeug, und Mulder heftet sich unverzüglich an seine Fersen. Da Mulder Scully nichts weiter als eine Nachricht hinterlassen hat, in der er ihr mitteilt, er könne sie nicht ihr Leben und ihre Karriere aufs Spiel setzen lassen, bittet sie Skinner um Hilfe. Sie nimmt Kontakt mit Mr. X auf, der ihr jedoch nicht verrät, wo Mulder zu finden ist. Es kommt zu einer sehr handgreiflichen Auseinandersetzung zwischen Skinner und Mr. X, und kurz darauf steht Skinner mit der gewünschten Information bei Scully vor der Tür. Mulder, der mittlerweile in der Arktis angekommen ist, muß sich auf einen Kampf mit dem Kopfgeldjäger einlassen, der ihn überwältigt und ihn auf dem arktischen Eis mit einem von Außerirdischen gezüchteten Retro-Virus infiziert zurückläßt, während er mit seinem Raumschiff die Erde verläßt. Schnitt zurück zum Beginn des Zweiteilers. Mulder wird mit Unterkühlungen ins Krankenhaus eingeliefert. Scully kann ihm das Leben retten, indem sie seine Körpertemperatur so niedrig hält, daß das Virus seine tödliche Wirkung nicht entfalten kann. Mulder erholt sich wieder, und an seinem Krankenbett erklärt er Scully, er habe etwas gefunden, das er schon verloren geglaubt hatte: »die Kraft weiterzusuchen«.

Sophie
Fearful Symmetry

Erstausstrahlung: 24. Februar 1995
Drehbuch: Stevan DeJarnatt
Regie: James Whitmore Jr.

Ein Elefant verschwindet aus dem Zoo und taucht 43 Meilen weit entfernt wieder auf, nachdem eine nahegelegene Stadt von einer unsichtbaren Kraft verwüstet wurde. Im Zoo lernen Mulder und Scully den Geschäftsführer Ed Meecham kennen, seine neue Vorgesetzte Willa Ambrose und den Vorsitzenden einer Tierrechtsbewegung namens Kyle Lang. Von den Lone Gunmen erfährt Mulder, daß die Gegend ein echter UFO-Hotspot sei und in diesem Zoo keines der Tiere je erfolgreich Nachkommen zur Welt bringen konnte. Scully ist der Ansicht, daß die ortsansässige Tierschützergruppe für die Vorfälle verantwortlich ist und verfolgt eines der Mitglieder, das in den Zoo einbricht. Plötzlich aber verschwindet ein Tigerweibchen in einem gleißend hellen Licht, taucht außerhalb seines Käfigs wieder auf und reißt den Mann in Stücke. Sophie, eines der Gorillaweibchen des Zoos, beherrscht die Zeichensprache, und bei ihrer Befragung stellt sich heraus, daß sie Angst vor hellem Licht hat. Eine Autopsie an der Elefantenkuh ergibt, daß sie tragend war, obwohl man sie nie hatte decken lassen. Dasselbe trifft auf die Tigerin zu. Mulder vermutet eine Verbindung zu außerirdischer Abduktion und künstlicher Besamung. Der Zoo wird geschlossen, und Sophie soll fortgebracht werden. Auf seiner Suche nach Meecham wird Mulder in Sophies Käfig eingesperrt. Sie ist in heller Panik und verschwindet auf einmal in einem grellen Lichtblitz. Mulder kann ihre letzten Zeichen als »Mensch retten Mensch« deuten. Als Sophie kilometerweit entfernt wieder aufgetaucht ist, stirbt sie. Mulder fragt sich, ob es sich bei den Abduktionen um eine

Art von außerirdischer Seite betriebene Arterhaltung handeln könnte.

Totenstille
Dod Kalm

Erstausstrahlung: 10. März 1995
Drehbuch: Alex Gansa und Howard Gordon
Regie: Rob Bowman

In der norwegischen Nordsee werden die Überlebenden eines verlassenen US-Navyzerstörers 42 Stunden nach Verlassen des Schiffs aus ihrem Rettungsboot geborgen und ins Krankenhaus eingeliefert. Als es Scully entgegen eines ausdrücklichen Verbots gelingt, einen Blick auf einen der Überlebenden werfen zu können, sieht sie, daß der Achtundzwanzigjährige aussieht wie ein Neunzigjähriger. Mulder stellt Überlegungen über ein Zeitloch und das berüchtigte Philadelphia-Experiment an. In derselben Gegend sind bereits auch andere Schiffe verschwunden. In Norwegen gehen die Agenten an Bord des Zerstörers. Das Schiff zeigt Anzeichen von Korrosion, die auf mehr als 30 Jahre Stillstand hinzudeuten scheinen. Außerdem finden sie bereits mumifizierte Leichen an Bord. Dann wird ihr Schiff gestohlen, die Agenten sitzen fest. Kaum haben sie den 35jährigen Kapitän des Schiffs ausfindig gemacht, stirbt dieser an Altersschwäche. Trondheim, der Kapitän des von den Agenten gecharterten Schiffes, wird von dem Walfangpiraten Olaffson angegriffen, der von dem vorschnellen Alterungsprozeß unberührt scheint. Als die Agenten und Trondheim am nächsten Morgen aufwachen, sind sie um 30 Jahre gealtert. Mulder findet heraus, daß verseuchtes Trinkwasser daran schuld ist. Wegen seines erhöhten Flüssigkeitsverlustes durch Seekrankheit ist Mulder am schlimmsten von allen dran. Das einzig genießbare Wasser an Bord befindet sich in der Wiederaufbereitungsanlage. Dort schließt Trondheim sich mit den letzten Vorräten ein. Als jedoch eine Flutwelle den Raum überschwemmt, ertrinkt er. Mulder verliert entkräftet das Bewußtsein, während es Scully noch gelingt, ihre Beobachtungen niederzuschreiben. Sie kommen im Krankenhaus wieder zu sich, wohin sie eine Navy-Rettungsmannschaft gebracht hatte und wo die Ärzte sie dank der Informationen in Scullys Aufzeichnungen retten konnten.

Der Zirkus
Humbug

Erstausstrahlung: 31. März 1995
Drehbuch: Darin Morgan
Regie: Kim Manners

Als der »Alligator-Mann« Jerald Glazebrook in seinem Swimmingpool von einem rätselhaften Wesen getötet wird, fliegen Mulder und Scully nach Florida, um den bizarren Fall genauer zu untersuchen. Mulder hat herausbekommen, daß dieser Fall 48 weiteren Angriffen ähnelt, die in den letzten 28 Jahren stattfanden. Die Agenten mieten sich in einem Wohnwagenpark in einer Stadt ein, die nur von ehemaligen Wanderzirkus-Attraktionen bewohnt wird. Besitzer der Wohnwagenanlage ist der Liliputaner Mr. Nutt, für den der mißgestaltete Lanny arbeitet, dem sein eingewachsener Zwillingsbruder »Leonard« seitlich aus dem Leib wächst. Bald darauf passiert der nächste Mord. Mulder beobachtet einen verdächtigen Freak, der am ganzen Körper mit Puzzleteilen tätowiert ist und am Fluß einen Fisch roh verschlingt. Dieser nennt sich »Das Rätsel« und ist eine der Attraktionen des Wanderzirkus, die alles verschlingt und verdaut, was man ihm vorsetzt. Dann wird Mr. Nutt angegriffen und ermordet. Die Agenten verhören den verdächtigen Dr. Blockhead. Doch im Gefängnis müssen sie entdecken, daß Lannys Zwillingsbruder Leonard sich, während dieser seinen Rausch ausschläft, von ihm gelöst hat und »nach einem anderen Bruder sucht«. Seine »Auserwählten« sterben aber bei seinem Versuch, sich in ihre Seiten zu bohren. Mulder und Scully jagen die Zwillingskreatur, die jedoch entkommt. Sie versucht, »Das Rätsel« anzugreifen, als die Agenten aber bei ihm sind, reibt der Schausteller sich mit zufriedenem Lächeln seinen Bauch. Lanny stirbt an Leberzirrhose, und Leonard taucht nie wieder auf. Als Blockhead sich mit dem Conundrum verabschiedet, fragt ihn Mulder, weshalb »Das Rätsel« so krank aussehe. Und zum ersten und einzigen Mal in der Folge antwortet es ihm selbst: »Muß wohl was Falsches gegessen haben...«

Heilige Asche
The Calusari

Erstausstrahlung: 14. April 1995
Drehbuch: Sara Charno
Regie: Michael Vejar

In einem Vergnügungspark wird ein Kleinkind durch einen von unsichtbarer Hand geführten Luftballon vor eine Kleinbahn gelockt und überfahren. Als Scully mit den Eltern des Jungen spricht, bemerkt sie, daß die rumänische Großmutter der Familie dem achtjährigen Bruder des toten Kindes eine Swastika auf die Hand zeichnet. Sie hört, wie die alte Frau ihre Tochter anschreit: »Du heiratest Teufel! Du hast Teufelskind!« Steve, der Vater der Jungen, erklärt sich einverstanden, mit Charlie zu einer Sozialarbeiterin des FBI zu gehen, was sowohl seine Frau als auch seine Schwiegermutter verärgert. Als er sich mit Charlie auf den Weg machen will, verfängt sich seine Krawatte im automatischen

Garagentoröffner und erwürgt ihn. Im Zimmer der alten Frau findet man bei einer polizeilichen Durchsuchung zwei tote Hähne und einige andere merkwürdige Dinge. Auf einmal tauchen drei ältere Männer in dunklen Anzügen auf, und Charlies Großmutter schickt den Jungen mit ihnen mit, woraufhin sie ein Ritual durchführen, bei dem ihnen Charlies Gestalt erscheint und sie auf rumänisch verflucht. Die Großmutter verbarrikadiert sich mit Charlie in ihrem Zimmer, sie wird jedoch von fliegenden Gegenständen zu Boden geschlagen. Sie sieht Charlies Gestalt über sich, welche die wieder zum Leben erweckten Hähne auf sie losläßt, die sie mit den Schnäbeln zu Tode hacken. Mulder verhört die drei Männer, die sich als rumänische Geistliche (Calusari) herausstellen. Sie sagen, sie seien gekommen, um das Haus von dem Bösen zu befreien. Als die Sozialarbeiterin Charlie nach den Vorgängen fragt, schreit dieser heraus, daß nicht er sondern »Michael« seine Großmutter getötet habe. Es stellt sich heraus, daß Charlie einen totgeborenen Zwillingsbruder namens Michael hat. Charlie erleidet einen Anfall und muß ins Krankenhaus gebracht werden, aber auch dort erscheint Michael, geht mit einem Rohr auf eine Krankenschwester los und bittet seine Mutter, ihn mit nach Hause zu nehmen. Scully versucht, Michael nachzulaufen, während Mulder die Calusari um Hilfe bittet. Sie bringen das Ritual zu Ende, woraufhin Michael, gerade als er Scully töten will, verschwindet. Der Fall bleibt ungelöst.

Verseucht
F. Emasculata

Erstausstrahlung: 28. April 1995
Drehbuch: Chris Carter und Howard Gordon
Regie: Rob Bowman

Der Wissenschaftler Robert Torrence untersucht in Costa Rica die eitrigen Wunden auf dem Kadaver eines Wildschweins und wird dadurch mit einem Virus infiziert. Kurz darauf erhält ein amerikanischer Sträfling mit demselben Namen ein Paket, in dem sich ein Schweinebein befindet. Bald darauf ist er mit ähnlichen Furunkeln bedeckt und wird von einer speziellen Quarantäneeinheit auf einer isolierten Station untersucht. Zwei andere Häftlinge, Paul und Steve, bekommen Angst und können aus dem Gefängnis ausbrechen. Mulder und Scully werden auf die beiden Flüchtigen angesetzt, werden aber angesichts der Quarantäne-Maßnahmen selbst mißtrauisch. Ein Wissenschaftler, der sich Scully als Dr. Osborne vorstellt, erklärt ihr, daß bereits mehr als zehn Männer an einer grippeähnlichen Erkrankung gestorben seien. Sie beobachtet, daß man die Leichen verbrennt. Einer der großen Furunkel, mit denen die Leichen bedeckt sind, platzt neben Dr. Osborne auf und infiziert auch ihn. Scully findet heraus, daß der Pharmakonzern Pinck Pharmaceutics das Paket geschickt hat. Mulder kann unterdessen die entflohenen Häftlinge im Haus von Pauls Freundin Elizabeth aufspüren, welche bereits von Paul infiziert wurde. Steve ist tot, Paul verschwunden. Osborne gibt nun zu, in Wirklichkeit für Pinck zu arbeiten, die mit einer bisher unerforschten Insektenart experimentieren, welche tödliche Parasiten verbreitet. Mulder will die Öffentlichkeit warnen, doch der Cigarette-Smoking Man verhindert das unter dem Vorwand, keine Panik verursachen zu wollen. Scully findet Osborne tot vor. Ihr wird gesagt, daß niemand ihre Geschichte bezeugen würde. Mulder steigt in einen Reisebus, in dem Paul nach Toronto entkommen will. Aber Paul bemerkt ihn und nimmt ein Kind als Geisel. Ein Scharfschütze erschießt Paul, und sofort ist die Quarantäne-Einheit zur Stelle, um die Leiche wegzuschaffen. Skinner erklärt den beiden, sie hätten keine Chance, wenn sie sich mit diesem Fall an die Öffentlichkeit wenden wollten, da sich nichts mehr beweisen lasse. Er warnt sie, in Zukunft noch mehr auf der Hut zu sein.

Das Experiment
Soft Light

Erstausstrahlung: 5. Mai 1995
Drehbuch: Vince Gilligan
Regie: James Contner

Scully verspricht ihrer ehemaligen Akademieschülerin Detective Kelly Ryan, ihr bei drei Fällen vermuteter Entführung zu helfen. An jedem Tatort entdeckt Mulder einen sonderbaren Fleck auf dem Teppich. Durch ein Flugticket aus dem Haus des einen Opfers spürt die Polizei am Bahnhof Dr. Chester Banton auf, der die Beamten davor warnt, sich ihm zu nähern. Als sie diese Warnung nicht befolgen und in den Bereich seines Schattens treten, lösen sie sich in nichts auf. Später findet Mulder auf Bantons Jacke das Firmenlogo von Polarity Magnetics, für die das erste Opfer gearbeitet hat. Dort erfährt Mulder von Dr. Davey, daß Banton bei der Durchführung eines Versuchs mit dunkler Materie einen Unfall erlitt und seitdem verschwunden ist. Sie stellen Banton auf dem Bahnhof, wo Mulder geistesgegenwärtig genug ist, die Lampen auszuschießen, bevor sie sich ihm nähern und ihn festnehmen. Banton wird in eine psychiatrische Klinik eingewiesen, wo er ihnen erklärt, daß sein Schatten wie ein schwarzes Loch ist und

Materie auf reine Energie reduziert, so daß sich alles auflöst, was mit ihm in Berührung kommt. Er befürchtet, die Regierung sei hinter ihm her, um von seinem Wissen zu profitieren. Mulder bittet Mr. X um Hilfe, wird aber abgewiesen. Später taucht Mr. X aber zusammen mit zwei weiteren Männern in der Klinik auf, angeblich um Bantons Verlegung durchzuführen. Als sie Banton festschnallen wollen, geht die Notbeleuchtung an, und die beiden Männer lösen sich auf. Mr. X läßt Banton entkommen. Dieser kehrt zu Polarity zurück und bittet dort Dr. Davey, ihm zu helfen. Ryan versucht, ihn aufzuhalten, wobei sie in seinen Schatten hineingesogen wird. Erst als er in der Teilchenbeschleunigerkammer eingesperrt wird, in welcher der Unfall stattgefunden hatte, wird Banton klar, daß auch Davey zu der Verschwörung gehört. Als Davey seinen Chef verständigen will, wird er erschossen, und kurz ist am Eingang Mr. X' Gesicht zu erkennen. Mulder und Scully finden bei ihrer Ankunft eine gefälschte Videoaufzeichnung vor, die zeigt, wie er in der Teilchenbeschleunigerkammer verschwindet. Unterdessen erklärt ein Mann im Laborkittel Mr. X, daß sie »diesen Mann wohl recht lange untersuchen müssen«. Festgeschnallt und an Elektroden angeschlossen sieht man Banton halb verrückt vor Angst in einem Versuchszimmer sitzen.

Unsere kleine Stadt
Our Town

Erstausstrahlung: 12. Mai 1995
Drehbuch: Frank Spotnitz
Regie: Rob Bowman

Mulder zeigt großes Interesse am Verschwinden eines Inspektors der Bundesgesundheitsbehörde namens George Kearns, der vorgehabt hatte, die Hühnerfabrik Chaco Chicken aufgrund hygienischer Mängel schließen zu lassen. Eine Frau namens Paula beginnt während der Fließbandarbeit in dieser Fabrik zu halluzinieren und wird vom Sheriff erschossen, nachdem sie den Fabrikdirektor mit einem Messer bedroht und als Geisel genommen hatte. Obwohl sie sehr jung aussah, entnehmen die Agenten ihrer Personalakte, daß sie bereits 47 Jahre alt war. Bei der Autopsie stellt sich heraus, daß sie an derselben seltenen Hirnerkrankung litt wie Kearns. Als man den Fluß absucht, findet man neun kopflose Skelette. Die Knochen sind an den Enden geglättet, was darauf hindeutet, daß man sie gekocht hat – Mulder vermutet deshalb, daß sie das Opfer von Kannibalen wurden. Die Agenten erhalten einen verängstigten Anruf von Kearns' Frau, die sich vor dem Firmengründer Mr. Chaco fürchtet. Noch während sie telefoniert, nähert sich ihr von hinten drohend ein Mann, der eine afrikanische Stammesmaske trägt. Mulder dringt in Chacos Haus ein, wo er einen ganzen Schrank voller Totenschädel findet. Unterdessen wird Scully, die Chaco in seine Gewalt gebracht hat, geknebelt und gefesselt auf einen Ritualplatz gebracht und vor eine Menschenmenge geführt, zu der die meisten Bewohner der Stadt gehören. Nach einem Streit mit dem Fabrikdirektor wird Chaco der Kopf abgeschlagen, und ein »Scharfrichter« bereitet Scully auf die gleiche Prozedur vor. Mulder kommt gerade noch rechtzeitig, um den Scharfrichter, der in Wirklichkeit der Sheriff ist, zu erschießen. Die Fabrik wird geschlossen, und obwohl nicht genau festgestellt werden kann, wie viele der Bewohner an den kannibalistischen Ritualen teilgenommen haben, haben sich 27 Menschen an Kearns' tödlicher Krankheit angesteckt. Chacos Überreste sind nirgends gefunden worden, aber eines Morgens taucht im Hühnerfutter eine graue Haarsträhne auf .

Anasazi

Anasazi

Erstausstrahlung: 19. Mai 1995
Drehbuch: Chris Carter
Story: David Duchovny und Chris Carter
Regie: R. W. Goodwin

Ein junger Navajo-Indianer entdeckt mitten in der Wüste einen metallisch glänzenden, im Wüstensand vergrabenen Eisenbahnwaggon und eine ausgetrocknete Leiche, die offenbar nicht von einem Menschen stammt. In Washington dringt zur gleichen Zeit ein Computerhacker mit dem Decknamen »Thinker« in das streng geheime Computersystem des Verteidigungsministeriums ein, wovon Regierungsbeamte in aller Welt umgehend telefonisch benachrichtigt werden. Als der Cigarette-Smoking Man die Nachricht bekommt, sagt er: »Meine Herren, das ist genau der Anruf, den ich nie zu bekommen gehofft hatte.« Die Lone Gunmen wenden sich an Mulder und berichten ihm, der Thinker wolle sich mit ihm treffen, um ihm die heimlich auf ein Magnetband gespeicherten Dokumente zu übergeben, auf denen sich genaueste Angaben über alle UFO-relevanten Informationen des Verteidigungsministeriums befinden. Doch als Mulder die Dateien öffnen will, muß er enttäuscht erkennen, daß sie im Navajo-Code verschlüsselt sind, den nur noch eine Handvoll Experten decodieren kann. Scully macht sich große Sorgen um Mulder, dessen Verhalten in der letzten Zeit mehr als unberechenbar geworden ist. Als Skinner Mulder darauf anspricht, ob er die Dateien möglicherweise erhalten habe, greift dieser ihn ohne Vorwarnung tätlich an. Daraufhin muß Scully erfahren, daß sie beide Gefahr laufen, entlassen zu werden. Der Cigarette-Smoking Man stattet Mulders Vater einen Besuch ab und spricht mit ihm über die gestohlenen Dokumente. Offensichtlich hatten beide vor längerer Zeit etwas mit der Arbeit an diesen Dokumenten zu tun. Mr. Mulder bittet seinen Sohn, ihn dringend aufzusuchen, wird jedoch von Krycek erschossen, bevor er seinem Sohn etwas über seine geheimnisvolle Tätigkeit für die Regierung erzählen kann. Als Scully Mulders Wohnung aufsucht, schießt jemand auf sie, trifft sie aber nicht. Sie findet heraus, daß man das Leitungswasser in Mulders Haus mit Drogen versetzt hat, was sein sonderbares Verhalten erklärt. Am Telefon warnt sie Mulder, daß man aufgrund seines Verhaltens in letzter Zeit leicht versuchen könnte, ihm den Mord an seinem Vater in die Schuhe zu schieben. Mulder schleppt sich völlig erschöpft zu Scully, in deren Wohnung er ohnmächtig zusammenbricht. Als er am nächsten Morgen aufwacht, sind sowohl Scully als auch seine Waffe fort, trotzdem gelingt es ihm, Krycek zu stellen. Er will ihn gerade mit dessen Waffe erschießen, als Scully dazwischen geht und ihn durch einen Schulterschuß entwaffnen muß, um ihn davor zu bewahren, sich mit einem solchen Mord aus derselben Waffe, mit der sein Vater getötet wurde, vollends verdächtig zu machen. Dann bringt sie ihn nach New Mexico zu einem alten Navajo-Indianer namens Albert Hosteen, der die Dateien entschlüsseln kann und bei dem sich Mulder von seiner Verletzung erholt. Sie berichtet Mulder, daß ihr eigener Name sich als jüngerer Eintrag ebenfalls in den Dokumenten befindet. Der Junge, der den Eisenbahnwaggon in der Wüste gefunden hat, führt Mulder dorthin. In dem Waggon findet Mulder ganze Stapel von Leichen, die aussehen, als seien sie außerirdischen Ursprungs. »Oh mein Gott, Scully«, hört Scully ihn ihr am Telefon Bericht erstatten, »was haben die getan?« Dann taucht ein Hubschrauber auf, dem der Cigarette-Smoking Man und ein Trupp Soldaten entsteigen, um den Waggon in Brand zu setzen. *Fortsetzung folgt...*

3. Staffel

Das Ritual
The Blessing Way

Erstausstrahlung: 22. September 1995
Drehbuch: Chris Carter
Regie: R. W. Goodwin

Der Cigarette-Smoking Man dringt mit seinen Leuten in Albert Hosteens Haus ein, läßt ihn und seine Familie zusammenschlagen und versucht so, aus ihm herauszubekommen, wo Mulder sich aufhält. Als Scully später den ausgeräucherten Eisenbahnwaggon in der Wüste durchsucht, findet sie von Mulder keine Spur mehr. Auf ihrem Rückweg wird sie von Soldaten angehalten, die ihren Papierausdruck der geheimen Dateien beschlagnahmen. Wegen »offenen Ungehorsams« wird sie vorläufig vom Dienst suspendiert. Nach einer Auseinandersetzung mit Skinner entdeckt sie, daß das Band mit Geheimdateien aus Mulders Schreibtisch verschwunden ist. Der Cigarette-Smoking Man trifft sich mit seinen Mitverschwörern in einem Privatclub und versichert ihnen, er habe die Sache mit den verschwundenen Dateien voll im Griff. Hosteen und seine Freunde finden unterdessen Mulder, der sich halb tot in eine Wüstenhöhle retten konnte. Sie führen ein Heilungsritual mit ihm durch, durch das er sich nach mehreren Tagen Ruhe und einer spirituellen Begegnung mit den Verstorbenen, die für sein Leben von besonderer Bedeutung waren, tatsächlich erholt. Scully muß unterdessen feststellen, daß ihr am Nacken unter der Haut ein Computermikrochip eingepflanzt worden ist. Den Versuch herauszufinden, wie und von wem der Chip implantiert wurde, beendet sie aus Angst vor der offenen Konfrontation mit ihrem Abduktionserlebnis vorzeitig. Beim

Begräbnis von Mulders Vater begegnet sie dem Well-Manicured Man, einem weiteren Mitglied der Verschwörung um den Ciga-rette-Smoking Man. Er warnt sie vor einem Mordanschlag . Mul-der sucht inzwischen seine Mutter auf. Scully erhält einen Anruf ihrer Schwester Melissa, die zu ihr herüberkommen möchte. Doch Scully denkt an die Warnung vor einem möglichen Mord-anschlag und versucht, sie telefonisch aufzuhalten, erreicht aber niemanden mehr. Sie macht sich sofort auf den Weg zu Melissa, wird aber von Skinner abgefangen, der verlangt, daß sie zu ihm in den Wagen steigt, um mit ihm zu reden. Doch sie mißtraut ihm, und als sie gemeinsam in Mulders Wohnung gehen, zieht sie ihre Waffe und richtet sie auf Skinner. Unterdessen wird Melissa, die in Scullys Wohnung auf sie wartet, von Krycek und einem anderen Killer irrtümlich für Scully gehalten und erschossen. Mulder erklärt Scully, er habe das Band mit den Dateien. In dem Moment hört man Schritte an der Tür, auch Skinner zieht jetzt seine Waffe, und die klassische Pattsituation entsteht. *Fortsetzung folgt…*

Verschwörung des Schweigens
Paper Clip

Erstausstrahlung: 29. September 1995
Drehbuch: Chris Carter
Regie: Rob Bowman

Der bisher offiziell für tot gehaltene Mulder betritt in dem Moment seine Wohnung, als Scully und Skinner sich gegenseitig mit ihren Waffen bedrohen. Gemeinsam können die beiden Agenten Skinner nun dazu zwingen, die Waffe aus der Hand zu legen. Skinner versichert ihnen, daß er fest zu ihnen hält, aber das Band unbedingt bei sich behalten muß, da es das einzige Beweis-stück gegen die Verschwörer ist. Bei seiner Mutter hat Mulder ein altes Foto gefunden, das seinen Vater im Kreis mehrerer Männer zeigt. Die Lone Gunmen identifizieren einen der Männer auf dem Foto als Victor Klemper, einen Nazi-Wissenschaftler, dem die Vereinigten Staaten gemeinsam mit anderen Forschern aus dem ehemaligen Hitlerdeutschland nach dem Krieg Amnestie gewährt haben, damit sie von ihren anhand von grausamen Versuchen an lebenden Menschen gewonnenen Forschungsergebnissen profitieren konnten. Frohike muß Scully mitteilen, daß ihre Schwester lebensgefährlich verwundet im Krankenhaus liegt. Der Cigarette-Smoking Man gerät bei seinen Mitverschwörern immer mehr unter Druck und versichert ihnen erneut, Mulder sei tot und er habe alles im Griff. Doch der Well-Manicured Man besteht darauf, das Band mit den Dateien ausgeliefert zu bekommen. Die Agenten wenden sich an den alternden Klemper, der sie in ein verlassenes Bergwerk in West Virginia schickt, danach aber unverzüglich den Well-Manicured Man davon in Kenntnis setzt. Skinner, der dem Cigarette-Smoking Man das Band im Austausch für Mulders und Scullys Sicherheit anbieten will, bekommt von dem zunehmend verunsicherten und verärgerten Cigarette-Smoking Man zu hören, mit ihm mache man keine Tauschgeschäfte. In dem Bergwerk entdecken Scully und Mulder zahllose Aktenschränke voll mit medizinischen Berichten über Millionen Menschen, unter anderem auch über Scully und Mulders entführte Schwester Samantha. An Samanthas Akte erkennt Mulder, daß diese ursprünglich mit seinem eigenen Namen beschriftet war. Auf einmal geht das Licht aus, Mulder kann draußen vor dem Gebäude ein riesiges Raumschiff beobachten, und schattenhafte kleine Wesen drängen sich an Scully vorbei. Daraufhin stürmt ein bewaffnetes Militärkommando das Bergwerk, aber die Agenten können durch einen Hinterausgang fliehen. Sie treffen sich mit Skinner, der ihnen erklärt, er wolle das Band gegen ihr Leben eintauschen. Als Skinner ins Krankenhaus kommt, um dort mit Scullys Mutter zu sprechen, wird er von Krycek und zwei anderen Männern abgefangen und zusammengeschlagen. Sie nehmen ihm das Band ab. Kurz darauf fahren Krycek und seine Begleiter an einer Tankstelle vor. Nachdem die beiden anderen den Wagen verlassen haben, kann Krycek sich und das Band in letzter Sekunde retten, als eine Autobombe explodiert, mit der man ihn offensichtlich eliminieren wollte. Mulder und Scully wollen noch einmal mit Klemper sprechen, finden dort aber nur den Well-Manicured Man vor. Er verrät ihnen, daß die nach dem Krieg in die USA gebrachten Wissenschaftler an experimentellen Kreuzungen zwischen Menschen und Außerirdischen gearbeitet haben. Krycek nimmt telefonisch zum Cigarette-Smoking Man Kontakt auf und warnt ihn, daß er selbst im Besitz der Dateien sei und ein weiterer Anschlag auf ihn fatale Folgen hätte. Mulder besucht seine Mutter und fragt sie, ob ihr Vater damals von ihr verlangt habe, zwischen ihm und seiner Schwester zu entscheiden. Weinend gibt sie zu, daß sein Vater selbst die Wahl getroffen hat. Skinner trifft sich wieder mit dem Cigarette-Smoking Man, der ihm vorhält, er bluffe nur, weil er das Band gar nicht haben könne. Doch Skinner hat einen unbestreitbaren Trumpf in der Hand: Er hat Albert Hosteen den Inhalt der Dateien auswendig lernen und gemäß den üblichen Überlieferungstraditionen seines Volkes an zwanzig weitere Navajos und ihre Gemeinschaften weitergeben lassen, so daß die Informationen für ihn jetzt jederzeit abrufbereit sind und ihre Träger nicht mehr einfach vom Cigarette-Smoking Man ermordet werden können. Melissa Scully stirbt im Krankenhaus. Trotz ihrer Trauer beharrt Scully mit um so grimmigerer Entschlossenheit darauf, die Antworten auf ihre Fragen zu finden.

Blitzschlag
DPO

Erstausstrahlung: 6. Oktober 1995
Drehbuch: Howard Gordon
Regie: Kim Manners

Nach einem Streit in der Spielhalle einer ländlichen Kleinstadt in Oklahoma wird ein Jugendlicher von einer elektrischen Ladung getötet. Er ist das jüngste Opfer einer Welle von tödlichen Blitzschlägen. Ein Jugendlicher namens Darren Peter Oswald hat vor einiger Zeit einen solchen Blitzschlag überlebt und besitzt seitdem telekinetische Kräfte, die ihn befähigen, Blitze und andere elektrische Ströme zu steuern. Da Darren in seine Lehrerin Sharon Kiveat verliebt ist, nimmt er sich als nächstes Opfer deren Ehemann vor. Als Kiveat am Ort eines von Darren verursachten Unfalls erscheint, läßt Darren ihn erst bewußtlos zusammenbrechen und rettet ihn dann in letzter Sekunde, indem er ihm durch seine bloßen Hände revitalisierende Elektroschocks verabreicht. Mr. Kiveat wird ins Krankenhaus eingeliefert. Darren versucht daraufhin, Mrs. Kiveat zu überzeugen, daß sie zusammen mit ihm die Stadt verlassen solle, doch sie hat verständlicherweise Angst vor ihm. Mulder und Scully können unterdessen Darren als Hauptverdächtigen ausmachen. Als Mulder Darren und Mrs. Kiveat aufspürt, willigt diese ein, mit Darren zu gehen, bevor er noch andere Unschuldige verletzt. Mulder verfolgt sie, und als Mrs. Kiveat Darren im Dunkeln entkommen kann, richtet Darren in seiner ganzen Wut und Frustration einen Blitz auf den ebenfalls erscheinenden Sheriff des Ortes, wird daraufhin von den Agenten festgenommen und später in eine Anstalt eingewiesen.

Der Hellseher
Clyde Bruckmans Final Repose

Erstausstrahlung: 13. Oktober 1995
Drehbuch: Darin Morgan
Regie: David Nutter

Mulder und Scully sind einem Serienmörder auf der Spur, dessen Opfer ausschließlich professionelle Wahrsager sind. Die Polizei kommt nicht weiter und bittet den »phantastischen Yuppie«, einen angeblich übersinnlich begabten Fernsehwahrsager, um Hilfe bei ihren Ermittlungen. Yuppie hält Mulder für einen ungläubigen Skeptiker und schickt ihn aus dem Raum, da er »negative Energie« ausstrahlen würde. Zu ihrem Erstaunen entdecken Mulder und Scully, daß Clyde Bruckman, der Mann, der das letzte Opfer gefunden hat, tatsächlich in der Lage ist, die Zukunft vorauszusehen. Seine Gabe beschränkt sich aber darauf, die Umsztände vorherzusehen, in denen ein Mensch stirbt. Nach anfänglichem Widerstreben erklärt Bruckman sich bereit, den Agenten zu helfen, obwohl er betont, den Mörder nicht identifizieren zu können. Scully ist mißtrauisch und glaubt, daß Bruckman möglicherweise an den Verbrechen beteiligt ist. Mulder glaubt an seine übersinnlichen Kräfte, ist allerdings ziemlich betroffen, als Bruckman ihm erzählt, daß es kein ehrenvoller Tod sei, bei autoerotischen Spielchen zu ersticken. Später kann Bruckman in einer Vision beobachten, wie der Mörder auch auf Mulder losgeht. Durch anonyme Briefe läßt der Mörder erkennen, daß er es nun auf Bruckman abgesehen hat, also bringen die Agenten ihn in einem Hotel unter. Der Mörder schleicht sich als Hotelpage ein und tötet den Polizisten, der Bruckman beschützen soll. Bevor er auch Bruckman umbringen kann, geht Mulder dazwischen und verfolgt ihn durch das Hotel. Sie erleben die Szene, die Bruckman in seiner Vision gesehen hat, doch ändert sich diese an der entscheidenden Stelle, da Scully den Mörder erschießt, bevor er Mulder töten kann. Als sie in Bruckmans Zimmer zurückkommen, ist dieser infolge seiner autoerotischen Neigungen erstickt – Bruckmans Prophezeiung bezog sich also nicht auf Mulder, sondern auf ihn selbst.

Die Liste
The List

Erstausstrahlung: 20. Oktober 1995
Drehbuch: Chris Carter
Regie: Chris Carter

Der Todeszelleninsasse Neech Manley schwört, er würde nach seiner Exekution aus dem Grab auferstehen und sich an seinen Peinigern rächen. Nur einer seiner Mithäftlinge weiß, wo sich die Liste befindet, auf die Manley die Namen der fünf Leute notiert hat, an denen er Rache üben will. Als ein paar Tage später einer der Gefängniswärter tot aufgefunden wird, werden Mulder und Scully hinzugezogen. Der Gefängnisaufseher glaubt, daß andere Häftlinge Manleys letzten Wunsch für ihn ausführen und für den Mord verantwortlich sind. Einer der Wärter, Parmelly, gibt Scully den Tip, den Häftling Roque zu vernehmen. Schon bald findet man den Kopf eines weiteren Wärters in einem verschlossenen Farbeimer. Sein Körper liegt im Büro des Aufsehers. Mulder fragt sich, ob Neech Manley wohl wirklich zurückgekehrt ist, Scully hingegen hält die Morde für das Werk von Häftlingen und Wärtern. Dann finden die Agenten die madenzerfressene Leiche des Mannes, der Manleys Exekution durchgeführt hatte. Sie vernehmen Manleys ehemaligen Anwalt. In dessen Zimmer summt eine Fliege herum, und nachdem Mulder und Scully gegangen sind, wird der Anwalt von Neech Manley erwürgt. Manleys Ehefrau scheint bei ihrer Vernehmung sehr verängstigt. Später erfahren sie, daß sie mittlerweile mit dem Wärter Parmelly zusammenlebt. Parmelly wird zum Hauptverdächtigen. Mulder und Scully dringen in ihr Haus ein, doch die Frau hat Parmelly bereits erschossen, nachdem ihr Neech Manley erschienen war. Noch bei ihrer Abfahrt machen die Agenten sich Gedanken über Reinkarnation und Wiedergeburt. Als der Gefängnisaufseher in seinem Wagen an ihnen vorbeifährt, summt eine Fliege um ihn herum. Auf einmal erscheint Neech Manley auf dem Rücksitz und läßt den Wagen gegen einen Baum prallen. Der Aufseher stirbt, womit die Liste von Manley's Peinigern komplett abgehakt ist.

Fett
2Shy

Erstausstrahlung: 3. November 1995
Drehbuch: Jeffrey Vlaming
Regie: David Nutter

Eine pummelige Frau wird ermordet. Ihre Leiche ist von einem eigenartigen Schleim überdeckt, außerdem fehlt sämtliches Fettgewebe. Der Fall erinnert an das Schicksal einiger weiterer vermißter Frauen, die alle übergewichtig waren und einen Internet-Zugang besaßen. Es scheint, als ob der Mörder zu seinen Opfern online Kontakt aufnimmt. Scully, der der sexistische Polizist Detective Cross das Leben schwer macht, weil er sich darüber ärgert, daß man ihr den Fall zugeteilt hat, muß bei einer Autopsie des jüngsten Opfers schockiert entdecken, daß sich mittlerweile der ganze Körper zu einer triefenden Flüssigkeit zersetzt hat. Daraus schließt sie, daß die auf dem Leichnam gefundene Substanz eine Art Verdauungsflüssigkeit sein muß, die der Mörder eingesetzt hat, um das Fettgewebe der Frauen zu verdauen. Da schlägt der Mörder Virgil Incanto ein weiteres Mal zu und tötet eine pummelige Prostituierte, nachdem aus seiner letzten, über das Internet getroffenen Verabredung nichts geworden ist. Es gelingt den Agenten, Ellen aufzuspüren, die Frau, mit der er sich zuletzt verabredet hatte. In ihrer Wohnung kann Scully Ellen, die von Incanto bereits angefallen wurde, noch rechtzeitig ärztlich versorgen. Incanto versucht, an Scully heranzukommen, aber der verletzten Ellen gelingt es, nach Scullys Waffe zu greifen und den Angreifer damit niederzuschießen.

Der zweite Körper
The Walk

Erstausstrahlung: 10. November 1995
Drehbuch: John Shiban
Regie: Rob Bowman

Einer der Insassen eines Veteranenhospitals versucht, Selbstmord zu begehen, nachdem seine ganze Familie umgebracht wurde. Mulders Interesse wird von einem angeblichen »Phantomsoldaten« geweckt, der laut Aussage des Selbstmörders diesen am Sterben hindert. Ein anderer Patient namens Rappo, dem beide Arme und beide Beine amputiert wurden, beruhigt seinen Pfleger Roach, er müsse sich wegen der FBI-Agenten keine Sorgen machen. Der kommandierende Offizier General Callahan erweist sich als äußerst unkooperativ. Scully ist der Ansicht, er wolle vor ihnen verbergen, daß viele seiner Männer bereits wahnsinnig seien. Als die Agenten gegangen sind, sieht Callahan in seinem Büro den »Phantomsoldaten«, woraufhin sein Anrufbeantworter verrückt spielt. Seine Assistentin Captain Draper wird von einer unsichtbaren Kraft im Swimmingpool ertränkt. General Callahans kleiner Sohn bemerkt einen Eindringling im Haus und alarmiert seine Mutter. Als die Agenten Roachs Fingerabdrücke im Haus finden, nehmen sie ihn fest. Er beschuldigt Rappo, doch der scheint, wie die Agenten sich selbst überzeugen können, aufgrund seiner Behinderung nicht tatverdächtig. Der Sohn des Generals wird zwar von einer Wache beschützt, aber trotzdem von der unsichtbaren Kraft im Sandkasten getötet. Mulder hat den Verdacht, daß Rappo zu Astralprojektionen fähig ist und sich an den Offizieren, die während des Golfkriegs seine Vorgesetzten waren, rächen will. Auch die Ehefrau des Generals wird ermordet, und man muß den General gewaltsam davon abhalten, Selbstmord zu begehen. Er geht zum Krankenhaus, wo Rappos Astralkörper ihn im Keller einsperrt. Als Mulder hereinstürzt, wird er von Rappo angegriffen. Unterdessen schleicht sich aber der erste Selbstmordkandidat zu Rappos zuckendem Torso ins Zimmer und erstickt ihn mit einem Kissen, woraufhin der Kampf ein Ende hat.

Parallele
Oubliette

Erstausstrahlung: 17. November 1995
Drehbuch: Charles Grant Craig
Regie: Kim Manners

Die kleine Amy Jacobs wird von einem Schulfotografen entführt. Exakt zur selben Zeit bricht die junge Lucy mit Schürf- und Schlagwunden zusammen, aus denen das Blut Amys fließt. Sie wiederholt dabei immer wieder denselben Satz – offenbar wurde Lucy vor Jahren von dem gleichen Kidnapper entführt. Mulder glaubt, daß zwischen den beiden Mädchen deshalb eine Art geistiger Verbindung besteht. Mulder bittet Lucy, ihm bei der Suche nach Amy zu helfen, doch Lucy möchte sich nicht darauf einlassen, da sie gerade erst begonnen hat, ihr Leben nach der mehrjährigen traumatischen Erfahrung wieder einigermaßen in den Griff zu bekommen. Scully glaubt ebenso wie die Polizei, daß Lucy auf irgendeine Weise mit der Entführung zu tun hat. Als sie sie festnehmen wollen, läuft Lucy fort. Es gelingt den Agenten, den Kidnapper bis zu dessen Versteck im Wald zu verfolgen. Als sie dort ankommen, finden sie jedoch nur Lucy vor, die sich im Keller versteckt. Das scheint Scullys Verdacht zu erhärten, aber Mulder besteht darauf, daß sie unschuldig ist. Lucy verrät ihm, wohin der Entführer Amy bringen will. Die Agenten machen sich sofort auf den Weg zu der Stelle, sie liegt an einem nahegelegenen Fluß. Lucy bleibt mit einem Polizisten als Bewachung zurück. Als der Kidnapper versucht, Amy im Fluß zu ertränken, beginnt Lucy bei dem Polizisten im Auto, Wasser zu husten. Mulder findet den Entführer und sein Opfer und kann den Mann erschießen. Er versucht, die anscheinend bereits ertrunkene Amy wiederzubeleben, was erst keine Wirkung zeigt, doch plötzlich kommt sie wieder zu sich, und zwar in der Sekunde, als Lucy einige Kilometer von ihnen entfernt stirbt. Lucys Lunge ist voller Wasser, und es besteht kein Zweifel, daß ihr Tod durch Ertrinken herbeigeführt wurde.

Die Autopsie
Nisei

Erstausstrahlung: 24. November 1995
Drehbuch: Chris Carter, Howard Gordon und Frank Spotnitz
Regie: Rob Bowman

Aufgrund einer Videoaufnahme, die eine laut Aufschrift angeblich authentische Autopsie an einem Außerirdischen zeigt, macht Mulder sich auf die Suche nach einem bestimmten Ort in Pennsylvania. Dort nimmt er einen Japaner fest, der einen Aktenkoffer mit Satellitenfotos bei sich trägt. Die Fotos bringen Mulder auf die

Spur eines Bergungsschiffes, das gerade wegen der Bergung eines im Meer versunkenen außerirdischen Raumschiffes unterwegs ist. Scully sucht unterdessen eine Frau auf, deren Namen sie in den Dateien gefunden hat, die der Spion bei sich hatte. Bei der angegebenen Adresse stößt sie auf eine Gruppe weiblicher Abduktionsopfer, die behaupten, die Agentin zu kennen – sie wären Scully begegnet, als diese selbst abduziert wurde (siehe »Seilbahn zu den Sternen«). Die Frauen erzählen ihr auch von den Implantaten, von denen eines in Scullys Hals gefunden wurde. Das Implantat stellt sich als Mikrochip heraus, mit dem sich das menschliche Gedächtnis aufzeichnen und sogar verändern läßt. Mulder findet bei seinen weiteren Recherchen Informationen über einen bestimmten Eisenbahnwaggon. Er kann beobachten, wie ein offenbar außerirdisches Wesen gerade in den Quarantäne-Waggon eines Zuges geladen wird. Mr. X trifft sich mit Scully und warnt sie, daß dieser Zug große Schwierigkeiten bedeute und sie Mulder unbedingt davon abhalten müsse, mitzufahren. Noch während Scully ihn am Telefon warnt, springt Mulder bereits auf den Zug auf. *Fortsetzung folgt …*

Der Zug
731

Erstausstrahlung: 1. Dezember 1995
Drehbuch: Frank Spotnitz
Regie: Rob Bowman

Die Fortsetzung des Zweiteilers beginnt mit der Massenhinrichtung einer Gruppe seltsam anmutender Wesen in West Virginia. Scully kommt diesen Vorgängen durch ihr Implantat auf die Spur, dessen Herkunft ebenfalls nach West Virginia zurückverfolgt werden kann. Dort findet sie die verängstigten Überlebenden einer

Leprakolonie. Einer der Männer berichtet ihr, daß ein Dr. Yama hier an ihnen grausame Experimente durchgeführt hat. Als er ihr gerade die Massengräber zeigt, landen einige Hubschrauber. Der Mann wird erschossen, Scully festgenommen. Mulder verfolgt unterdessen einen Dr. Ishimaru, der sich mit ihm in dem Zug befindet. Er kann die Aktentasche des Wissenschaftlers an sich nehmen und findet dann Ishimarus Leiche – er wurde erwürgt. Die Suche nach dem Killer führt ihn in den Quarantäne-Waggon, wo er das anscheinend außerirdische Wesen sehen kann. Plötzlich greift der Killer ihn an, aber der Zugschaffner bedroht ihn mit einer Pistole, die Mulder ihm vorher gegeben hat. Dann flieht der Schaffner jedoch und sperrt Mulder mit dem Killer im Waggon ein. Ohne den Code zu kennen, der den Ausgang öffnet, sitzen sie jetzt fest, und der Killer, der für die NSA arbeitet, teilt Mulder mit, daß eine Bombe in ihrem Waggon ist. Einer der Mitstreiter des Well-Manicured Man berichtet Scully unterdessen Genaueres über die Grausamkeiten in der Leprakolonie und führt sie zu einem Eisenbahnwaggon, der so aussieht wie der, in dem Mulder festsitzt. Sie erinnert sich, daß er auch dem Waggon gleicht, in dem ihr während ihrer Abduktion das Implantat eingepflanzt wurde. Sie ruft Mulder an, und gemeinsam können sie die Bombe lokalisieren, doch bleiben ihm nur noch knapp zwei Stunden bis zur Explosion. Er glaubt zwar, daß man ihn allein schon wegen der wichtigen außerirdischen Fracht retten wird, Scully erklärt ihm aber, daß diese Fracht eine zwar kranke, aber ganz und gar menschliche Versuchsperson sei. Erst Minuten vor der zu erwartenden Explosion gelingt es Mulder, mit Scullys Hilfe den Ausgangscode einzugeben. Aber als Mulder die Tür öffnet, schlägt der Killer ihn nieder und will Mulder in dem Waggon seinem Schicksal überlassen. Doch da taucht Mr. X auf und erschießt ihn, um danach Mulder wegzuschleppen, bevor die Bombe detoniert. In Washington entdeckt Mulder, daß jemand die Aktentasche, die er

von Dr. Ishimaru ergattern konnte, ausgetauscht hat. Während-
dessen wartet der Cigarette-Smoking Man darauf, daß ein japani-
scher Übersetzer mit den Unterlagen aus Dr. Ishimarus Aktentasche fertig wird.

Offenbarung
Revelations

Erstausstrahlung: 15. September 1995
Drehbuch: Kim Newton
Regie: David Nutter

Mulder und Scully untersuchen den Mord an einem Priester,
der auf betrügerische Weise vorgegeben hatte, ein Stigmatisierter
zu sein, der die Wundmale Christi trägt. Er ist bereits das elfte
Opfer eines mysteriösen Mörders, dessen Hände Brandwunden
auf dem Fleisch der von ihm erwürgten Opfer hinterlassen. Die
Agenten werden auf den kleinen Kevin aufmerksam, der ein echter Stigmatisierter ist. Sie sprechen mit dem Vater des Jungen, den
die Sorge um seinen Sohn bereits in eine psychiatrische Klinik
gebracht hat. Dessen Gärtner Owen holt Kevin nachts aus dem
Heim, in dem er untergebracht ist. Die Agenten können Owen
finden und festnehmen, aber Kevin entkommt. Owen verteidigt
sich, er wolle Kevin nur beschützen, springt dann aus dem Fenster
des 3. Stocks, zerreißt die Ketten an seinen Handschellen und
flieht, um Kevin zu suchen. Kevin ist inzwischen bei sich zu Hause
angekommen, wo der Mörder ihm auflauert. Als er den Jungen
töten will, stürzt Owen herein und kann zwar Kevin retten, wird
aber selbst getötet. Scully findet Kevin, der sie fragt, ob sie diejeni-
ge sei, die zu seinem Schutz gesandt worden sei. Mulder ist skeptisch, doch Scullys religiöse Überzeugungen lassen sie eine weit
irrationalere Möglichkeit in Betracht ziehen. Der Mörder ist ein

reicher Südstaaten-Geschäftsmann, der vermutlich glaubt, er sei der Teufel. Er bedroht nun Kevin und seine Mutter. Sie können entkommen, haben aber einen Autounfall, bei dem Kevins Mutter ums Leben kommt. Scully möchte Kevin um jeden Preis beschützen. Sie nimmt ihn mit in ihr Hotel, aber es gelingt dem Mörder, den Jungen aus ihrem Badezimmer zu entführen. Scully verfolgt die beiden bis zu einer Papierrecycling-Anlage. Sie stellt den Mörder, der zusammen mit Kevin in eine Papierschreddermaschine stürzt. Er stirbt, doch Kevin entkommt der Maschine auf wunderbare Weise um Haaresbreite. Als Kevin sich von Scully verabschiedet, um in das Kinderheim zurückzukehren, sieht Scully, daß seine Stigmata-Wunden ausgeheilt sind. Er verspricht ihr, daß sie ihn wiedersehen wird.

Krieg der Koprophagen
War of the Coprophages

Erstausstrahlung: 5. Januar 1996
Drehbuch: Darin Morgan
Regie: Kim Manners

Während seine Wohnung gegen Ungeziefer ausgeräuchert wird, fährt Mulder nach Miller's Grove, Massachusetts, um dort einigen UFO-Sichtungen jüngeren Datums auf den Grund zu gehen. In der Kleinstadt ist eine Kakerlakenplage ausgebrochen. Es sind drei Menschen gestorben, die einzige Verbindung scheint die zu sein, daß ihre Häuser von Kakerlaken verseucht waren. Mulder begegnet einer hübschen jungen Insektenforscherin namens Dr. Bambi Berenbaum. Scully, die nicht an einen Zusammenhang der Todesfälle mit den Kakerlaken glauben will, folgt ihm erst nach Miller's Grove, als er Bambi am Telefon erwähnt. Als sie ankommt, ist bereits die ganze Stadt in Panik geraten. Sie findet heraus, daß ein ortsansässiger Treibstofforscher eine Importlizenz für ausländischen Dung besitzt. Dieser exotische Dung könnte ihrer Ansicht nach etwas mit den Kakerlaken zu tun haben. Mulder glaubt hingegen, daß die Kakerlaken außerirdischen Ursprungs sind, da er ein Exemplar untersucht hat, das komplett aus einer metallischen Substanz besteht. Ähnliche Roboterinsekten werden auch hier auf der Erde hergestellt. Ihr Erbauer ist Dr. Ivanov, der von ihrer vorzüglichen Eignung als Erprobungs- und Erkundungsroboter auf fremdem Terrain erzählt. In einem unappetitlichen Showdown können die Agenten gerade noch vor dem amoklaufenden Dungimporteur fliehen, bevor dieser aus panischer Angst vor den Kakerlaken seine Labors in die Luft sprengt und damit die ganze Umgebung samt den Agenten mit Kameldung bespritzt.

Energie
Syzygy

Erstausstrahlung: 26. Januar 1996
Drehbuch: Chris Carter
Regie: Kim Manners

Die Polizei bittet Mulder und Scully um Hilfe, als in ihrer Kleinstadt immer mehr Jugendliche ermordet aufgefunden werden und Gerüchte über einen Satanskult die Runde machen. Als sie die Stadtgrenzen überschreiten, breitet sich zwischen Mulder und Scully ein zunehmender Zwist aus. Der Agent flirtet zudem heftig mit der Polizistin Angela White. Auf der Beerdigung des letzten Opfers sehen die Agenten mit an, wie der Sarg plötzlich mitten im Raum in Flammen ausbricht. Dabei starren die beiden jungen Mädchen Margi und Terri, die vor seinem Tod mit dem Jungen zusammen waren, intensiv auf den Sarg und halten sich dabei an den Händen. Scully ist überzeugt, daß keinerlei Satanskult existiert und nicht das FBI, sondern die örtliche Polizei zuständig ist. Eine Astrologin, die Mulder konsultiert, verrät ihnen, daß eine Planetenkonstellation bevorsteht, die unglaublich starke kosmische Energieströme auf die Stadt konzentrieren wird. Was auch die gesteigerte Aggressivität zwischen Mulder und Scully erklärt und laut der Astrologin besonders fatale Folgen für Menschen hat, die an einem bestimmten Tag im Jahr 1979 geboren sind – Margis und Terris Geburtstag. In der Stadt wird der Mob immer rebellischer und versucht, angestachelt durch Terris und Margis Lügengeschichten über einen grausamen Satanskult, den Schuldigen ausfindig zu machen. An ihrem Geburtstag töten die beiden Mädchen eine ihrer Mitschülerinnen, an deren Freund sie interessiert sind. Unterdessen bekommt Mulder, der sich aufs Wodkatrinken verlegt hat, in seinem Hotelzimmer Besuch von Detective White, die ihn ohne viel Umschweife aufs Bett wirft, bevor Scully die beiden mit der Nachricht eines neues Mordes aufsucht. Die Mädchen versuchen unterdessen, den Freund ihrer toten Mitschülerin für sich zu interessieren. Als er ablehnt, beginnen sie, ihre Aggressionen gegen die jeweils andere zu richten und töten dabei versehentlich den Jungen. Jede der beiden zeigt nun die andere bei Mulder bzw. Scully an, bevor die Agenten sie beide auf die Polizeiwache bringen, um sie dort zu vernehmen. Als sie sich dort begegnen, beginnen die freigesetzten Energiekonzentrationen zu eskalieren, Gegenstände fliegen durch den Raum und aus den Waffen lösen sich von selbst Schüsse. Es gelingt den Agenten, die beiden gemeinsam in einen Abstellraum zu sperren. Die unheimlichen Ereignisse dauern genau bis Mitternacht an, danach findet man sie zitternd aneinander gedrängt und nicht mehr besonders bedrohlich auf dem Boden sitzen. Die Erklärung für die aufgebrachte Menge steht jedoch fest: »Es war Satan.«

Groteske
Grotesque

Erstausstrahlung: 2. Februar 1996
Drehbuch: Howard Gordon
Regie: Kim Manners

Der Serienmörder Mostow, ein Künstler, der nie etwas anderes malt oder modelliert als Wasserspeier, wird nach zermürbender, dreijähriger Suche endlich gefunden und verhaftet. Allerdings geht das Morden weiter, als Mostow schon längst in Haft sitzt. Mulders ehemaliger Ausbilder Bill Patterson bittet Mulder und Scully um Unterstützung bei diesem Fall, weil er viel von Mulders Fähigkeiten hält, wenn er auch persönlich ein eher distanziertes Verhältnis zu ihm hat. In Mostows Atelier findet Mulder ein Geheimzimmer, in dem der Mörder zahlreiche Leichen lagert, die er mit einer Tonschicht bedeckt und zu Wasserspeiern ummodelliert hat. Scully vermutet einen simplen Nachahmungstäter, aber Mulder ist nicht ganz überzeugt, daß an Mostows Wahnvorstellung, er sei von einem bösen Geist besessen, nicht doch etwas dran sein könnte. Mulder beschäftigt sich so engagiert mit dem Fall, daß er selbst schon beginnt, sich sonderbar zu verhalten. Als er sich nachts in Mostows Atelier aufhält, wird er dort von etwas »nicht menschlichem« angegriffen. Scully wird klar, daß Patterson Mulder nicht angefordert hat, um ihn auf die Probe zu stellen, sondern weil er verzweifelt und ehrlich überzeugt ist, daß nur Mulder den Fall für ihn lösen kann. Immer mehr Menschen werden ermordet, und Mulder besucht noch einmal den verängstigten Mostow im Gefängnis. Als Mulder wieder ins Atelier zurückkommt, findet er dort eine neue, zum Wasserspeier modellierte Leiche vor. Es ist Pattersons Assistentin Nemhauser. Daraufhin betritt Patterson noch mit feuchtem Ton an den Händen das Atelier, und Mulder kann ihn als den neuen Mörder überführen und dingfest machen. Es scheint, als ob die drei langen Jahre, in denen Patterson versucht hat, sich in Mostow und seine kranke Wahnwelt hineinzudenken, ihn so sehr geprägt haben, daß er diese Welt nun nicht mehr verlassen kann. In der letzten Szene sehen wir Patterson ebenso wie Mostow hinter Gittern beteuern, daß er »diese Menschen nicht umgebracht« habe.

Der Feind (Teil 1)
Piper Maru

Erstausstrahlung: 9. Februar 1996
Drehbuch: Frank Spotnitz und Chris Carter
Regie: Rob Bowman

Das französische Bergungsschiff Piper Maru versucht, die Überreste eines im Zweiten Weltkrieg ins Meer gestürzten Flugzeugs zu bergen. Der Taucher, der es auf dem Grund orten soll, entdeckt in dem Wrack einen lebenden Mann. Im nächsten Moment läuft eine ölige Substanz über seine Augen in seinen Körper, und der Kontakt zwischen dem Taucher Gauthier und der Piper Maru bricht ab. Seine Kollegen holen Gauthier wieder an Bord, doch der scheint ganz verändert, und sein Taucheranzug ist mit einem öligen Film überzogen. Mulder und Scully werden auf den Fall aufmerksam, als die ganze Crew des Bergungsschiffes mit schweren Strahlungsverbrennungen in ein Krankenhaus in San Francisco eingeliefert wird. Allein Gauthier ist offenbar unverletzt geblieben. Unterdessen erhält Skinner die Anweisung, die Ermittlungen im Mordfall Melissa Scully zu beenden. Bei sich zu Hause angekommen packt Gauthier seine Frau bei den Schultern, und die ölige Substanz läuft wieder über seine Augen. Mulder findet ihn orientierungslos auf dem Boden liegen, und das letzte, woran er sich erinnern kann, ist sein Tauchgang auf der Piper Maru.

Seine Frau, die nun das Öl in sich trägt, bucht einen Flug nach Hongkong, und Mulder folgt ihr dorthin. Am Flughafen stößt er auf Krycek, der die streng geheimen Regierungsinformationen von dem Datenband, das er in »Verschwörung des Schweigens« gestohlen hat, nun an Interessenten verkauft. Mulder überwältigt Krycek und will ihn mit in die Vereinigten Staaten nehmen, doch Mrs. Gauthier drängt Krycek auf der Flughafen-Toilette gegen die Wand, und das Öl geht auf ihn über. In Washington schießt ein ehemaliger Killerkollege Kryceks auf Skinner, um ihn davon abzuhalten, den Mord an Melissa Scully weiter zu verfolgen. *Fortsetzung folgt…*

Der Feind (Teil 2)
Apocrypha

Erstausstrahlung: 16. Februar 1996
Drehbuch: Frank Spotnitz und Chris Carter
Regie: Kim Manners

Nach seiner Notoperation berichtet Skinner Scully im Krankenhaus, daß er den Mann, der auf ihn geschossen hat, kennt. Scully findet heraus, daß dieser derselbe Mann ist, der auch ihre Schwester erschossen hat. Mulder nimmt Krycek, der nun die ölige außerirdische Substanz in sich trägt, mit in die USA. Doch sie werden von den Agenten des Cigarette-Smoking Man von der Straße gedrängt. Mulder, der bewußtlos im Wagen liegt, bemerkt nicht, wie Krycek die Agenten tötet, indem er eine tödliche Strahlendosis ausstößt. Als Mulder wieder zu sich kommt, ist Krycek fort, und er muß entdecken, daß das Band mit den Geheimdateien sich nicht mehr in seinem Schließfach befindet. Statt dessen findet er dort die Telefonnummer des Well-Manicured Man. Es gelingt Scully, Skinners Attentäter Luis Cardinal daran zu hindern, einen weiteren Anschlag auf Skinner zu verüben, und sie nimmt ihn fest. Mulder findet heraus, daß die geborgene Fracht der Piper Maru in einer verlassenen unterirdischen Raketenbasis in North Dakota gelagert wird. Dort stoßen die Agenten auf weitere Soldaten mit tödlichen Strahlungsverbrennungen. Durch ein Labyrinth von Gängen und Kammern verfolgen sie Krycek, werden aber letztlich von den Männern des Cigarette-Smoking Man aufgehalten und abgeführt. Man sieht Krycek in eine der Kammern gesperrt auf dem außerirdischen Gefährt knien, während ihm das Öl aus Augen, Mund und Nase läuft und in das Raumschiff gesogen wird. Die letzte Einstellung zeigt, wie Krycek verzweifelt gegen die Tür seines Gefängnisses hämmert.

Mein Wille sei dein Wille
Pusher

Erstausstrahlung: 23. Februar 1996
Drehbuch: Vince Gilligan
Regie: Robert Bowman

Ein Mann namens Robert Modell legt bei seiner Verhaftung ein Geständnis über 14 Morde ab, die vorher als Selbstmorde ausgelegt wurden. Als man ihn in Untersuchungshaft bringt, kann er den Fahrer durch reine Willenskraft dazu bringen, an einer Kreuzung in einen Lastwagen zu fahren. Mulder und Scully machen sich auf die Jagd nach dem Mörder. Mulder glaubt, daß Modell, der sich »Pusher« nennt, anderen durch Gedankenkontrolle seinen Willen aufzwingen kann. Auf diese Weise gelingt es Modell auch, in die FBI-Zentrale einzudringen, Mulders Akte zu stehlen und eine völlig harmlose und sanfte Frau dazu zu bringen, Skinner anzugreifen. Die Agenten verfolgen ihn bis in ein Krankenhaus, wo er sich wegen eines Gehirntumors behandeln lassen muß. Mulder erwähnt, daß Gehirntumore als mögliche Ursache von telekinetischen und anderen paranormalen Sinneskräften angesehen werden. Während die Polizei Modells Wohnung durchsucht, ruft Modell dort an und löst bei einem der Polizisten durch Gedankenmanipulation einen Herzinfarkt aus. Schließlich trifft Mulder den Pusher persönlich im Krankenhaus und wird von ihm gezwungen, Russisches Roulette mit ihm zu spielen. Modell versucht auch, Mulder auf Scully anzusetzen, was aber mißlingt. Schließlich befreit sich Mulder von Modells Zwang und schießt ihn nieder. Modell hatte nicht auf die Heilung seines Tumors gehofft, sondern diesen eingesetzt, um sich durch die daraus resultierenden übernatürlichen Kräfte wenigstens einmal vor seinem Tod »wie ein mächtiger Mann« fühlen zu können.

Der Fluch
Teso Dos Bichos

Erstausstrahlung: 18. März 1996
Drehbuch: John Shiban
Regie: Kim Manners

Die Mitglieder einer Forschungsexpedition, die an der Ausgrabung der Überreste einer südamerikanischen Schamanin beteiligt waren, kommen nacheinander auf unerklärliche Weise zu Tode. Die Agenten erfahren von einem Fluch, der angeblich an den Gebeinen der Schamanin haftet, doch Scully fragt sich, ob es sich nicht eher um einen Fall von politischem Terrorismus handelt. Sie verdächtigt eines der noch unbehelligten Mitglieder des Ausgrabungsteams, Dr. Bilac, der von Anfang an gegen die Ausgrabung und damit Entweihung der Gebeine war und sich ein wenig zu intensiv mit einem bestimmten Rauschmittel der südamerikanischen Indianerkultur zu beschäftigen scheint. Dann werden zwei weitere Angestellte des ausstellenden Museums von einem raubkatzenartigen Wesen in Stücke gerissen. Bei einer genaueren Inspektion des Museums entdeckt Mulder, daß plötzlich sämtliche Toiletten von Ratten wimmeln, die offenbar durch die Rohre heraufgekrochen kommen, als ob sie vor etwas zu fliehen versuchen. Die Agenten hören aus dem Keller sonderbaren Lärm und folgen ihm bis unter das Museumsgebäude in ein Labyrinth aus alten Tunnelgewölben. Dort findet Scully Hunderte streunender Katzen vor, die sich in blutrünstige Bestien verwandelt zu haben scheinen. Die Katzen versuchen sie anzugreifen, aber sie kann durch einen der Schächte entkommen. Das Museum gibt die Gebeine an die Eingeborenen zurück, die sie wieder an ihrer ursprünglichen Grabstätte beerdigen. Die Morde hören auf, und die Katzenhorde wird nie wieder in den unterirdischen Tunneln gesehen.

Höllengeld
Hell Money

Erstausstrahlung: 29. März 1996
Drehbuch: Jeffrey Vlaming
Regie: Tucker Gates

Mulder und Scully ermitteln in dem Mordfall eines Chinesen, den man bei lebendigem Leib im Krematorium verbrannt hat. Am Tatort ist eine verdächtige Gruppe geheimnisvoll maskierter Männer beobachtet worden. Bei der Suche nach den Mördern hilft den Agenten ein chinesisch-amerikanischer Detective namens Chao, der ihnen bei den Befragungen in der abgesondert lebenden Chinatown-Gemeinde von großem Nutzen ist. Bei der Autopsie entdeckt Scully, daß dem Opfer vor seinem Tod einige Organe entfernt wurden, was den Verdacht auf eine organisierte

Schwarzmarkt-Organhändlerbande lenkt, die mit gewaltsam entnommenen Organen Geschäfte macht. Sie begegnen bei ihren Recherchen dem alten Chinesen Hsin, dessen Tochter Kim an einer tödlichen Krankheit leidet. Es ist klar, daß Hsin nicht über das Geld für die lebensrettende Operation verfügt. Er gibt sich den Agenten gegenüber sehr unkooperativ, aber Mulder beobachtet, wie Detective Chao heimlich mit ihm spricht. Daraufhin folgen die Agenten Chao zu einem versteckten Treffpunkt, wo eine groteske Lotterie stattfindet. Deren Teilnehmer setzen lebenswichtige Organe ein, um möglicherweise hohe Geldsummen zu gewinnen. Es sieht aus, als ob Detective Chao Schmiergelder dafür erhalten hat, dieses Gewinnspiel nicht publik zu machen. Doch da ihm sein Gewissen keine Ruhe mehr läßt, stürmt er nun in die Versammlung und wirft den Losbehälter um, wobei sich herausstellt, daß das Spiel gezinkt ist – die Teilnehmer konnten nur verlieren. Im Aufruhr nehmen Mulder und Scully einen Arzt fest, offenbar der Drahtzieher der Organisation. Detective Chao bleibt verschwunden. In der letzten Einstellung sieht man ihn in dem Krematorium aufwachen, kurz bevor Flammen aus den Brennern zu schlagen beginnen, die ihn bei lebendigem Leibe verbrennen.

Andere Wahrheiten
Jose Chung's »From Outer Space«

Erstausstrahlung: 12. April 1996
Drehbuch: Darin Morgan
Regie: Rob Bowman

Scully berichtet dem Science-Fiction-Autor Jose Chung über einen Abduktionsfall, den er in seinem neuen Buch verarbeiten will. Dabei geht es um zwei Jugendliche, die behaupten, von Außerirdischen entführt worden zu sein. Die Aussagen der Opfer und Zeugen sind jedoch komplett widersprüchlich. Das Ergebnis einer Hypnoserückführung scheint auf eine Doppelabduktion hinzuweisen, an denen zwei unterschiedliche außerirdische Wesen beteiligt waren. Als Scully einen der angeblichen Außerirdischen obduziert, stellt sich heraus, daß es sich tatsächlich um einen verkleideten Piloten der US-Luftwaffe handelt. Die Agenten fragen sich, ob das Militär wohl in dieser Verkleidung Menschen zu Testzwecken entführt hat. Vielleicht sind die Soldaten bei ihrer Entführung der Jugendlichen von echten Außerirdischen entführt worden. Oder ist alles nur eine ausgeklügelte Militärstrategie, die ein schlechtes Licht auf die Abduktionstheoretiker werfen soll? Immer wieder erscheinen geheimnisvolle »Men In Black«, welche die Betroffenen von ihrem Glauben an Außerirdische abzubringen versuchen. Laut Aussage eines Restaurantbesitzers hat Mulder ihn zum Thema Außerirdische verhört und dabei einen großen Kartoffelkuchen verspeist. Nur die Jugendlichen selbst wissen, ob es sich bei der Sache nicht vielleicht doch um die Vertuschung eines sehr viel irdischeren Ereignisses handelt. Und natürlich wird Jose Chung alles wahrheitsgemäß in seinem Buch beschreiben ...

Heimsuchung
Avatar

Erstausstrahlung: 26. April 1996
Drehbuch: Howard Gordon und David Duchovny
Regie: James Charleston

Mulder und Scully kommen Skinner zu Hilfe, als er zum Hauptverdächtigen in einem Mordfall wird: Er lernte in einer Motelbar eine Frau kennen, schlief mit ihr und fand sie morgens tot an seiner Seite. Skinner erinnert sich an nichts und zeigt sich während der Ermittlungen höchst unkooperativ. Aber die Agenten setzen alles daran, der Sache auf den Grund zu gehen, um ihren Chef von diesem Verdacht zu befreien. Sie erfahren, daß Skinners siebzehnjährige Ehe gerade geschieden wird und er sich wegen schwerer Schlafstörungen in psychiatrischer Behandlung befindet, was sein unberechenbares Verhalten erklären könnte. Zunächst scheint es allerdings, als ob ihre Ermittlungen nur noch mehr belastendes Material gegen Skinner zu Tage fördern. Skinners Noch-Ehefrau Sharon wird beinahe getötet, als jemand versucht, sie von der Straße abzudrängen. Damit wird die Sache für Skinner immer aussichtsloser. Er vertraut Mulder an, daß er nicht weiß, was vor sich geht, aber daß er unter wiederholten Alpträumen leidet, bei der ihm eine bedrohliche alte Frau erscheint. Mulder erinnern diese Berichte an die alten Legenden von einer mythischen Erscheinung, die man als Sukkubus bezeichnet. Doch bei ihren weiteren Ermittlungen beginnen die Agenten eine Verschwörung aufzudecken, die offenbar ausdrücklich zum Ziel hat, ihren Chef ein für allemal auszuschalten – dahinter stecken natürlich niemand anders als der Cigarette-Smoking Man und seine Killer.

Der See
Quagmire

Erstausstrahlung: 3. Mai 1996
Drehbuch: Kim Newton
Regie: Kim Manners

Eine Reihe merkwürdiger Todesfälle an einem See in Georgia, der für sein Seeungeheuer Big Blue berühmt ist, weckt Mulders Interesse. Er nimmt Scully mit dorthin und drängt den Sheriff, das ganze Naherholungsgebiet um den See herum schließen zu lassen. Der Sheriff ist zunächst ebenso wie Scully dagegen. Als er

Der See

dann aber selbst von einem geheimnisvollen Wesen in den See gezogen und angegriffen wird, beschließt er auf der Stelle, die Gegend abzusperren. Scully und Mulder wagen sich nachts mit einem kleinen Boot auf den See hinaus, das aber ebenfalls attakkiert wird und kentert. Nachdem die beiden eine gefühlsintensive Nacht voller Furcht und tiefer Bekenntnisse auf einer aufblasbaren Rettungsinsel verbracht haben, bemerken sie erst im Morgengrauen, daß sie sich die ganze Zeit nur ein paar Meter vom Ufer entfernt aufgehalten haben. Von einem Umweltschützer erfahren sie, daß die Froschpopulation des Sees im Eiltempo zurückgeht. Mulder vermutet, daß das Seeungeheuer wegen Nahrungsmangel dazu übergangen ist, Menschen anzugreifen. Als das Monster den Umweltschützer überfällt, gelingt es Mulder, es zur Strecke zu bringen. Doch entpuppt es sich lediglich als verirrter Alligator. Mulder ist schwer enttäuscht, daß er kein Seeungeheuer gefunden hat, doch kaum hat er der Szene den Rücken zugewandt, taucht ein verdächtig saurierähnlicher Schatten aus dem Wasser auf und verschwindet rasch wieder.

Ferngesteuert
Wetwired

Erstausstrahlung: 10. Mai 1996
Drehbuch: Matt Beck
Regie: Rob Bowman

Als Kleinstadtbewohner halluzinatorische Anfälle erleiden und zu Serienkillern werden, wird das Akte X-Team auf den Fall angesetzt. Scully findet heraus, daß alle Mörder regelmäßige und begeisterte Fernsehzuschauer sind. An einem der Tatorte bemerkt Mulder einen Fernsehinstallateur, der sich auffällig verhält und flüchtet, als Mulder ihn ansprechen will. Aber Mulder entdeckt, daß jemand im Kabelanschlußkasten der ganzen Wohngegend einen merkwürdigen Elektronikbaustein installiert hat. Nachdem sich Scully auf der Suche nach Hinweisen stundenlang die Videokassetten des letzten Mörders angesehen hat, bekommt auch sie Halluzinationen und glaubt, Mulder bei einem geheimen Treffen mit dem Cigarette-Smoking Man zu sehen. Sie schießt auf ihren Partner, woraufhin sie als bewaffnet und gefährlich eingestuft wird und Skinner nach ihr fahnden läßt. Mulder nimmt den Elektronikbaustein mit zu den Lone Gunmen, die herausfinden, daß durch ihn vermutlich unterschwellige Botschaften versendet worden sind, von denen Mulder aufgrund seiner Rot-grün-Sehschwäche nicht betroffen ist. Es scheint, als ob jemand eine Art Experiment mit den Bewohnern durchführt. Mulder kann den Fernsehinstallateur bis zu einem Haus verfolgen, wo er Schüsse hört und den Installateur zusammen mit einem anderen Mann erschossen vorfindet. Er vermutet, daß Scully zu ihrer Mutter geflüchtet ist, wo er sie aufsucht. Wieder richtet sie ihre Waffe auf ihn, doch es gelingt ihm, sie von seiner Unschuld zu überzeugen und die unterschwellige Botschaft abschütteln zu lassen. Mulder trifft sich mit einem neuen geheimen Informanten, der ihm sagt, daß er von seiner Arbeit an diesem Fall enttäuscht sei.

Der Tag steht schon fest
Talitha Cumi

Erstausstrahlung: 17. Mai 1996
Drehbuch: David Duchovny und Chris Carter
Regie: R. W. Goodwin

Ein geheimnisvoller Mann heilt die Opfer eines Amokschützen durch Handauflegen und verschwindet danach vor den Augen der Polizei spurlos. Auch der Cigarette-Smoking Man und seine

289

Leute sind auf den mysteriösen »Jeremiah Smith« aufmerksam geworden und an ihm interessiert, ebenso wie der außerirdische Kopfgeldjäger aus dem Zweiteiler »Die Kolonie«. Auf der Suche nach Informationen über Jeremiah Smith kann Scully zunächst nur feststellen, daß es sehr viele Menschen dieses Namens gibt. Mrs. Mulder trifft sich mit dem Cigarette-Smoking Man. Aus ihrem Gespräch ist zu entnehmen, daß es zwischen den beiden eine geheimnisvolle Verbindung gibt. Das Gespräch regt Mrs. Mulder so sehr auf, daß sie kurz darauf einen Schlaganfall erleidet. Erschüttert besucht Mulder sie im Krankenhaus und erhält von ihr einen Hinweis, der zum verlassenen Ferienhaus der Familie führt. Mulder wird nun immer klarer, daß seine Mutter wesentlich weiter in die Sache verstrickt ist, als sie zugibt. In dem Ferienhaus begegnet Mulder Mr. X, den er zur Rede stellt und sich schließlich mit ihm schlägt. Schließlich findet Mulder im Ferienhaus eine jener seltsamen Waffen, wie sie auch der außerirdische Kopfgeldjäger benutzte, um die Klone zu töten. *Fortsetzung folgt...*

Ende der 3. Staffel

Mulderismen und Scullyismen

Sarah Brennecke

(www.nashville.com/~subterfuge/xfiljoke.html)

Mulderismen

»Haben Sie denn wirklich geglaubt, Sie könnten den Teufel erst beschwören und ihn dann bitten, sich ordentlich zu benehmen?«

»Was für ein Land ist das nur, in dem sogar der Präsident befürchten muß, auf offener Straße erschossen zu werden ...«

»Bevor irgend jemand voreilige Schlüsse zieht, denken Sie bitte daran, daß wir hier in der Arktis sind.«

»Wissen Sie, wie schwer es ist, seinen eigenen Tod zu inszenieren? Bisher ist das nur einem Menschen gelungen: Elvis.«

»Tut mir leid, keiner da – außer dem am wenigsten gesuchten Mann des FBI.«

Scully: »Was ist denn aus Ihrem Motto ›Vertrauen Sie niemandem‹ geworden?«
Mulder: »Ich habe es in ›Vertrauen Sie jedem‹ geändert – habe ich Ihnen das nicht erzählt?«

»Tut mir leid, ich habe mir seinen Namen nicht geben lassen, ich war zu sehr damit beschäftigt, verprügelt zu werden.«

»Ich würde doch niemals lügen. Ich nehme nur bewußt an einer willkürlichen Desinformationskampagne teil.«

»Wissen Sie, für einen Mann der Kirche haben Sie ein echtes Talent, die Leute zu vergrämen.«

»Das ist gut. Ich hatte schon Angst, ich müßte Skinner beibringen, daß unser Verdächtiger ein riesiger blutsaugender Wurm ist.«

»*Mir* lassen Sie nie ein Bad ein!«

»Egal, was für eine Kassette sie im Videorecorder gefunden haben, sie gehört jedenfalls nicht mir.«

»Wollen Sie damit sagen, daß es in diesem Haus spukt? Falls ja, würde ich sagen, Sie haben zu lange mit mir zusammengearbeitet!«

Langly: »Du siehst fertig aus, Mulder. Willst du nicht am Samstagabend vorbcikommen? Wir gehen alle gemeinsam ins Internet

und regen uns über die wissenschaftlichen Ungenauigkeiten in
Earth 2 auf.«
Mulder: »Samstags hab ich immer große Wäsche.«

»Wenn Sie eine Spur von Sarkasmus in Agent Scullys Argumentation entdecken, dann liegt das daran, daß das FBI kürzlich eine
Studie veröffentlicht hat ...«

»Es wird Ihnen hier gefallen. Fast wie jeden Tag Halloween.«

Scully: »Die Antworten sind da, man muß nur wissen, wo man
nach ihnen suchen muß.«
Mulder: »Deshalb auch das ›I‹ in ›FBI‹.«

»Wen haben Sie denn bestochen, um so etwas zu erfahren, Scully?«

Scully: »Sie sind also der Ansicht, wir haben Zeit verloren? Aber die
Zeit kann gar nicht verschwinden, sie ist eine allgemeingültige,
unveränderliche Größe!«
Mulder: »Nicht an diesem Ort.«

Scully: »Mulder, haben Sie deren Augen gesehen? Wenn ich so stoned wäre ...«
Mulder: »Oh – wenn Sie so stoned wären, was dann?«

Scully: »Mulder, sehen Sie sich das an.«
Mulder: »Muß ich wirklich?«

Ish: »Ich habe Sie schon eine Meile weit gerochen.«
Mulder: »Man hat mir versichert, daß mein Deodorant, auch
wenn es eigentlich für Frauen gemacht ist, auch stark genug für
Männer wäre.«

Scullyismen

Scully: »Da oben ist etwas, Mulder.«
Mulder: »Das sage ich bereits seit Jahren.«

»Das letzte Mal, als Sie etwas so eifrig studiert haben, waren es die *Adult Video News*.«

»Mulder, es gibt eine logische Erklärung für alles, es muß auch für das hier eine geben.«

»Dieses Ding hat jemandem den Arm abgebissen! Das ist wohl kaum eine reine Verteidigungshaltung!«

»Mulder, vielleicht sind Sie nicht, wer Sie sind.«

»Ich werde Sie nicht fragen, ob Sie gerade das gesagt haben, von dem ich glaube, daß Sie es gesagt haben, weil ich weiß, daß Sie es gesagt haben.«

»Na schön, ich lege es in die Schublade mit all den anderen Videos, die nicht Ihnen gehören.«

»Sind Sie sicher, daß es nicht doch ein Kleinmädchen-Schrei war?«

»Mulder, die Wahrheit ist immer noch da draußen... aber auch die Lügen.«

Mulder: »Wie war die Hochzeit?«
Scully: »Meinen Sie den Teil, als der Bräutigam ohnmächtig wurde, oder als der Hund den Schlagzeuger gebissen hat?«

Mulder: »Ich habe die Leiche exhumieren lassen. Sie sind doch bei so etwas nicht zimperlich, Scully?«
Scully: »Weiß ich nicht, ich hatte noch nie das Vergnügen.«

»Sie hätten ihm das Bild eines fliegenden Cheeseburgers zeigen können, und er hätte geschworen, daß es genau das war, was er gesehen hat.«

»Es ist ein Sauerstoff-Leck! Selbst *ich* kann mir denken, was passiert, wenn ihnen der Sauerstoff ausgeht.«

Mulder: »Hey Scully, glauben Sie an ein Leben nach dem Tod?«
Scully: »Ich wäre schon mit einem Leben hier zufrieden.«

Scully: »Ich konnte doch sehen, wie schnell Sie alles andere stehen und liegen lassen haben, um ihr zu helfen.«
Mulder: »Das war von meiner Seite aus doch rein berufliches Entgegenkommen.«
Scully: »Ach, so nennt man das also in England.«

Scully: »Sie haben wieder diesen ganz speziellen Ausdruck im Gesicht, Mulder.«
Mulder: »Welchen denn?«
Scully: »Den, wenn man seine Hausschlüssel vergessen hat und sich überlegt, wie man jetzt hineinkommen soll.«

Nicht versäumen!

Gil Adamson
Dawn Connolly

Gillian Anderson
Superstar aus Akte X

Die Biographie

Aus dem Amerikanischen von Susanne Lück

Einst war sie Michigans erste Punkerin, heute ist sie die
bekannteste »FBI-Agentin« der Welt. Lesen Sie die spannend
geschriebene Biographie über Gillian Anderson, in der Sie alles
über die Darstellerin der Dana Scully erfahren können!

David Bassom

Anderson & Duchovny

Die Stars aus Akte X

Mysteriös – cool – sexy

Unerläßlich für jeden Fan:
Die große Bildbiographie über die beiden
Hauptdarsteller aus Akte X

Er hatte seinen ersten großen Auftritt in einem Werbespot für …
LÖWENBRÄU-Bier. Sie war Michigans erste Punkerin und
agierte zunächst ausschließlich auf Theaterbrettern. Von einer
Karriere als Fernsehstar hätte keiner von beiden je geträumt …
bis Chris Carter rief, der Schöpfer von AKTE X!

Drei Jahre später sind Gillian Anderson und David Duchovny
internationale Superstars mit einer stetig wachsenden
Fangemeinde. Und die kann nie genug bekommen von Mulder
und Scully … Höchste Zeit also für dieses mit mehr als 80
Farbfotos ausgestattete Album, das die Leser auf unterhaltsame
Weise durch Leben und Karriere der STARS AUS AKTE X führt.

Die großen Akte X-Romane

Charles Grant
Lebende Schatten
Roman

Charles Grant
Wirbelsturm
Roman

Kevin J. Anderson
Höllenfeuer
Roman

Kevin J. Anderson
Ruinen
Roman

Kevin J. Anderson
Antikörper
Roman

Akte X-Novels

Band 1
Garth Nix
Heilige Asche
Roman

Band 2
Ellen Steiber
Eve
Roman

Band 3
Easton Royce
Energie
Roman

Band 4
Eric Elfman
Unsere kleine Stadt
Roman

Akte X-Stories

Die spannendsten TV-Abenteuer
zum Nachlesen

Die Akte X-Sachbücher

Brian Lowry
Die Wahrheit ist irgendwo dort draußen
Das offizielle Kompendium Band 1
Alle Daten, Fakten und Hintergrundinformationen
zu AKTE X, plus Episodenführer

Brian Lowry
Vertrauen Sie niemandem!
Das offizielle Kompendium Band 2
Alle Daten, Fakten und Hintergrundinformationen
zu AKTE X, plus Episodenführer

Demnächst!
Brian Lowry
Leugnen Sie alles!
Das offizielle Kompendium Band 3
Alle Daten, Fakten und Hintergrundinformationen
zu AKTE X, plus dem topaktuellen Episodenführer
zur vierten Staffel

Jane Goldman
Die wahren X-Akten
Das Buch der unerklärlichen Phänomene, Band 1

Jane Goldman
Die wahren X-Akten
Das Buch der unerklärlichen Phänomene, Band 2